普通高等教育应用创新系列教材·经管基础课程系列

消费者行为学

陈丽莎　编著

科学出版社
北　京

内 容 简 介

本书以消费者行为学的相关理论为基础，以消费者的心理和行为为研究对象，分析消费者的决策过程以及影响消费行为的主要因素：需要与动机、感知觉、学习与记忆、个性特征、自我和生活方式、态度、文化、社会阶层、群体等。同时，为了分析消费者行为的新动态，本书的最后一章对网络消费行为做了比较深入的介绍。本书编写注重理论与实际相结合，在书中插入了大量的资料、案例和最新的研究发现，帮助读者更好地理解相关知识。

本书适合作为高等院校工商管理相关专业的教材，也可以供营销、广告、咨询等行业从业者学习。

图书在版编目（CIP）数据

消费者行为学 / 陈丽莎编著. —北京：科学出版社，2017.9
普通高等教育应用创新系列教材 · 经管基础课程系列
ISBN 978-7-03-053523-8
Ⅰ. ①消… Ⅱ. ①陈… Ⅲ. ①消费者行为论–高等学校–教材 Ⅳ. ①F713.55
中国版本图书馆 CIP 数据核字（2017）第 122156 号

责任编辑：方小丽 / 责任校对：王晓茜
责任印制：张　伟 / 封面设计：蓝正设计

科 学 出 版 社 出版
北京东黄城根北街 16 号
邮政编码：100717
http://www.sciencep.com
北京虎彩文化传播有限公司 印刷
科学出版社发行　各地新华书店经销
*
2017 年 9 月第　一　版　开本：787×1092　1/16
2023 年 7 月第四次印刷　印张：14 1/2
字数：344 000

定价：39.00 元

（如有印装质量问题，我社负责调换）

目　　录

第一章　消费者行为概述

【学习目标】

- 掌握消费者、消费者行为的定义。
- 了解消费者行为研究的理论来源及发展过程。
- 掌握消费者行为研究的意义。
- 掌握消费者行为研究的方法。

第一节　消费者行为的基本概念

一、消费

人类的消费行为是伴随着人类的生存和发展而产生的。作为一种古老的社会活动，它促进了社会和经济的不断发展，成为现代社会走向文明、取得进步的推动力量。消费是一种行为，是消费主体为满足需要，有意识地消耗物质资料和非物质资料的行为和过程。消费从广义上可以分为生产性消费和生活性消费。生产性消费指的是在生产过程中，对劳动力及其他生产要素的使用、消耗及磨损。生活性消费指的是在生活过程中，人们为满足某种需要，在消耗物质产品和非物质产品的过程中所表现出来的行为活动。消费者行为中所研究的消费是狭义上的消费，即生活性消费。

二、消费者

狭义的消费者是指购买、使用各种消费用品或服务的个人与住户，即通常所说的个体消费者。个体消费者购买产品或服务是为了自己或住户其他成员使用，或者是为了将其作为礼物赠送给亲朋好友。在这种情况下，购买商品是为了个人的最终消费，因此，这类消费者也常被称为最终用户或终极消费者。广义的消费者是指购买、使用各种产品与服务的个人与组织，也就是说，不仅指个体消费者，范围还扩大到组织消费者，即为了生产而购买和使用产品或服务的企业、政府部门和公共机构等。为了维持生产经营活动，企业需要购买原材料、零部件、水电、办公用品等来生产和销售自己的产品或提供服务；政府部门需要购买办公用品或软件系统来履行其公共管理职能；学校、医院等公共机构则必须从外部购买供应品来为所服务的公众提供公共产品。虽然个体消费者和组织消费者都可能是企业的现实或潜在顾客，但是消费者行为研究的消费者主要是狭义的个体消费者。

三、消费者行为

传统上认为消费者行为是消费者获得或获取产品或服务的过程，但是随着人们对消费者行为研究的深入，人们意识到消费者行为是一个过程，涉及购买前与购买后的一系列决策和行为。美国市场营销学会（American Marketing Association，AMA）将消费者行为定义为“感知、认知、行为以及环境因素的动态互动过程，是人类履行生活中交易职能的行为基础”。德尔·L. 霍金斯认为消费者行为是“个人或群体为了满足需要和欲望选择、购买、使用和处置产品、服务、理念和经验的过程”。也许因为视角各异、涉及面广，学界对消费者行为的定义有不同的立论观点：“决策过程论”把消费者行为定义为消费者购买、消费和处置的决策过程。“体验论”认为消费者行为是消费者的体验过程，往往是一种感性的行为，消费者是在体验中购买、在体验中消费、在体验中处置。“刺激-反应论”认为消费者行为是消费者对刺激的反映，从消费者与刺激的关系中去研究消费者行为。“平衡协调论”认为消费者行为是消费者与营销者之间的交换互动行为，是双方均衡的结果。

本书参考符国群给消费者行为下的定义，认为消费者行为是消费者为获取、使用、处置消费物品所采取的各种行为以及先于且决定这些行为的决策过程，从而进一步理解消费者行为。

1. 消费者行为涉及很多的决策和很多人

消费者从产生购物需求开始就要面临一系列的决策，如是否购买、买什么、为什么买、去哪买、什么时候买、买多少、是否征求他人的意见等。而且在购买过程中往往涉及很多人。消费者决策过程中主要包括的角色有：①发起者，首先想到或提议购买某种产品或劳务的人；②影响者，其看法或意见对最终决策具有直接或间接影响的人；③决策者，消费的最终决策者，如是否买、买哪个；④购买者，实际采购的人；⑤使用者，直接消费或使用所购商品或劳务的人。

思考：

有一家四口，父亲、母亲和两个儿子。小儿子要过生日了，母亲提议一家四口去商场为小儿子购买一套新衣服。挑选的过程中大儿子认为现在很流行淡蓝色的牛仔裤，所以推荐弟弟购买淡蓝色的牛仔裤。弟弟听取了哥哥的建议，然后又挑选了一件自己喜欢的T恤衫，但是母亲认为现在穿T恤衫太冷了，于是带小儿子挑选了一件夹克衫。最后父亲去收费处结账，一家人离开。那么在这次购买过程中，有多少人参与了购买？分别扮演了什么角色？

2. 消费者行为是一个动态的过程

现在企业已经认识到消费者行为是一种持续的过程，而不单单是在一个消费者支付金钱得到商品或服务那一刻所发生的事情。消费者行为注重的是整个消费过程，包括在购买前、购买时、购买后（使用和处置）影响消费者的所有问题，尤其是消费者购后的评价，随着互联网的发展，显得更加重要。获得、使用和处置产品在时间上会遵循一定的顺序，这为企业洞悉和影响消费者提供了某种条件和可能。例如，在获得某个消费者购买私人汽车的信息后，我们会知道他随后将购买保险、内部装饰品等产品和服务，而且他到更远的饭店就餐的可能性会增加。此外，消费者行为的动态性还表现在单个消费者的行为会随着时间的变化而发生变化。例如，消费者对衣服款式和品牌的偏好，会随着年龄的增长、收入的变化和社会地位的变化而发生改变。

3. 消费者行为的多样性与复杂性

消费者行为的多样性表现在消费者在需求、偏好、决策方式方面呈现多样性，同一消费者在不同的时期、不同的情境下选择不同产品时，其行为也会呈现出很大的差异性。而消费者行为的复杂性，一方面可由前面提到的消费者行为的多样性体现出来，另一方面是因消费者行为受内外多方面因素的影响。例如，消费者购买苹果手机可能是为了追求时尚和创新，因为苹果手机一直都在使用最潮流的设计和不断尝试新功能；也有可能是为了彰显自我个性，因为苹果手机一直采用自己独有的操作系统，与其他同质化的安卓手机相比更适合当代年轻人张扬的个性；或者是为了体现自身的身份地位，苹果手机售价较贵，在某种程度上可以体现使用者的地位和财富状况，所以某些人为了满足自己的虚荣心，即使在经济条件不允许的条件下也要买苹果手机；此外，还有可能是由于身边的朋友或同事都在使用苹果手机，消费者由于群体压力从而选择苹果手机。所以诸多因素会影响消费者的行为，这种影响可能是直接的，也可能是间接的，可以是独立的，也可以是相互作用的，由此也决定了消费者行为的多样性和复杂性。

4. 消费者行为具有较强的可诱导性

乔布斯曾表示，消费者并不知道自己需要什么，直到我们拿出自己的产品，他们就发现，这是我要的东西。在很多情况下，消费者并不能明确地意识到自己的需要，企业可以通过有效的方式去刺激消费者的需要，如采用广告、促销手段使消费者产生购买欲望，甚至可以通过研发新产品、新技术来促使消费者更新消费观念，从而创造出新的消费需求，引导他们的消费习惯，改变他们对产品或品牌的态度。

第二节 消费者行为研究的发展

一、消费者行为研究的历史

1. 萌芽时期：19 世纪末至 20 世纪 30 年代

消费者行为的思想观念，是与人们的消费实践同时出现的。但是消费者行为成为有系统的理论研究并成为一门独立的学科，只是近几十年才出现的。消费者行为研究的萌芽始于 19 世纪末，代表人物是美国社会学家托斯丹·B. 凡勃伦。工业革命以后，资本主义经济进入繁荣发展阶段，出现了大量资本家。凡勃伦发现在纽约的长岛和缅因州的巴港所建造的度假别墅是典型的炫耀性消费，人们购买并不是由于生活必需，而是出于向别人炫耀的心理。因此，凡勃伦在 1899 年出版的《有闲阶级论》一书中提出有闲阶级在心理上与劳动阶级不同，他们处处要显示自己的优越地位，不仅要过着有闲的生活，还要通过生活方式来炫耀自己的阔气。他的这一观念打破了传统经济学里关于消费者是理性的，是经济人的假设，引起了人们对非经济因素影响消费者行为的可能性的思考。在 1902 年，市场营销这门课程就在美国的一些大学出现了，最开始叫做“美国的分配和管理行业”，直到 1910 年，才正式改为 marketing，也就是市场营销或市场营销学。此外，随着实验心理学的发展，心理学家对将心理学原理、方法运用于广告、促销等领域也表现出浓厚的兴趣。1901 年，美国著名社会学家 W. D. 斯科特首次提出，要运用心理学原理指导广告宣传，他发表的论文集《广告论》，催生了广告心理学的产生，挖掘广告效应背后人们的心理变化，或者说心理对广告效果的影响。同时期，美国明尼苏达大学心理学家 H. 盖尔出版了《广告心理学》。1908 年，美国社会学家 E. A. 罗斯出版了《社会心理学》，着重分析了个人和群体在社会生活中的心理与行为，开辟了群体消费心理的新研究领域。1912 年，德国心理学家闵斯特伯格的《心理学与经济生活》问世，阐述了广告和橱窗对消费心理的影响。1920~1930 年，丹尼尔·斯塔奇出版了《斯塔奇广告回忆指南》和《广告学原理》，着重论述消费心理学在广告中的运用，并以此在美国商业史上获得“商业心理学教授”的美称。

总体而言，该时期消费者行为开始得到一些学者的关注，但是研究范围比较窄，研究方法是对经济学或心理学中方法的移植，而且研究也主要限于理论层面，没有具体运用到市场营销实践中，因此，没有得到广泛的重视。

2. 应用时期：20 世纪 30 年代至 60 年代

在第二次世界大战期间，商品供不应求，导致了学界对消费者行为研究兴趣的暂时降低。但是在这一时期也有一些卓有成效的研究，如心理学家勒温的关于家庭主妇对动物内脏的态度改变研究及提出的“参与改变理论”。在第二次世界大战以后，西方国家庞大的军事工业迅速转向民用产品的生产，市场商品供应急剧增多，产品更新换代加快，消费者需求也不断变化，购买行为更加难以捉摸，企业之间的竞争更加激烈。在这种情况下，企业开始注重用推销手段来销售自己的产品。这一时期的市场经营观念，主要就表现为推销观念，广告业也因此快速发展。消费者行为研究得到迅速发展并广泛地应用于企业市场营销实践中。20 世纪 50 年代以来，心理学在各个领域的研究应用都取得了重大成果，吸引了更多的学者进入这一领域，提出了更多的新理论：①欧内斯特·迪士特开展了消费动机的研究；②密歇根大学的 C. 卡陶纳开展了消费期望和消费态度的研究；③哥伦比亚大学的拉扎斯费尔德和 E. 卡兹开展了“人格的影响”的研究；④罗杰·I. 诺兰开展了“新产品初步设计研究”和“定位研究”；⑤心理学家海尔通过对两组不同的消费者在购买速溶咖啡问题上的回答找出了家庭主妇不喜欢购买速溶咖啡的真正原因，提出了消费者潜在的或隐藏的购买动机的理论；⑥美国著名心理学家马斯洛在系统地研究人的需求的基础上提出了“需求层次论”。

【资料1】

勒温的态度改变研究

第二次世界大战期间，美国食品短缺，政府号召家庭主妇用动物的内脏做菜。而当时美国人一般不喜欢以动物的内脏做菜。勒温以此为题，用不同的活动方式对美国的家庭主妇进行态度改变实验，其方法是把被试者分成两组，一组为控制组，一组为实验组。对控制组采取演讲的方式，亲自讲解猪、牛等内脏的营养价值、烹调方法、口味等，要求大家改变对内脏的态度，把内脏作为日常食品，且每人赠送一份烹调内脏的食谱。对实验组勒温则要求她们开展讨论，共同议论内脏做菜的营养价值、烹调方法和口味等，并且分析使用内脏做菜可能遇到的困难，如丈夫不喜欢吃的问题、清洁的问题等，最后由营养学家亲自指导每个人实验烹调。结果控制组有3%的人采用内脏做菜；实验组有32%的人采用内脏做菜。由于实验组的被试者是主动参与群体活动的，她们在讨论中自己提出某些难题，又亲自解决这些难题，因而态度的改变非常明显，速度也比较快。而控制组的被试者由于是被动地参与群体活动，很少把演讲的内容与自己相联系，因而，其态度也就难以改变。基于这一实验，勒温提出了他的“参与改变理论”，认为个体态度的改变依赖于在群体中参与活动的方式。后来，这个理论在管理中得到广泛的应用，也取得了一定的成效。

【资料2】

梅森·海尔速溶咖啡实验

20世纪40年代后期，速溶咖啡作为一种方便饮料刚刚进入美国市场。生产者和经营者深信这种方便、省时、省力、快捷、价格适中的新产品一定会受到市场欢迎。但是销售结果让他们颇为惊讶——几乎无人问津。当问及消费者为什么不购买速溶咖啡的时候，大部分消费者的回答是不喜欢速溶咖啡的味道。但是在蒙眼实验中，没有消费者能够区分速溶咖啡与普通咖啡豆加工的咖啡在味道方面的不同。为此，产品生产者和经营者都感到很茫然。

为了深入地了解消费者拒绝购买速溶咖啡的真实动机，企业邀请心理学家梅森·海尔（Mason Haire）对此进行了深入研究。海尔没有直接询问消费者对这种咖啡的看法，而是编制了两张购物清单。A清单和B清单唯一的区别是最后一项，A是速溶咖啡，B是传统新鲜咖啡。然后他们把这两份购物清单分别让两组妇女看（每组妇女只看到一份购物清单），之后，请看过购物清单A和B的妇女，分别谈谈对“持有这两种购物清单的‘主妇’”有什么看法。结果显示，看了购物清单A的那组妇女，有48%的人称该购物者为懒惰的、生活没有计划的女人，有16%的人说她不是一位好主妇，即大部分被调查者认为该购物者是一个挥霍浪费的女人。看了购物清单B的那组妇女中，很少人把该购物者说成是懒惰的、生活没有计划的女人，更没有人把她指责为不好的主妇，即认为购物者为一名普通的家庭主妇。通过心理学实验了解到这些信息后，厂商改变了以往的“省事、省力、快捷”的广告宣传主题。在新广告中，选择普通的家庭主妇作为广告模特，通过对她的描写，展示出普通家庭主妇欣然接受速溶咖啡，这种咖啡不仅拥有和新鲜咖啡一样的美味、清香、质地醇厚的特点，而且还可以为家庭主妇们节省大量时间，她们可以利用节省出的时间与家人一起共度美好的家庭时光。之后，速溶咖啡成为一种畅销商品。

3. 发展时期：20 世纪 60 年代以后

20 世纪 60 年代以后，消费者行为研究呈现加速发展趋势，研究文献的数量和质量都有了明显提高，研究范围不断扩展，研究方法也日益多样化。代表事件主要包括：1963 年，生活方式（lifestyle）概念出现；1969 年，霍华德–谢思购买者行为模式产生；1974 年，《消费者研究杂志》创刊；1982 年，自我概念（self concept）被引入消费者行为学；1992 年，《消费者心理杂志》创刊；2001 年，品牌社群（brand community）概念出现；2002 年，《消费者行为杂志》创刊；2005 年，消费者文化理论（consumer culture theory）产生。总体而言，一方面消费者行为的研究综合运用了相关学科的最新研究成果。计算机、经济学、经济数学、行为学、社会学、运筹学、市场营销学、管理学等学科的研究成果被广泛地运用到消费者行为的研究中，现代信息处理方法的运用和消费者行为购买模型的建立，标志着消费者行为理论的研究发生了根本的变化。另一方面，消费者行为研究的领域不断扩展。有关消费者行为研究的论著快速增加，研究内容也扩大到文化消费、消费决策模式、消费生态、消费政策、消费者保护、消费信息处理、消费心理内在结构、消费信用等领域。

【资料 3】

中国消费者行为研究的发展

20 世纪 90 年代中期，中国开始了对消费者的大规模描述性调查。最早调查中国消费者行为的机构包括 A. C 尼尔森公司以及盖洛普公司。1995 年之后，中国本土的调查机构开始进入这一领域，如北京广播学院市场信息研究所、零点市场调查与分析公司、原点市场研究有限公司等。这些公司主要是对中国消费者的生活方式进行全面调查，目的是对中国消费者有一个系统的了解。一些有实力的广告公司也开始有针对性地进行某一方面的调研，如奥美广告公司就曾对饮食、女性以及青年消费者行为专门进行大规模的调查，并且得出了许多有价值的结论。

与此同时，高校学者开始从理论上进行中国消费者行为的研究。从研究的范畴来看，中国消费者行为研究可视为西方“消费者行为学”和“中国人研究”的交叉研究。既要比照西方消费者行为学的框架和以实证为主的方法，又要参照中国人行为的研究成果。在学术领域里，直到 1998 年，在主要的国际性相关刊物中，专门针对中国内地消费者行为的研究主要来自香港和部分国外学者，如香港城市大学的游汉民教授研究了中国内地消费者满意度与文化价值观之间的关系。之后，内地学者开始在国际刊物上发表关于中国消费者行为研究方面的论文，研究的内容也逐渐丰富起来，并且正在逐渐形成中国消费者行为的相关理论。

在我国研究消费者行为学有极其重要的现实意义：①有助于更好地实现消费者科学、合理和文明的消费需求。加强消费者行为研究，对消费者进行科学、适度的指导可以避免消费者由于商品知识不足、认识水平偏差、消费观念陈旧、信息筛选能力不强等原因造成决策失误、行动盲目、利益受损等。此外，在消费变革的时代大潮中，文化和生活方式的多元化影响人们的消费心理和习惯，可能会出现某些畸形的消费心理和行为。加强消费行为研究，树立文明消费的基本标准和模式，一方面可以纠正消费者的心理偏差改变消费者行为，另一方面利用示范效应、从众效应、群体动力效应等社会心理机制影响各个消费者群，引导社会消费向文明消费发展。②有利于企业制定合理的营销策略，做出合理的营销决策，增强市场竞争能力。借助于消费者行为学，企业可以解释消费者哪些需要没有满足或没有完全满足，充分分析市场机会；企业可以利用市场细分策略，了解目标消费者的需求，从而制定合理的营销策略，在激烈的市场竞争中求得生存与发展；企业可以充分了解其品牌或商店是如何被消费者所认知的，制定有效的营销策略。③有助于推动我国全面融入全球经济体系，不断开拓国际市场，增强企业和产品的国际竞争力。④有利于提高政府宏观决策水平，改善宏观调控效果，促进国民经济发展。为保证国民经济的稳定协调发展，国家应预先对消费者的心理承受能力、心理预期倾向以及行为反应的方式、强度等进行系统调查和准确的分析，从而增强调控措施手段的灵敏度和有效性。

二、消费者行为研究的理论来源

1. 心理学

在当代，较为公认的心理学定义为：心理学是研究心理和行为的科学。在漫长的哲学时代，心理学一直以人类灵魂作为自己的探索对象。后来，科学心理学诞生了，心理学家们致力于用科学方法来揭示意义的奥秘。当代心理学则取折中的观点，强调心理学的研究对象包括心理和行为，因此当代心理学既研究感知、记忆、思维、情感、归因等心理活动，也研究眼动、表情、攻击等外在行为。心理学进行科学研究的目标是描述、解释、预测和控制。描述是指客观地呈现所研究问题的事实，不涉及价值判断，也不寻求造成事实的原因。解释是指揭示客观事实形成的原因，分析现象间的因果联系。预测是根据已有的知识和信息去估计某种事物或现象在将来发生的可能性。控制是指采取有效措施，使事物朝着人们所期望的方向发展，从而避免消极事件的发生或将其危害减少到最小。心理学的研究常常与人们日常生活的许多领域——家庭、教育、健康、社会等发生关联。心理学不仅与社会紧密相关，也与神经科学、医学、生物学等科学有关。根据心理学可以研究消费者行为，如个性活泼的人喜欢穿亮色的衣服，个性沉稳的人喜欢穿暖色的衣服。

2. 社会学

社会学是一门十分庞杂的学科，小到人际互动，大到社会变迁，从青少年社会化到社会阶层流动，都是它的研究范畴，拥有多重理论范式与研究方法。凡是属于“社会和人”的东西都是社会学的研究对象，实际上，学界目前也没有十分统一的概念界定。对社会学的研究对象的争论主要分两大阵营，一部分学者认为社会学侧重以社会为研究对象，重在研究社会的结构和过程、社会的运行和发展、社会的秩序和进步等。此观点主要体现了社会学史上的实证主义传统。另一部分学者认为社会学侧重以个人及其社会行为为研究对象。其实社会学要研究的不是一般的抽象的社会形态及其变化发展的普遍规律，而是由具体的个人通过各种社会活动、社会关系所结成的现实的社会，以及这个现实社会的运动、变化、发展的过程，如由收入、教育水平、职业等决定的社会阶层决定了处于不同社会阶层的消费者在消费时会存在行为差异。

3. 社会心理学

社会心理学是心理学的分支学科，是从社会与个体相互影响、相互作用的观点出发，研究特定社会环境中个体及由个体组成的群体的社会心理现象。它主要研究社会环境对人的心理及行为影响，包括个体和群体的社会心理现象。个体社会心理现象指受他人和群体制约的个人的思想、感情和行为，如人际知觉、人际吸引、顺从等；群体社会心理现象指群体本身特有的心理特征，如群体凝聚力、社会心理氛围等。例如，心理学家特里普利特（Triplett）研究发现，别人在场或群体性的活动会明显促进人们的行为效率。他让被试者在三种情境下，骑自行车完成 25 千米路程。第一种是单独骑行计时，平均时速为 24 英里（1 英里≈1.61 千米）；第二种是有人跑步陪同，平均时速为 31 英里；第三种是与其他骑车人同时骑行，平均时速为 32.5 英里。他将这种社会心理现象称为社会助长。“从众”是另一个比较普遍的社会心理和行为现象。从众心理表现在方方面面，工作、生活、学习中都有所表现，从众消费则是其中非常突出的一个现象。

4. 人类学

人类学是研究人及与之相近的灵长类动物的一门学问，或者说是多种相关学问的集合。它主要包括体制人类学、考古人类学、语言人类学和文化人类学四个分支。体质人类学研究人本身的体质，它与生物学不同，后者主要研究人类起源、人种和人体形态等部分，可以说，体质人类学研究的是人类及相关灵长类动物在体质发展过程中与自然、社会环境的关联。考古人类学从事对人类遗存的研究、复原、保护工作。考古学家试图发现和研究所有的人类活动遗迹，并通过这些遗迹来了解和复原人类的活动。语言人类学主要是对人类的交流系统（尤其是语言）的分析和研究，如语源研究、其他物种的交流体系研究等。文化人类学是对人的文化的研究，其主要任务是解决人类生存和发展过程中的三大重要关系：人与自然的关系、人与人的关系、人与心理的关系。人类学对消费者行为学研究的价值一是体现在研究方法，如田野调查、跨文化比较等方法在消费者行为研究中的应用；二是体现在神话、宗教、民俗、传说等对消费行为的影响。例如，马达加斯加岛居民不敢吃箭猪，担心吃箭猪会传染上胆小的毛病；有宗教信仰（一般是佛教）的马来西亚华人，在大年初一要吃素。

5. 经济学

经济学是一门研究稀缺资源的配置和利用的社会科学。一方面它与人民大众的生活密切相关，不少经济学家都在尽力用最通俗的语言和案例解释经济学的基本原理，使它更贴近大众；另一方面它又是所有社会科学中距离自然科学最近的学科，不少经济学家都在尽力运用数学方式进行经济学研究，使经济学体系更贴近数学上的完美，从而使经济学渐渐远离大众。最初从事消费者行为学研究的学者，大都是接受过经济学知识培训的。不少学者利用经济学原理来探讨消费心理和消费行为。哈佛大学经济学教授哈维·莱宾斯坦利用经济效用理论，将消费者需求分为功能性需求（functional demand）和非功能性需求（nonfunctional demand）两种。功能性需求是消费者对商品的内在品质需求，非功能性需求是商品的内在品质以外的因素所产生的那部分商品需求，包括外部消费行为所引起的需求、预期的需求和非理性的需求等。莱宾斯坦的研究成果构成了后来炫耀性消费理论的基础。另外，经济学原理对预测和影响消费者行为具有很大的实际意义，从而帮助企业制定生产和营销策略。

三、消费者行为研究的方法

1. 观察法

观察法一般适用于研究广告、商标、包装、橱窗和柜台设计的效果，商品价格对购买的影响，商品的营销状况和某种新产品是否受消费者的欢迎等方面。在运用时还需要有明确的观察目的和较详细的计划，包括确定观察内容、选择恰当的观察策略、制定观察记录表等。如果借用观察人员，还必须对其进行认真培训，使其熟悉所要观察的内容和要求，以保证观察的客观性，且不放过有价值但转瞬即逝的事件。在确定观察的时间和地点时，要注意防止可能发生的取样误差。在分析观察结果时，要注意区分偶然的事件和有规律的事实，使结论具有科学性。

使用观察法简便易行、成本低廉，并且由于是在消费者不知觉的情况下进行的，消费者没有心理负担，所以得到的资料比较客观真实；观察法的缺点在于观察者只能被动等待所要观察的事件出现，不能得到消费者为什么这样活动的原因以及内心活动的资料；观察资料的质量在很大程度上也受到观察者本人的能力水平、心理因素的影响。为了使观察得到的资料全面、真实、可靠，可能需要大量人力和时间。

2. 访谈法

访谈法是通过访谈者与受访者之间的口头交谈来了解受访者的动机、态度、个性和价值观念等的一种方法。它具有两个特点：一是访谈是一个访谈者与受访者互相影响、互相作用的过程；二是访谈具有特定的科学目的和一整套设计、编制和实施的原则。

根据访谈内容及其过程有无统一的设计要求和一定的结构，访谈法可分为结构式访谈和无结构式访谈。结构式访谈是研究者根据预定目标，事先拟好访谈提纲或访谈的具体问题，通过访谈者主动询问，受访者逐一回答的方式进行的；无结构式访谈则是通过访谈者和受访者之间自然交谈的方式进行的。根据访谈时是否借助一定的中介物，访谈法可分为直接访谈和间接访谈。直接访谈即访谈者与受访者进行面对面的交谈，间接访谈则是访谈者通过一定的中介物与受访者进行非面对面的交谈。在实际访谈中，访谈者需了解访谈的一般程序，熟练掌握各种访谈技巧。访谈者充分做好访谈前的一系列准备工作，是保证访谈成功的重要前提。要使访谈顺利进行并获得满意的效果，访谈者还应掌握基本的策略，包括如何接近受访者，取得受访者的信任，怎样处理受访者的拒绝和积极展开访谈的策略。最后，还应严格控制和掌握访谈时间，做好访谈的结束工作。

3. 问卷法

问卷法是让受测者书面回答一套题目，并对答卷进行分析研究从而得出相应结论的方法。这种方法适用于了解消费者的动机、态度、个性、消费观念等。问卷法分为封闭式问卷和开放式问卷两种。封闭式问卷是让受测者从所列的答案中进行选择，有是非题、选择题、分类题和匹配题等；开放式问卷是让受测者任意填写答案，不做限制，问卷上只有测试的问题，有自由联想题、造句题、投射测试题等。

设计制作问卷时应注意以下几点：首先，要确定研究的目的、内容、项目。其次，问卷的题目应明确、清楚，不能含混不清或可作多种解释。提问方式不能使受测者得到某种暗示，编制题目也应考虑受测者的特点等。再次，问卷设计好后，一般要进行预备性测验，以检查其质量，即信度和效度如何。最后，还要写明卷的前言和指导语等。问卷法的优点包括以下几点：一是内容客观统一、处理分析方便；二是匿名性强，回答真实；三是节省人力、时间、经费。但是它具有灵活性差、适应性不强、指导性较低、较为复杂的问卷编制过程等缺点。

4. 实验法

实验法是对研究的某些变量进行操纵控制，设定一定的情境，以探讨消费者消费规律的研究方法。实验法可分为实验室实验和现场实验两种。实验室实验是在专门的实验室内，利用一定的仪器和设备进行研究的一种方法；现场实验是在现实的生活环境中进行的实验研究。实验法的特点是随机取样和随机安排，这就使得样本具有代表性、被试组间具有可比性，排除了顺序效应等对研究结果的影响；可对情境和条件进行严格控制；结果一般以数量形式反映出来，记录客观准确、便于定量研究，但是它与实际生活脱离，也难以应用于复杂的心理现象。现场实验的特点在于实验的整体情境是自然的，但是对某些或某种条件则是有目的、有计划地加以控制。它在尽量控制各种变量的同时又保持了现场的自然性，可以同时保证研究具有较高的外部和内部效果；但是由于它更接近自然，会受到复杂的自然环境的影响，并且还费时费力，费用高，所需技能也较复杂。

【资料 4】

要想咖啡更浓？请用蓝色咖啡杯

除了奶油、糖、奶，你知道还有什么能改变咖啡的味道吗？答案是：咖啡杯的颜色。听上去不科学，但这确实是有科学依据的，发表于 2014 年 11 月《味道》（*Flavour*）期刊上的一篇文章证实了这点。

这一研究的负责人是澳大利亚联邦大学心理学讲师乔治·范·多尔恩，他做了两个实验来验证咖啡杯的颜色是否会影响到消费者对拿铁咖啡的味道评判。实验中，研究者让受试者分别使用白色、透明以及蓝色咖啡杯喝咖啡，再记录下其对咖啡苦味的感受。实验结果显示，咖啡杯的颜色很大程度上影响了受试者对咖啡味道的判断：较之透明和蓝色咖啡杯，使用白色咖啡杯的受试者感受到更低的甜度和更强烈的苦味。而蓝色咖啡杯既能增强苦味也能增强甜味，会让受试者认为咖啡更浓。

多尔恩表示："我们的研究证实，咖啡杯的颜色确实能影响人对咖啡的感官体验，这一成果的意义在于，咖啡馆、咖啡师乃至陶器生产商都该正视这一问题，也许杯子的颜色能影响到消费者成为常客还是不会再光顾。"

四、消费者行为学的发展趋势

消费者行为学的研究在 20 世纪 70 年代以后进入全面发展和成熟的阶段。随着大量研究成果的系统化、综合化，消费者行为学正形成一门独立且日渐完善的学科，一大批研究机构聚焦于消费心理和行为的研究，相关的学术刊物和研究成果不断增多。近年来，消费者心理和行为的研究主要呈现以下几个发展趋势。

1. 研究角度更加多元化

消费者行为的研究不再仅仅关注生产者或经营者，开始更多地与消费者利益、健康的生活方式、自然环境保护、宏观经济调控等社会问题相联系。研究内容也不再局限于社会学、经济学的相关概念，或者年龄、性别等消费者个人的特征，研究者将更多的个人和社会的心理因素和社会环境因素纳入研究范围。例如，随着互联网的快速发展，消费者的消费模式正在发生着翻天覆地的变化，越来越多的学者开始关注数字化消费者行为①。

2. 更加强调定量的研究方法

由于定性的研究方法不能完全满足研究要求，越来越多的研究者采用定量的分析方法（如统计分析技术、信息处理技术等现代科学方法和技术手段），以便更准确地揭示各变量之间的内在关系。定量的研究方法使得消费者行为模式被更准确地定义、衡量和预测，定量的消费行为模型的建立使研究者对消费行为的剖析更深入，从而提高消费者行为学的研究水平。

3. 跨文化研究更加丰富

在不同的社会文化背景下，消费者行为呈现出较大的差异。跨国公司的不断扩张、全球化的经济发展趋势使得消费者行为学的研究越来越迫切地期望突破国界。传统上，美国是消费心理和行为的研究中心，但以美国消费群体为模板的研究在全球不具普适性。20 世纪 80 年代以来，各种跨文化的消费行为比较研究不断增加。在全球化市场中，人

---

① 卢泰宏，周懿瑾. 消费者行为学：中国消费者透视. 第二版. 北京：中国人民大学出版社，2015.

们对东亚、东南亚、南美的经济高速增长的发展中国家和地区表现出越来越浓厚的兴趣，以发展中国家消费群体为研究对象的消费者行为研究也越来越丰富。所以说，国际化趋势是消费者行为学在新经济时代最鲜明的特点。虽然不少学者希望将消费者行为学领域已有的研究成果整合为一个系统完备的理论体系，但迄今为止这方面的努力和尝试还没有实质性的进展。更确切地说目前在消费者行为领域尚未形成一种大多数人普遍接受和公认的系统理论。这一方面说明消费者行为学远非一门成熟的学科，还有待进一步发展完善；另一方面，也预示着它还有广阔的发展空间与前景。

【资料5】

透过麦肯锡2016年报告看中国四大消费趋势

麦肯锡中国消费者调查始于2005年。本次调查访谈了1万名18~65岁中国消费者，他们来自44座城市，而且城市级别各不相同。本次调查结果有两点非常值得一提：中国消费者对出境旅游的热情之高以及对移动支付等新兴潮流的接受之快。此外，中国22个城市群的消费者行为存在着显著差异，也在本次调查中得到印证。事实上，尽管互联网日益发达、国内旅游持续红火，城市群间的差异在近几年依然有所扩大。

1. 消费意愿：消费者意愿强劲

当被问及未来收入预期时，55%的受访者相信未来五年中自己的收入将显著增长，较2012年仅下降2个百分点。相比美国和英国，2011年持这一说法的消费者分别为32%和30%。虽然消费者信心较为稳定，但他们并非对经济环境毫不担忧：选择储蓄与投资的人越来越多了。尽管如此，消费者持续不减的信心支撑着强烈的消费意愿。

2. 消费形态：消费品类的变化

在增加支出的同时，消费形态也在悄然变化。中国消费者对把钱花在何处更为挑剔，普遍快速的市场增长已经不复存在。消费者开始增加提升生活品质及体验的开支，如SPA、旅游和休闲娱乐等。超过四分之一的消费者声称愿意在休闲娱乐上花更多的钱。中国消费者正在从大众产品向高端产品升级，50%的消费者声称自己追求最优质最昂贵的产品，这一比例比前些年有了显著提高。消费升级正呈现出旺盛的势头和活力，高端产品的品类增速超过了大众产品和价值型产品。除此之外，消费品类的变化主要表现为品牌忠诚度提高、追求健康生活、以家庭为重、体验和出境旅游增加。

3. 消费方式：电商市场快速发展

中国作为全球最大的电商市场2015年创造了近4万亿元人民币的收入，相当于美国或者欧洲电商市场的规模。但是，由于消费者同时使用线上和线下渠道，实体店对消费者与品牌的互动依然很重要。消费者对实体店的满意度仍然比在线渠道高，但随着网购越来越受欢迎，线上和线下渠道的满意度差距正在缩小。

4. 消费地点：中国城市群优先排序

以消费者信心为例，与台湾地区隔海相望的厦门−福州城市群有70%的消费者相信自己未来五年的收入将显著增加，而沿海山东半岛城市群则相对悲观，只有33%的消费者显示出同样的信心。不同城市群消费者演变的步调不一，因此营销商必须更细致更精准地了解中国市场，以确保产品及营销市场策略能够达到预期效果。

调查清晰地表明，日渐成熟的中国消费者正在加速现代化。不加选择、买到什么是什么的消费初级阶段已远去，向高端产品消费升级，并且越来越重视均衡、健康和以家庭为中心的生活方式开始了。

五、消费者行为总体解释模型

用一般规律来结构性地解释消费者的行为，有时概括称为“消费者行为模型”。消费者行为模型也是实证研究的理论架构和基础。随着消费者行为研究的深入，消费者行为模型的种类和数量不断增加。鉴于消费者行为模型众多，可以将其分为两大类：总体解释模型和专项解释模型，即一般模型和专用模型。这里主要介绍几个总体解释模型。

1. 霍金斯模型：消费者决策过程与内外影响因素

德尔·I. 霍金斯等所著的《消费者行为学》一书以如图 1-1 所示的总和模型为总体结构。该模型认为，解释消费者行为的基本板块有四个，即外部影响、内部影响、自我概念和生活方式、决策过程。

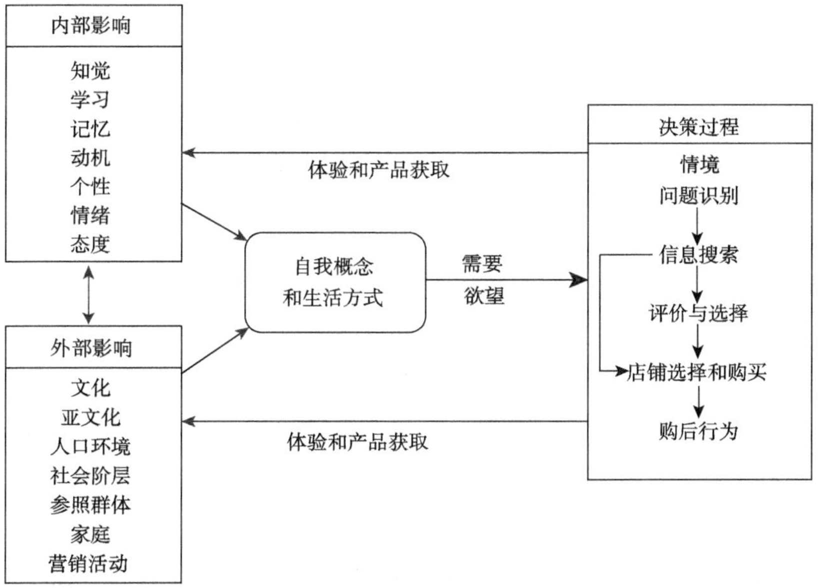

图 1-1　霍金斯模型

资料来源：霍金斯 D I，马瑟斯博 D L. 消费者行为学. 原书第 12 版. 符国群，等译. 北京：机械工业出版社，2014

2. 阿塞尔模型：消费者行为反馈

亨利·阿塞尔所著的《消费者行为和营销策略》一书以如图 1-2 所示的模型为总体结构。该模型与霍金斯模型有部分相同，不同之处是强调了反馈。

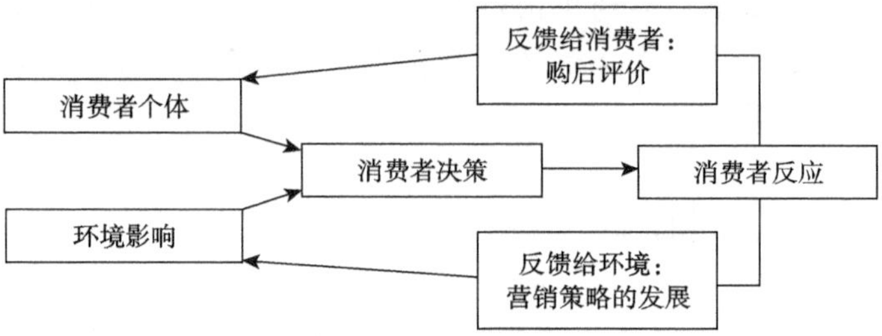

图 1-2　阿塞尔模型

资料来源：阿塞尔 H. 消费者行为和营销策略. 原第 6 版. 韩德昌译. 北京：机械工业出版社，2000

3. 所罗门模型：消费者行为轮盘

迈克尔·R. 所罗门所著的《消费者行为学》一书以图 1-3 所示的消费者行为轮盘为总体结构。该书从微观层面到宏观层面进行剖析，解释消费者行为的几个基本板块是市场中的人们、作为个体的消费者、作为决策者的消费者、消费者与亚文化和消费者与文化。

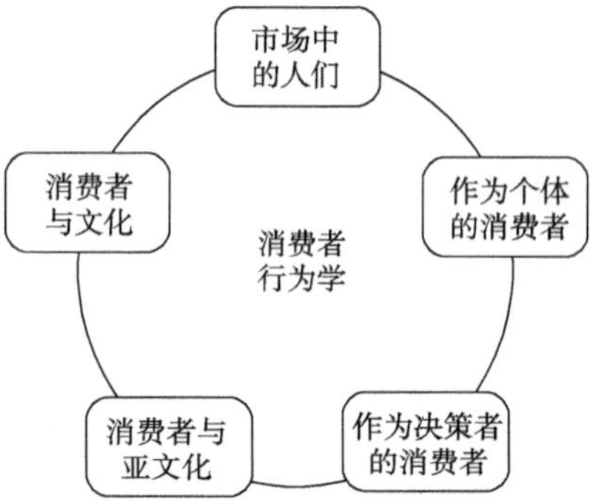

图 1-3　消费者行为轮盘

资料来源：所罗门 M R，卢泰宏，杨晓燕. 消费者行为学. 第 10 版. 杨晓燕，郝佳，胡晓红，等译. 北京：中国人民大学出版社，2014

4. “刺激–反应”模型：消费者行为黑箱模型

根据行为心理学理论，菲利普·科特勒提出“刺激–反应”模型，他认为消费者行为是一个刺激与反应的过程。消费者行为源于受到来自环境与营销的刺激，面对刺激，消费者会因为个人特性的不同而做出反应。该模型解释消费者行为时只关注输入（刺激）和输出（消费者的反应），而忽略购买者特性和决策过程这两大相关因素，故又称为黑箱效应，如图 1-4 所示。

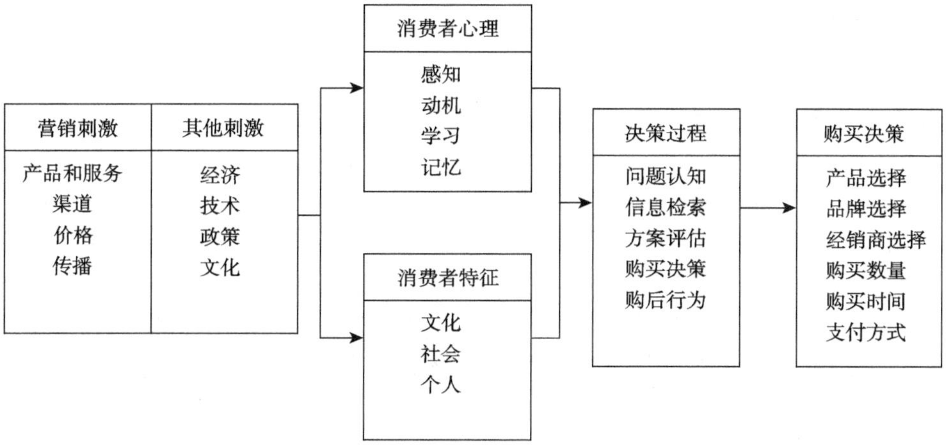

图 1-4　消费者行为黑箱模型

资料来源：科特勒 P，凯勒 L. 营销管理. 第 6 版. 王永贵，华迎译. 北京：清华大学出版社，2017

第三节　消费者行为与市场营销

企业的目标是传递客户价值。消费者行为的研究有助于企业定义客户价值，并通过最优的方式传递客户价值。同时，对消费者行为的准确把握也有助于企业和消费者建立长期稳定的客户、品牌关系，并通过客户、品牌关系的维系和发展获取长期利益。

一、营销机会

市场机会是市场上存在的未被满足的需求。当市场机会与企业的使命相一致、企业具有利用该机会的资源能力、利用该机会足以实现企业的目标要求时，市场机会成为营销机会。消费者行为研究的基本目标就是了解消费者的需要。消费者的需要是企业生产的原动力。通过对消费者生活方式或收入水平变化的趋势分析，就可以知道消费者的哪些需要已经得到较好满足，哪些需要尚未得到满足。企业可以在此基础上针对尚未满足的需要开发新的产品或服务。例如，在西方国家，20 世纪 80 年代以来，越来越多的消费者不再为是否吃得饱和吃得好而担忧，而是担忧自己越来越胖的身体，很多企业很好地识别了这样的需求，顺势推出了各种减肥用的运动器材、减肥书籍以及减肥饮料，并收到了很好的效果。在我国，近些年来，由于工业化进程的加速，北方地区的空气污染问题日益严重，而人们的健康意识却逐渐增强，许多企业就抓住了这一市场契机，分析和捕捉各类健康防护需要，开发出一系列空气净化、卫生防护的产品，并由此获得了很大成功。

二、市场细分

1956年，美国市场营销学家温德尔·史密斯最早提出了市场细分的概念。“现代营销学之父”菲利普·科特勒进一步发展和完善了温德尔·史密斯的理论并最终形成了STP理论，即segmentation（市场细分）、targeting（目标市场选择）、positioning（市场定位）。市场细分是指营销者通过市场调研，依据消费者（包括生产消费者和生活消费者）的需要和欲望、购买行为和购买习惯等方面的差异，把某一产品的市场整体划分为若干消费者群（买主群）的市场分类过程。每个消费者群就是一个细分市场，亦称“子市场”或“亚市场”，每个细分市场都是由具有类似需求倾向的消费者构成的群体。

在消费者行为上，购买者的动机、偏好、态度、性格、群体互动、社会阶层以及文化因素等都是存在差异的。因此，为了满足不同消费者的需求，必须将消费者的特征和属性加以区分，据此制定营销策略和方针，即进行市场细分。企业进行市场细分的目的是寻找到适合自己进入的目标市场，并针对目标市场中消费者的需求特征制定相应的营销活动，以实现顾客价值和所得利润的最大化。市场细分的主要步骤包括：首先选定产品市场范围。公司应明确自己在某行业中的产品市场范围，并以此作为制定市场开拓战略的依据。其次列举潜在顾客的需求，可从地理、人口、心理等方面列出影响产品市场需求和顾客购买行为的各项变数。再次分析潜在顾客的不同需求。公司应对不同的潜在顾客进行抽样调查，并对所列出的需求变数进行评价，了解顾客的共同需求。最后制定相应的营销策略，调查、分析、评估各细分市场，最终确定可进入的细分市场，并制定相应的营销策略。

以手机的消费为例，手机除了能够满足消费者的通信需要以外，还可以满足消费者显示地位、追求个性和寻求新鲜等方面的需要。所有这些需要构成了手机产品相关的需求领域。显而易见的是，不同的消费者群体对手机需求的侧重点是不一样的。针对手机能够满足的各种需要，不同消费者感知的重要程度可能存在很大差异。因此可以将这些对手机产品有相似需求的消费者归为一体，如可以将大学生和刚参加工作的白领视为一个群体。他们之所以可以被归为一个群体，是因为他们都是年轻人，都有追求时尚，追求个性的特点。在上述工作的基础上，具体的手机厂商可以选择一个或者几个子市场作为自己将要进入的市场。例如，某手机厂商针对老年人视力不佳的特点，推出了大字体、简单易用的老年人手机，收获了很好的市场反应。又如，汉堡王把多种促销策略都瞄准了它的那些超级粉丝，即平均每月冲进快餐店16次的男青年。

三、产品与品牌定位

里斯和特劳特认为，“定位是你对未来的潜在顾客的心智所下的功夫，也就是把产品定位在你未来潜在顾客的心中”。菲利普·科特勒对市场定位的定义是：所谓市场定位，就是对公司的产品进行设计，从而使其能在目标顾客心目中占有一个独特的、有价值的位置的行动。企业的营销人员必须了解到其产品和品牌是如何被消费者认知的，以及自己期望的独特的、有价值的位置是什么，还能通过实施有效的营销策略，实现产品与品牌的精准定位。产品与品牌定位的主要步骤是：首先，分析整个外部环境，确定我们的竞争对手是谁，竞争对手的价值是什么。其次，避开竞争对手在顾客心智中的强势，或是利用其强势中蕴含的弱点，确立品牌的优势位置，即定位。再次，为这一定位寻找一个可靠的证明。最后，将这一定位整合进企业内部运营的方方面面，特别是传播上有足够的资源，以将这一定位植入顾客的心智。凯玛特（K-Mart）是美国一家影响很大的连锁商店，它由 20 世纪 60 年代的廉价品商店发展到七八十年代的折扣商店。进入 90 年代后，随着经营环境的变化，凯玛特的决策层感到有必要对商店重新定位，使之成为一个品味更高的商店，同时又不致使原有顾客产生被离弃的感觉。为了实现这个目标，凯玛特公司着力弄清以下问题：第一，我现在所处的市场位置是什么？第二，被目标消费者视为非常重要的一系列店铺特征是什么？哪些店铺特征被消费者视为最关键的因素？第三，在关键特性上，不同细分市场的消费者对凯玛特和竞争商店的市场位置的评价存在什么差别？在掌握这些信息，并对它们进行分析的基础上，凯玛特制定了非常具有针对性且切实可行的定位策略，结果使原有形象得到了改变，重新定位战略获得了成功。

四、市场营销组合

市场营销组合是指企业针对选定的目标市场综合考虑环境、企业资源能力和竞争状况，运用各种可能的市场营销策略和手段，组合成一个系统化的整体策略，以实现企业的经营目标，并取得最佳的经济效益。市场营销组合是 1964 年由尼尔·博登（Neil Borden）首先提出的，他认为市场需求或多或少会受到营销变量或营销要素的影响。后来，杰罗姆·麦卡锡（Jerome McCharthy）提出了著名的 4P 营销组合，即产品（product）、价格（price）、分销（place）、促销（promotion）。实际上营销组合理论把复杂的市场营销活动用很直观的、很简单的东西归类整理，有了这 4P 后营销活动就变得非常明确。市场营销组合的提出具有以下意义：首先，营销组合是企业市场营销的基本手段，成为一个标准。其次，营销组合是赢得竞争的有力武器。最后，营销组合是协调企业内部力量的纽带。消费者行为研究对企业市场营销组合工具的运营具有重要的指导价值。

1. 产品策略

市场营销学中使用的新产品概念不是从纯技术角度理解的，产品只要在功能或形态上得到改进，与原产品产生差异，并为顾客带来新的利益就视为新产品。按照产品的创新程度划分，新产品可以分为全新新产品、改进新产品和换代新产品。然而，无论是何种新产品，企业在开发和改进之前都需要通过分析消费者的需求和欲望、依据消费者对各种产品属性的评价来进行。对消费者行为知识以及信息，甚至是消费者在不经意间说出来的话语、抱怨等的重视，是企业成功开发和改进符合消费者需要的新产品的关键。例如，有一次海尔洗衣机科研所所长舒海和妻子一起逛商场，在洗衣机展柜前无意间听到了一位中年妇女的抱怨。这位顾客因为担心洗衣机漂洗的衣物会残留洗衣粉，危害人体健康，结果经常使用喷头来洗涤洗衣机桶内的衣服。这位消费者不经意的话语，引起了舒海的极大关注。他想为什么不设计出一种特殊的程序和装置来实现彻底漂洗干净的效果呢？于是，“喷淋手”的设计构思便这样产生了。由此由海尔设计并生产的杀菌型健康洗衣机一上市便受到消费者的普遍青睐，市场销量持续增加。

随着社会生活水平的提高，消费者的消费观念不断发展，商品的包装设计当然也跟着时代的进步不断改进，在传统和创意中寻求统一。现代商品的包装设计要求设计师把商品自身的属性、消费者的心理动机以及市场等多种因素有效地结合起来，设计出商品的包装，这样不仅能体现出商品的信息还能根据不同消费者的购买心理做到“投其所好”。例如，可口可乐将国际化和民族化结合起来，增强包装在文化方面的影响力，销售可口可乐西班牙版和日本版，赢得了广大消费者的认可，在中国市场也相继推出十二生肖、奥运等版本，满足了中国消费者的心理期许，在保持规范统一的同时，将商品包装设计地方化，为各民族做出入乡随俗策略，彰显出企业文化的包容性以及对区域文化的尊重。由于消费者年龄的差异，购买商品时对包装的风格有着不同的看法和喜好，老年人喜欢简单、实用、怀旧的设计风格，中年人则喜欢现代与怀旧结合起来的设计理念，青少年喜欢时尚夸张的设计风格，儿童喜欢富于幻想的包装风格。对于各个年龄的消费者，设计师会采用不同的设计风格。另外，包装设计也考虑了不同生活背景的消费人群。例如，长期生活在乡村中的消费人群，会对时尚的设计风格比较有兴趣。由此看来，不同的消费者对商品的设计风格有不同的喜好，设计师要注重对消费者心理的研究，才能使商品在包装上取得成功。

2. 定价策略

对产品的定价不仅是企业实现其经营利润的重要手段，更是一种准确把握消费者行为与心理的体现。如果产品的价格与消费者的支付能力，或者消费者对产品本身价值的感知不相符合，那么再好的产品，也难以获得成功。例如，同样是一双福建厂商生产的球鞋，耐克、阿迪达斯品牌的销售量通常高出国产品牌数倍，主要原因在于耐克、阿迪达斯在进行定价之前对消费者的行为已经进行了深入的分析。因为消费者认为耐克、阿迪达斯的产品是名牌，能够给自身带来除去球鞋功能性价值以外的额外价值，高价格是理所当然可以接受的，即使国产品牌的球鞋和耐克、阿迪达斯品牌的球鞋在质量上已经不存在明显的差别。消费者内心对产品和品牌认可的价格是企业进行产品定价的基础。由此可见，对产品的定价是离不开对消费者行为的分析和了解的。

【资料6】

亚马逊公司的差别定价实验

作为一个缺少行业背景的新兴的网络零售商，亚马逊不具有巴诺（Barnes & Noble）公司那样卓越的物流能力，也不具备像雅虎等门户网站那样大的访问流量，它最有价值的资产就是它拥有的 2 300 万名注册用户，因此必须设法从这些注册用户身上实现尽可能多的利润。

因为网上销售并不能增加市场对产品的总的需求量，为提高在主营产品上的盈利，亚马逊在2008年9月中旬开始了著名的差别定价实验。亚马逊选择了68种DVD碟片进行动态定价试验。试验当中，亚马逊根据潜在客户的人口统计资料、在亚马逊的购物历史、上网行为以及上网使用的软件系统确定对这68种碟片的报价水平。例如，名为《泰特斯》（*Titus*）的碟片对新顾客的报价为22.74美元，而对那些对该碟片表现出兴趣的老顾客的报价则为26.24美元。通过这一定价策略，部分顾客付出了比其他顾客更高的价格，亚马逊因此提高了销售的毛利率。但是好景不长，这一差别定价策略实施不到一个月，就有细心的消费者发现了这一秘密，并通过音乐爱好者社区将其扩散，那些付出高价的顾客当然怨声载道。更不巧的是，由于亚马逊前不久才公布了它对消费者在网站上的购物习惯和行为进行了跟踪和记录，因此，这次事件曝光后，消费者和媒体开始怀疑亚马逊是否利用其搜集的消费者资料作为其价格调整的依据，这样的猜测让亚马逊的价格事件与敏感的网络隐私问题联系在了一起。为挽回日益凸显的不利影响，亚马逊的首席执行官贝佐斯只好亲自出马做危机公关，向消费者公开表示了道歉。不仅如此，亚马逊还试图用实际行动挽回人心，亚马逊答应给所有在价格测试期间购买这68部DVD的消费者以最大的折扣，据不完全统计，至少有6 896名没有以最低折扣价购得DVD的顾客，已经获得了亚马逊退还的差价。至此，亚马逊价格试验以完全失败而告终，亚马逊不仅在经济上蒙受了损失，而且它的声誉也受到了严重的损害。

思考：

亚马逊差别定价实验失败的原因是什么?

3. 分销渠道策略

分销渠道是促进某种产品或服务顺利经过市场交换过程，最终转移给消费者的一整套相互依存的组织和个体。只有通过对消费者渠道决策行为的深入调查和研究，企业才能知晓消费者喜欢到什么地方购买产品或服务，以及如何支付和得到产品或服务。以体育用品为例，有的消费者喜欢到品牌专卖店购买，有的喜欢到大型商店、超市购买，有的喜欢通过网上商城购买，还有的则喜欢直接通过厂家电话邮寄购买，等等。对于体育用品生产商来说，最重要的是通过上述某种渠道购买体育用品的消费者呈现出什么特征，以及各个渠道的消费者所占的比例是多少。只有了解到这些企业才能针对自身产品定位，选择合适的分销渠道，降低分销成本，提高分销效率。

4. 促销策略

促销就是营销者向消费者传递有关本企业及产品的各种信息，说服或吸引消费者购买其产品，以达到扩大销售量的目的。常用的促销手段有广告、销售促进、公共关系和直接营销。企业可以根据实际情况，即市场、产品等因素选择一种或多种促销手段的组合。以服装产品为例，厂商和零售商可以通过人员促销、降价、打折等促销工具销售服装产品。但是在选择这些促销策略之前，商家非常有必要对消费者的消费心理进行分析，以了解不同产品的目标客户群体的需求特征差异。与其他产品相比，服装消费包含了更多社会文化和心理的因素，表现出更复杂、更难以琢磨的特性。但人们对服装的需求和消费仍是有规律可把握的。服装消费行为的动机是心理活动的过程，这个过程受到服装品牌、款式、质地、色彩、价格、宣传等营销刺激的影响或社会、文化、经济、流行趋势等大环境刺激的作用。大部分女性消费者非常喜欢打折服装，而且是折扣越大越好。因此，很多大型商场以及网上商场在销售女性服装时通常采取大打折扣的促销策略来吸引女性消费者购买。然而针对商务服装，商务用户更为关注的是服装本身的质量和品味，打折促销可能就不是一个很好的促销手段，相对而言，广告可能更为有效。

【思考题】

1. 什么是消费者行为?
2. 消费者市场有什么特点?
3. 消费者行为有哪些研究方法?
4. 消费者行为与市场营销策略有什么关系?

【实践练习】

找出三个你认为以某个特定的消费心态细分市场作为目标市场的广告，就实现它们各自的目标而言，这几个广告是成功的吗?

第二章　消费者决策过程

【学习目标】

- 理解消费者决策类型及分类的依据。
- 掌握消费者决策过程。
- 了解问题认知过程及其影响因素。
- 理解消费者购买的评价标准。
- 分析冲动型购买与追求多样性购买。
- 掌握购买后冲突及原因。
- 掌握消费者满意与不满意的影响因素。
- 理解消费者品牌忠诚的成因。

第一节　消费者决策类型

消费者决策是消费者行为的核心部分。消费者决策的内容包括购买哪种产品品牌、购买多少数量、何时在何处买等一系列决策。然而不同消费者的购买决策过程又千差万别，从认识需求到购买活动要经历一个由心理到行为的转换过程。

一、消费者决策类型的划分

1. 消费者介入程度

介入程度（involvement）是指消费者对购买或购买对象的重视程度和关心程度，也叫做消费者卷入程度。这种关心和感兴趣的程度可以用投入的时间和精力来衡量。消费者介入既包括对决策过程的购买介入也包括对某一项产品或服务的产品介入。这两种介入有所差异，如人们在给父母购买保健品时，购买的介入程度很高但产品的介入程度较低，因为购买是想让父母觉得自己是个孝顺的孩子，但产品的使用与自己并不相关。

影响消费者介入程度的因素有以下几个方面。

（1）先前经验。当消费者对某产品或服务有较多的经验时，就会对该产品比较熟悉，也知道哪一种产品能够满足自己的需要，因此购买时的介入程度比较低。

（2）对负面结果的风险感知。如果消费者感知到对某产品的购买会有比较高的风险，那么介入程度会相应提高。

（3）个人特征。有些消费者做事小心谨慎，在时间和精力允许的情况下都会比较高程度地介入身边的事情和工作。而有些消费者兴趣变化比较快，经常会面临新的选择，因此也需要投入比较多的时间和精力。此外，人的价值导向和生活目标也能影响购买的介入程度。

（4）产品特征。购买功能简单、属性单一或者价格比较低的商品时，消费者的介入程度比较低。而对于一些高科技、功能复杂和价格比较高的产品时介入程度就会相应提高。

2. 霍华德决策类型

消费者的购买决策过程就是解决问题的过程。考虑到每次决策所需要付出的努力程度和消费者对品牌和产品的熟悉程度，霍华德（Howard）提出了名义型决策（nominal decision making）、有限型决策（limited decision making）和扩展型决策（extended decision making）的分类方式。这一方式，将要解决的问题置于一个连续统一体，一端为名义型决策，另一端为扩展型决策，而在两者之间的被称为有限型决策。

1）名义型决策

名义型决策实际上并未涉及决策，通常是对自己熟悉的产品类别进行常规的有意识的判断和选择。当某个消费问题被意识到时，消费者脑海里马上浮现出某个偏好的产品或品牌，随之进行了选择和购买。而只有当购买产品没有达到预期效果，才会产生购后评价。这种类型的决策过程通常涉入度很低。有的名义型决策，甚至不需要考虑选择其他品牌。由于消费者经验的积累、对购买方案的熟悉，消费者可以付出最少的时间和精力，做出迅速的决策过程。例如，消费者重复性地购买牙膏、口香糖、香烟等就偏向于名义型决策。对于简单问题的解决，可能是以习惯为基础的反复购买，而这种习惯不一定是源于对某个品牌的忠诚度。

2）有限型决策

有限型决策通常是指消费者对某产品领域以及该领域的品牌有一定程度的了解，对该类型产品以及品牌建立起了基本的评价标准，但是尚未形成对特定品牌的偏好，因此还需要进一步搜集信息，进行各种品牌的对比评价，从而在被选品牌之间做出比较理想的选择。当消费者认为备选品牌间的差异不大，解决问题的时间比较短时就会进行所谓的范畴处理，即在有限范围内做出决策，而不是对产品属性的每一个特征都进行搜集和对比。例如，家庭购买新的微波炉是建立在已经对微波炉行业有一定认识的基础上，并不需要逐步对比各品牌产品的功率、功能等特性，而是在原有认识基础上做出简单的了解和价格对比，然后做出购买决定。在买回微波炉以后如果没有特别的好与不好，一般比较少做出进一步评价。如果微波炉特别好用或者质量非常差才有可能向其他人提及。消费者的大部分决策过程都属于这种类型。追求多样化，以及在他人影响下，或者在某种情绪下的购买都可以归类于有限型决策。消费者有时变换品牌并不一定是对原品牌不满意，可能是多样化动机导致的，也有可能是对长期使用该品牌产生了厌倦感。此外，观察或者模仿他人做出的决策，也属于有限型决策。因为购买者不具备熟悉的产品和品牌知识，既谈不上习惯，也说不上忠诚，而是根据他人的行为和推荐做出简单、直接的决定。

3）扩展型决策

扩展型决策是指当消费者对某一类产品以及该类产品的品牌不熟悉，也未建立起品牌评价标准时，会尽量搜集更多的信息，包括尽可能多的内外部搜集以及规避结果风险。这一类决策涉及复杂的购买过程，开始于一个自我概念相当强的动机，最后的决定有比较大的风险，消费者付出的努力程度很高，制定时间很长，往往会对每一个备选产品进行评价，对每一个品牌属性进行考察，从而得出比较满意的结果。例如，家庭进行汽车购买时，普通消费者对汽车品牌和性能了解比较少，那么需要从各个方面收集信息，了解市场上各种品牌、各种型号的汽车，比较这些产品在性能、价格等各个具体属性上的差异，形成一个考虑的特征集和品牌集合，然后再进行评估。这也许要花几天到几个星期的时间才能做出决定，同时也能形成一定的汽车品牌评价标准。对于具体的购买问题消费者是否启动扩展型决策模式，需要考虑三个方面的因素：一是各种备选产品和品牌的差异度。如果消费者认为不同品牌产品在功能、质量、价格上差异比较大，就会进行信息的广泛搜集，进行认真深入的比较，反之会减少搜集信息的投入成本。二是消费者的介入度，即他对购买问题的重视程度。例如，购买汽车、房屋等产品，消费者的介入度就明显高于购买香皂、毛巾等产品，而对于同种产品，在作为礼品和自己购买时所花费的时间和精力也是不一样的，介入度越高消费者在信息搜集和评价上的投入就越多。三是购买时间限制。如果时间紧迫，如汽车轮胎行驶中出现了故障，那么遇到维修点司机就会不假思索地决策，而如果平时购买轮胎，司机愿意花比较多的时间做出更加复杂的决策。

3. 阿萨尔购买类型

阿萨尔根据购买过程中消费者的介入程度以及品牌之间的差异程度，把消费者划分为以下四种类型：复杂的购买行为、减少失调的购买行为、习惯性的购买行为和寻求变化的购买行为。

（1）复杂的购买行为。当消费者参与购买的程度较高，并且了解品牌间的显著差异时，则他们会有复杂的购买行为。一般来说，购买贵重物品、大型耐用消费品、风险较大的商品以及其他需要消费者高度介入的产品，消费者往往产生复杂的购买行为。

（2）减少失调的购买行为。这种购买行为是指由于产品的各种品牌之间并没有多大差别，并且由于产品具有很大的购买风险或价格很高，所以需要消费者高度介入才能做出慎重的决定；但购买商品之后，有时往往又会使消费者产生一种购后不协调的感觉，于是开始通过各种方法试图做出对自己的选择有利的评价，并采取种种措施试图证明自己当初的购买决策是完全正确的，以减少购买后的不协调感。

（3）习惯性的购买行为。这是指消费者介入程度不高，同时品牌之间的差异也不大时，消费者一般采取的购买行为。这类产品一般是价格较低而且大多是经常购买的日用消费品。消费者在购买这类产品的时候并不需要先形成态度，然后按照决策过程一步一步地实施，而是以一种不假思索的方式直接采取购买行动。而且，在这种情况下，消费者购买某类产品并非出于品牌忠诚，而是出于习惯，或者说只是因为熟悉的缘故。

（4）寻求变化的购买行为。当消费者介入程度很低而且品牌间的差异很大的时候，消费者就会经常改变品牌。这种购买行为的产生往往不是因为对原有品牌的不满意，而是因为同类产品有很多可以选择的品牌，而且由于这类产品本身一般价格并不昂贵，所以消费者在求新求异的消费动机下就会经常不断地在各品牌之间进行变换，达到“常换常新”的目的。

思考：

如果你每次饭后都要喝酸奶，有一天到楼下的自动贩卖机想买一杯 X 品牌的酸奶，恰巧贩卖机中该品牌的酸奶卖光了，你会如何选择呢？第一种选择，走 200 米去零售店购买该品牌的酸奶；第二种选择，在贩卖机中选择一杯类似的其他品牌的酸奶。哪一种选择属于忠诚型消费者呢？

二、消费者决策过程

决策是指从思维到做出决定的过程，一般可以解释为人们为达到预定目标，通过充分思考和推理来对可能采取的方案做出合理选择的过程，或者说有目的地解决问题的过程。消费者决策过程是指消费者在购买产品或服务过程中所经历的步骤。一般认为，需要经历五个步骤：问题认知、信息搜集、方案评价、购买决策、购后行为。这五个步骤代表了消费者从认识需求到评价该购买行为的总体过程。需要说明的是，并不是说消费者的所有决策都会依次序经历这个过程的所有步骤，有些情况下，消费者可能会颠倒，甚至跳过某些步骤，尤其在介入度比较低的决策类型中。例如，购买特定牙膏的妇女可能会从需要购买牙膏跳到做出直接购买决策，中间的信息搜集和方案评价都会跳过，且通常情况下不存在购后行为。

1. 问题认知

当消费者认识到现有状态与期望状态之间有某种差异时，问题认知就发生了。消费者觉察到有问题需要解决，问题可大可小，可简单可复杂。问题识别可以有多种方式：一是消费者的实际状态变差了，如汽车在高速公路上意外抛锚，面临马上维修的需要；二是消费者的期望状态提高了，如汽车没有任何机械问题，但车主对汽车的外形和功能不满意或者是看法发生了改变，也是问题的提出。无论哪一种方式，现有状态和期望状态之间都出现了差异，即出现了待解决的问题。

2. 信息搜集

一旦问题被消费者所认知，就需要利用信息来解决问题。信息搜集是消费者在内外部环境中获取适当信息以帮助合理决策的过程。消费者信息搜集可能是购买前在市场中搜集特定信息，也可能是到处看看，在购买过程中进行搜集。信息的来源大体上分为两类：内部搜集是建立在已有的购买经验上的，消费者对产品已经具有一定程度的认识，在面对购买决策时，可以对自己的记忆库进行扫描，提出不同备选品牌的信息；外部搜集是从广告、朋友或者是对他人行为的观察中获取信息，通常情况下外部搜集都是必不可少的。消费者在进行信息搜集的过程中，一般是先进行内部信息搜集，然后再进行外部信息搜集。

3. 方案评价

在信息搜集阶段获得信息后，消费者会形成一套信息评价标准，在选择评价阶段帮助消费者评估和比较各种选择。评价标准是用以比较不同品牌产品或服务的范围与属性，不同消费者和不同购买条件下使用的评价标准各不相同。消费者将产品看做能不同程度满足某种需要的属性集。对于不同产品类别，消费者所感兴趣的属性是不同的，而对于同一产品，不同消费者关心的属性也不相同。因此，评价标准可能是主观的，也可能是客观的。例如，在购买汽车时，价格、节能、安全等属于客观属性，而外观、风格等主观属性则因人而异。

4. 购买决策

消费者不可能穷尽所有信息和评价方案。作为方案评价的阶段性结果，消费者会发展出购买某品牌的购买意图。但在购买意图和决策之间，还有一些可变因素在发生作用。这主要来自两个方面：一方面是他人的态度，如果其他人在准备购买时提出反对意见，或者提供了更具吸引力的建议，可能使消费者推迟，甚至放弃购买意图。他人影响力的大小主要取决于反对的强烈程度和在消费者心目中的地位。另一方面是意外变故，这也可能使消费者改变和放弃购买决策，如消费者突然发现该品牌陷入大规模的质量危机，或者是消费者本人打算用于购物的资金突然另有他用。这两个可变因素的本质作用还是取决于消费者对购买风险的预期，消费者对购买风险的预期越大，推迟或者改变购买的可能性就越大。

5. 购后行为

消费者购买了商品或者服务并不意味着购买过程的结束，对于所购买的商品是否满意以及后续采取怎样的行为都对企业的经营活动带来很大影响。满意或不满意是消费者购买商品之后最主要的感觉，其他所有的购后行为都是基于这种判断。对商品或服务的满意度一方面取决于所购买的商品是否与预期相一致，如果符合或接近预期就会感到满意；另一方面也取决于他人对购买商品的评价，受到的积极评价越多，消费者就越可能感到满意。感到满意的消费者会有两种行为，一种是向他人进行宣传和推荐，另一种是不进行宣传。企业应该设法促进消费者对产品进行积极宣传。感到不满意的消费者的行为就相对复杂，首先会有行动或不行动之分。一般来说，如果不满意的程度不高，或者商品的价值不大，则消费者较少采取行动；如果不满意程度高或者商品的价值很大，消费者大多数会采取相应的行动，如到商店要求进行退换，将不满意的情形告诉亲戚朋友，或者以后再也不购买该品牌商品等。这种个人行为对企业的影响程度相对比较小，而还有一种情况就是将不满意的情形诉诸公众，如向消费者协会投诉，向媒体披露，甚至是告上法庭，等等，这就需要企业妥善处理好不满意的问题，耐心听取意见，并诚恳道歉，必要时进行赔偿，来维护企业和品牌形象，修复企业与消费者之间的关系。

第二节　问题认知与信息搜集

一、问题认知过程及影响因素

消费者的决策过程始于对当前消费问题的认识。消费问题认知是消费者感到某些不足而产生某些特定的需求，当发现当前状态与原来期望或理想的状态不一致时，问题就得以认识，如图 2-1 所示。这两种状态之间的差异既是问题的产生，也是机会的出现。例如，家庭主妇得知食用油在高温烹调下会产生有害物质，因而产生了对饮食安全的担忧，这就是问题的出现；而糖尿病患者得知新研发的特效药问世，便产生了购买新药品的需求，这也是问题的认知过程。

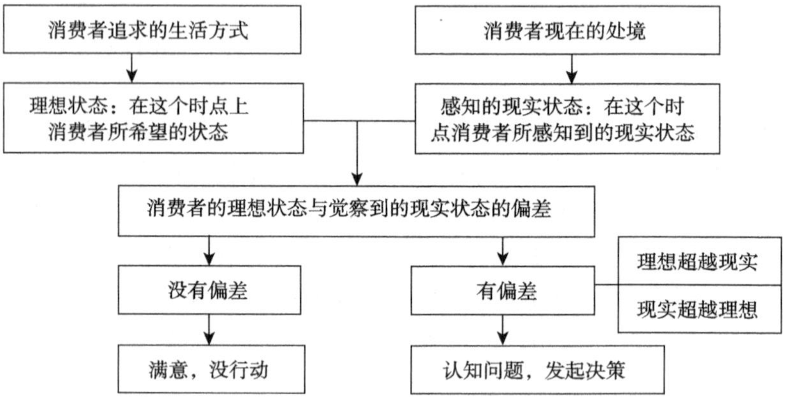

图 2-1　问题认知过程

虽然现实生活中的消费者问题形形色色，但是从市场营销角度看，将消费者问题分为主动型和被动型两种类型是很有意义的。主动型问题是指在正常情况下，不经提示消费者就会意识到的问题，如家里的电视机出了毛病，即使别人不提醒，消费者也会意识到要找人修理。被动型问题则是消费者尚未意识到或需要在别人提醒之后才可能意识到的问题。下面的例子可以用来解释这两种问题。

迪恩伯莱木料公司获许经营洪都拉斯油松。这种油松是一种天然木材，即使在潮湿的情况下也能用火柴一点即燃，且持续燃烧 15~20 分钟。在燃烧过程中，它不会爆出火花，因而安全性相对较高。这种木材可加工成小木棍，用于壁炉点火，也可以压成碎木片用来引燃木炭。在该产品推向市场之前，两组潜在用户接受了调查。第一组被访问者被要求回答如何点燃壁炉以及在此过程中遇到了哪些问题。所有应答者都说是用报纸或类似的引火物，几乎没有人认为这有什么问题。接着公司向他们介绍了用油松做的这种新产品，并询问他们购买该产品的可能性，结果只有很小一部分人表示有购买兴趣。然而富有戏剧性的是，在这些人实际使用该产品几个星期之后，纷纷感到该产品是对现有引火方法的改进，并表达了继续使用该产品的强烈愿望。由此清楚地表明，引火中的问题是存在的，因为试用者均感到新产品大大优于旧产品，只是大多数消费者没有意识到这一点。这就是被动型问题。因此，在向“壁炉点火”市场销售这种点火木棍时，要想获得积极反应，公司就必须唤起消费者对问题的认知。与此形成对照，在第二组被调查者中，相当多的人表达了对液体点火器安全性的担忧，这些人对安全性能更高的点火产品有着强烈的兴趣。这就是主动型问题。在此情况下，公司不用担心消费者对问题的认知，而应将营销重点放在向消费者描述该新产品是如何更好地解决消费者已认识到的问题。

1. 问题认知过程

欲求不满足来源于内外部刺激。内部刺激如同一个人肚子饿了要吃东西，是由于内在的生理需要所产生的压力。外部刺激主要来源于外部环境，诸如广告、海报及其他消费者的消费示范等。内外部刺激，都可能引发需求不满足，继而导致驱动力的产生。驱动力进而造成紧张的压力，迫使人们采取行动，这就是所谓的动机。消费者在意识到某种需求后，是否采取行动，以及采取何种行动取决于两方面因素：一方面是理想状态与现实状态间的差距的大小和强度；另一方面是该问题的重要性。例如，一个人前不久买了一款数码相机，最近发现同学买了同品牌推出的新款相机，这可能不会导致他购买新相机的决策，因为这种差距是比较小的。而如果他希望买一部时尚的大屏智能手机，现在使用的是一部非智能移动电话，那么理想状态与现实状态间的差距比较大，购买决策的可能性就比较大。此时，如果他更急需购买一辆自行车，那么换手机的需求就相对较低，恐怕只能将换手机的计划先行搁置。

对于消费者的问题认知过程，有几点需要强调。第一，消费者所处的情境和生活方式，不仅决定了理想状态也决定了他对现实状态的感知。例如，有户外运动爱好的消费者，会有频繁旅游、登山等需求，而受到现实资源条件的约束，不是所有的消费者都能实现这种需求。第二，当前状况会对消费者如何认识现实状态产生重要影响，如孩子生病、手头的项目即将交付等。第三，导致问题认知的是消费者的感知，而非客观的现实状态。例如，吸烟有害健康，是客观事实，但是许多吸烟者不认为这是个需要解决的问题，因而不存在戒烟的需求。第四，现实状态超越理想状态时也会激发问题认知。例如，一个人参加完周末舞会，兴奋的感受超过了原来的预期状态，这就会引发他对周末外出活动，而不是待在家中上网的认知。

2. 影响问题认知的因素

问题认知的原因即引发现实状态和理想状态之间产生差异的因素。以下这些原因会影响消费者的问题认知。

（1）时间。时间的流逝本身就可能激发对需要的问题认知。从上次用餐到现在的时间越长，人们就会越发意识到去食堂用餐或到商店买些食品这一问题的迫切性。同样，对抽烟者来说从抽上一支烟到现在的时间长短会直接影响他是否现在点燃另一支烟。在上述两种情形下，时间直接作用于现实状态，使之逐步偏离理想状态，从而引发问题认知。时间也可以以间接方式影响理想状态。随着年龄的增长消费者的趣味和价值观会随之发生变化，这反过来会影响消费者的理想状态。例如，很多人在年轻时喜欢留长发，但步入中年后头发刚刚触及上耳边就要去理发店理发。

（2）环境的改变。一个人生活的变化，会激起许多新的需要。很多刚毕业的大学生，在走上工作岗位以后，会发现需要添置许多新的衣服。平时在大学校园里穿的十分得体的那些服装在新的环境里会变得不协调和使人感到不合适。在银行等对穿着有较高要求的行业里情况尤其如此。同样，家庭内的变化也会激发问题认知。例如，孩子的出生会要求添置新的衣服、购买新的家具和对房间做出新的布置。

（3）产品获取。获取一件产品可能会激发对另一件产品的需要。一套新的家具会影响购买者对房内原有的地毯、壁纸的看法和感受，从而产生置换这些产品的欲望。一个购买了新房的消费者，会产生购买多种家居物品，如沙发、厨房用品、壁灯等的需求。正是由于这一原因，很多家居用品公司将新房购买者视为其重要的目标客户。

（4）产品的消耗。产品的实际消耗也会引发问题认知。很多情形下消费者意识到某一购买的问题仅仅是由于产品已经或即将用完，如冰箱里的食品没有了，牙膏管里的牙膏挤不出来了，均会激发消费者去购买这些产品。

（5）个体差异。布劳恩认为问题和需要的认知是由现实状态的变化引起还是由理想状态的变化引起，会因个体的不同而产生差异。在一个极端，消费者对问题的认知完全是由实际状态的变化引起的。而在另一个极端，对问题的认知是由理想状态的变化而促动的。例如，有的消费者只有在产品丧失功能不能再使用时才去购置新的，而另一些消费者则在产品完好，甚至刚买回来不久就因更新产品的问世，而计划购买新产品。

二、问题认知的营销策略

营销者不能只是被动地等待消费者认知问题，而需要在消费者尚未意识到问题之前激发消费者对问题的认知。

1. 需求区分

在问题确认阶段，营销人员的目标是让消费者了解到现状与偏好之间的差距，从而创造消费者的需要。我们可以将消费者的需要分为初级需求和次级需求。初级需求是指对产品或服务本身的需要，来自于基本需求的认知，如家庭考虑是否购置家用汽车。次级需求是指对某一产品类别中某一品牌的需要，这是来自选择需要的认知，如家庭是需要大众汽车还是丰田汽车。通常在新产品导入市场时，要先引发消费者的初级需求，使消费者对某一产品类别特别感兴趣，然后才会引发到底需要哪一品牌的次级需求。但是，企业在激发初级需求认知时也应该认真筹划，否则可能使得竞争者获利更多。例如，Borden’s Cieamette 是全美销量最大的空心粉品牌，它曾大张旗鼓地宣传和介绍各种空心粉的烹调方法。结果发现，空心粉行业销量由此增长了 5.5%，而 Borden’s Cieamette 的销量只增长了 1.6%，很明显该企业的营销活动更大程度上帮助了行业竞争者。

2. 改变差距大小

消费者可能由于习惯重复性地购买某一品牌，不会考虑市场上是否有性能更好、品质更优的替代品，那么生产替代品的企业就需要打破消费者的惯常决策模式，让他意识到现在使用的产品并不是最好的。例如，后期的保险公司会鼓励潜在客户在续签保单之前比较各种险种和保险条件，以唤起消费者对现实状态的考虑，那些运用比较凸显新产品优点的广告也是出于同样的目的。

3. 影响差距的重要性

营销者常在广告中宣传产品的优越性，并强调这些特点的重要性。例如，率先为汽车配备安全气囊的制造商，一再强调该装置的安全性和重要性，其目的是影响安全在消费者问题认知中的重要性。

4. 把握时机

消费者常常不能及时或提前预知问题的出现，如事故后才想起买保险，突然停电后才想起应该买应急灯，半夜觉得身体不适发现药店已经关门时才意识到应该备些常用药品。这就需要营销者在潜在问题出现之前，激发消费者对问题的认知，这对消费者和营销者都是有益的。例如，五金店会在冬季来临前，挂上巨大的雪铲模型，广告上写着“还记得去年冬天需要雪铲的时候吗？冬天将近，快快准备”。

5. 关注文化影响

因为不同的文化、国家或地区影响，消费者的需求会有很大差异。例如，虽然所有文化下的消费者都有购买食物的需求，德国人把土豆当做主食，而中国人把土豆主要作为蔬菜，中国南方地区的居民则以稻米为主食。因此，对于那些行销全球的企业而言，细心观察不同文化下消费者的需求很有必要。

6. 压抑某些认知

消费者对某些问题的认知，往往是一些营销者力图避免的。例如，生产普通自行车的商家可能不希望消费者过多地关注到普通自行车不如变速车或山地车的方面，那么需要通过广泛的分销手段或一致的品质来抑制消费者对差距的认知，同时避免出现质量问题或缺货现象。

三、信息来源与信息搜集类型

当消费者的需求被激发起来以后，他是否会搜集信息则取决于多种因素。如果消费者的需求很强烈而且商品很容易获得，他就会马上采取购买行为，而不是去搜集信息。否则，消费者就会暂时保留这个愿望。随着这个愿望由弱转强，消费者还会采取两种做法：一种是适度注意，即对该类商品信息比较敏感，但只是被动接受信息，比平时更加关注该产品的广告以及别人对其的使用评价；另一种是积极地搜集信息，如阅读介绍材料、浏览各种广告、向亲朋好友询问，甚至亲自去商场了解。消费者搜集多少信息，取决于购买意愿的强弱、已获得信息的数量和质量，以及进一步搜集信息的难度。

1. 信息来源

消费者获取信息的来源多种多样，主要可以归纳为五种，即记忆来源、个人来源、大众来源、商业来源和经验来源。记忆来源是指通过过去的信息搜集活动、个人经验和低介入度学习所形成的记忆，是大多数消费者最主要的信息来源。在很多情况下，消费者依靠储存在记忆中的信息就可以解决他所面临的购买问题。个人来源包括朋友、同事、家人等，即与个人有密切关系的人。大众来源包括大众媒体、政府机构、消费者组织等。大众媒体刊载的有关消息、报道及有关生活常识的介绍对某些产品的购买非常有帮助。商业来源包括广告、店内信息、产品说明书、宣传手册、推销员的推销等。最后一个经验来源指的是消费者亲自观测产品、使用产品，或者到不同的商店去比较各种产品的价格，也就是说消费者的信息来自自身的经验判断。

思考：

如果你现在需要购买一套面试穿的服装，你会从哪些方面或渠道获得产品的信息呢？

2. 信息搜集的分类

信息搜集可以分为内部信息搜集与外部信息搜集。内部信息搜集是指消费者将过去储存在记忆中的有关产品、服务的信息提取出来。外部信息搜集是通过外部来源获得信息。

1）内部信息搜集

消费者通过提取长时记忆中的有关产品、服务和购买的信息来解决当前面临的消费或购买问题。内部信息搜集一般先于外部信息搜集，而且在不同类型的决策条件下，内部信息搜集的程度也存在差别。越是重要、复杂的购买问题，内部信息搜集范围越广泛。内部信息搜集内容一般包括评价标准、备选品牌、各备选品牌的特征或属性等。

那么，内部信息是如何被搜集的呢？目前我们了解的还不是很多。以品牌信息搜集为例，图 2-2 展示了消费者在内部信息搜集过程中对品牌的归类。

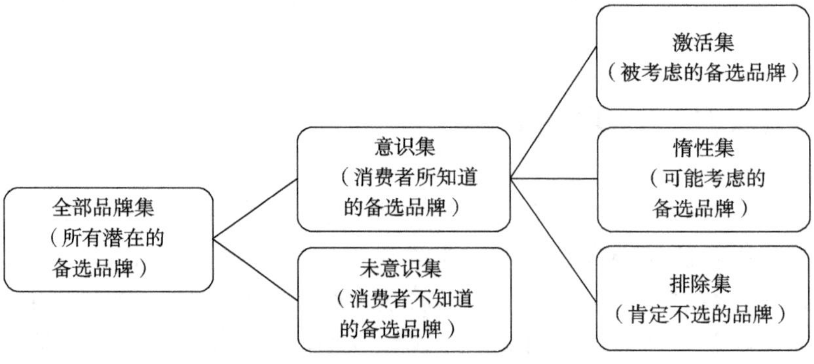

图 2-2　以品牌为例的内部信息搜集过程

意识集或意识域（awareness set）是消费者知悉或意识到且有可能作为备选品的品牌。在意识集里那些可以作为备选品予以进一步考虑的产品或品牌被称为激活集(evoked set)。如果从一开始，消费者就对激活集里的品牌感到满意，信息搜集将集中于这些品牌在特定评价标准上的表现。如果未形成激活集或对激活集里的品牌缺乏信息，消费者可能会进行外部信息搜集，最终形成一个完整的激活集。不活跃或惰性集（inert set）是由那些虽然被消费者所了解，但是不为消费者所关心的品牌组成。消费者对惰性集里的品牌既无好感也无恶意，通常会接受有关这些品牌的正面信息，却不会主动搜集这些信息。排除集（inept set）则是消费者虽然知道这个品牌但是由于种种原因不喜欢或不予考虑的品牌。因此，品牌进入消费者激活集特别重要，关系着消费者接下来的购买选择。那么，我们就需要了解哪些因素会促使品牌被包括在激活集中，更加容易被回忆起来。一是品牌熟悉程度，越熟悉的品牌，自然更可能被激活。二是典型性品牌，如果某品牌能代表一类产品，那么在内部信息搜集过程中越容易被记起。例如，提到高品质汽车，人们马上会想到奔驰、宝马等。三是目标与使用情境。消费者会按照目标和使用情境对产品分类，如消费者会把鞋分类成运动鞋、家居鞋、正装鞋，企业可以将自己的品牌定位与某个特定目标和情境相对应，那么在该种情境下该品牌就更容易被回忆起。四是品牌偏好，越受到消费者喜爱、消费者态度越积极的品牌，越可能被纳入激活集。五是回忆线索，如麦当劳叔叔、英特尔的广告音乐、耐克的广告语等都可以作为回忆线索帮助品牌进入激活集。

然而，经由记忆从大脑提取出来的信息并不总是准确的，换句话说，内部信息搜集可能会带有某些偏颇甚至偏见。首先，存在所谓的肯定性偏见，即我们更可能回忆起那些与我们的信念相一致，甚至能证实我们原有信念的信息。例如，对于十分喜爱的品牌，我们更可能回忆起关于该品牌的正面而不是负面的信息。其次，回忆的受阻或受压抑可能使消费者没有想起某些具有诊断性的重要信息，由此导致决策失误。例如，在购买住宅时可能遗漏了物业公司的信息，而这对是否决定入住、是否满意起着关键作用。最后，与购买时的情绪和心境一致的信息更可能被回忆起来，这同样会带来信息的不全面和不准确。美国研究人员曾经做过一项调查，请测试者判断“在美国，哪种情况更容易致人死亡：被飞机上掉下来的零件砸死和被鲨鱼咬死”。调查结果显示，绝大多数人认为被鲨鱼咬死的可能性更大。但是实际上，在美国，被掉下来的飞机零件砸死的个案数量是被鲨鱼咬死的 30 倍之多。人们之所以选择第二项，完全是因为被电视和报纸上有关鲨鱼咬人的报道强化了印象，因而当测试者进行回忆时，更容易想起被鲨鱼咬死的情况，进而认为被鲨鱼咬死的可能性更大。这个测试说明了记忆是存在偏差的，很多时候，我们依赖经验和记忆进行的判断与实际情况存在很大差异。

2）外部信息搜集

消费者在一些情况下能够通过内部信息搜集做出购买决策，但是当他面临可供选择的品牌或品牌信息不充足、前后信息矛盾等情况时，就会进行外部信息搜集活动。外部信息搜集一般是在内部搜集不足的基础上开始的。进行外部信息搜集，一方面是为了了解市场上有哪些可供选择的品牌，应当从哪些方面对这些品牌进行比较；另一方面也希望借此获得关于产品评价标准及各种标准的相对重要的信息，以及不同品牌在各种产品属性上的差异性数据。

但是，研究发现，即使是在复杂的购买情形下，消费者所做的外部信息搜集也是极为有限的。多麦马斯（W. Dommermuth）在对冰箱购买中的信息搜集行为进行调查后发现，42%的被访者在购买时只造访了一家商店，41%的人只考虑一个品牌。研究证明即使信息不难获取，购买者也只是少量地进行信息搜集。虽然消费者在购买之前访问的店铺比较少，但是仍然存在着消费者面对同一店铺里各种备选品做广泛信息搜集的可能性。例如，在选择食品时消费者可能花很多时间阅读关于不同品牌食品的信息，然后做出购买决定。因此，我们并不能得出消费者是在不大知晓情况的条件下做出购买决定的结论。事实上这些研究所采用的访问消费者的调查方法，极有可能低估了消费者实际搜集信息的活动量。另外消费者可能对所选商品已经有比较丰富的消费经验，或者在做出购买决策之前已经被动地接触广告和其他宣传媒体，从而对所购产品有了较多的了解。

实际上，我们可以从四个方面去分析影响消费者外部信息搜集量的因素。

首先，个人因素。消费者对信息搜集的投入高低，受到复杂因素的影响，主要依赖其对风险的察觉、介入程度、知识、过去经验、对产品或服务的兴趣度以及时间压力。消费者所面临的购买风险不仅包括购买劣质产品或假冒伪劣产品所造成的经济风险，还包括社会风险、心理风险、时间风险等。随着这些风险的感知增加，消费者愿意付出的时间、精力和资源也会增加，同时也会考虑更多的替代品牌。介入程度是消费者对购买产品或服务的关心程度。介入程度越高，消费者花在搜集信息过程上的时间和精力也就越多。对于产品的知识和以往的消费经验会影响消费者的外部信息搜集量，大部分情况下消费者对自己熟悉的产品会较少进行外部信息搜集。此外，信息搜集量还与消费者的兴趣高低成正相关，也就是说消费者对自己感兴趣的产品或服务会花费更多的时间去搜集相关的信息和替代方案。时间压力指的是消费者的购买决策过程是否受到时间的限制，如同样是购买手机，一种情况是消费者因更新换代而购买，现有的手机仍能使用，那么消费者就会用较多的时间去搜集较多的手机信息；另一种情况是手机丢失，消费者急于购买一个手机，那么此时信息搜集的量就会少很多，决策的过程也相对简单。

其次，经济因素。只有信息搜集所带来的边际收益超过由此引起的边际成本，消费者才会进行进一步的信息搜集。影响信息搜集成本的因素包括两个方面：一是消费者住处与商店之间的距离；二是交通费用与时间成本。影响信息搜集收益的主要因素有：备选品牌的数量，品牌之间的价格、品质等差异，消费者对所购产品的了解与经验。显然，如果同一产品领域品牌很多，各品牌之间的差异较大，消费者对该领域又不是很了解时，进一步搜集信息所带来的收益就较大；反之，搜集收益就比较小。当企业品牌处于领导地位时，应设法让消费者相信额外的搜集活动只会造成时间和金钱的浪费，而如果企业未处于主导地位，则应努力降低消费者的搜集成本，提高搜集收益。

再次，市场环境。市场环境包括方案的数量（可选择的品牌数量）、方案的复杂性（产品间的差异）、方案的营销组合、方案的完全性（新方案的出现）、信息的可用性、商店的分布等。消费者能利用的备选方案（品牌、产品、商店等）数量越多，消费者搜集的信息就会越多。但是，方案之间的类似性较高或商店之间的距离较远的时候，搜集信息程度就会降低。

最后，情境因素。这一因素包括时间、空间或财务方面的因素，利用信息来源的可能性，以及其他精神或物理上的条件。在经济紧张的情况下，消费者可能需要搜集更多的信息，来进行产品的比较，做出谨慎的搜集分析和决策。而在购买礼品等产品时，消费者会为减少感知的风险而搜集更多的信息。

四、信息搜集的营销策略

1. 针对性地提供产品信息

不同的购买决策需要相应的促销信息和分销策略。对于高参与的消费者，营销人员应设法提供详尽的信息以保证消费者在外部信息搜集时能获得充分的营销信息。在低参与条件下，信息提供应简明扼要，保证传播范围广，传播频率高，提高产品知名度，做到一旦消费者有相关购买问题时，随之想到的就是该企业品牌。同时也要配合广泛的分销策略，保证消费者方便地买到企业的产品和服务。

思考：

回忆你看到或听到过的广告，分析该广告是针对高参与度的消费者还是低参与度的消费者？为什么？

2. 激励消费者搜集产品信息

常用的激励措施有三种：一是利用消费者的好奇心；二是强调"向拥有该产品的朋友打听"的方式，催促消费者搜集相关信息；三是利用产品演示、展销或免费赠送、试用等手段，吸引消费者获取产品信息或体验信息，如有的洗浴用品生产商会向酒店赠送试用装，目的是让旅客了解或试用产品。

3. 合理信息量

不少企业认为提供更多的信息有助于消费者做出合理的购买选择，但是，消费者在决策过程中信息负荷量超过信息处理量时，会引起超负荷现象，从而引起消费者的购买决策混乱，降低决策质量。Jacoby 等的研究发现一般在有 6 个方案、4 个评价标准的时候能做出最佳的购买选择，此时的信息量是最恰当的[①]。同时，信息量也与信息质量相关，质量一定时，增加信息量能够影响决策合理性，而在信息量一定时提高信息质量，也许更有助于消费者做出合理的购买决策。

4. 整合促销手段

各种促销手段是相互联系和相互补充的。大众媒体广告和口头传播信息的有机结合往往会产生相互补充和互为促进的增强效果。持续的媒体广告能够引发消费者之间的口头传播，而消费者之间购买信息的口头传播也增强了大众媒体广告的效应。此外，各媒体广告的整合也很重要，如把广告中的语言或视觉表现用在产品包装上，能让消费者感知到对产品或品牌的熟悉感。在信息的口头传播过程中，也要重视意见领袖的作用。营销人员应该积极利用意见领袖的传播效应，如加大对意见领袖的直接促销力度，用赠送试用产品等形式让意见领袖使用该企业产品或服务，甚至直接聘用意见领袖为促销顾问，

---

① Jacoby J，Chestnut R W，Weigl K C，et al. Prepurchase information acquisition：description of a process methodology，research paradigm，and pilot investigation//Anderson B B. Advances in Consumer Research. Cincinnati：Association for Consumer Research，1976：306-314.

借力推动其他受众选购该企业产品。

第三节 评价与购买

一、评价过程

在决策过程的信息搜集阶段中获得信息后，消费者便进入选择评价阶段。在这个阶段，消费者会使用记忆中存储的和从外界信息源获得的信息来形成一套产品评价标准。这些标准将帮助消费者评估和比较各种备选方案。

消费者对搜集到的信息中的各种产品的评价主要从分析产品属性、建立属性等级、确定品牌信念、形成“理想产品”、做出最后评价这五个方面进行。

第一，分析产品属性。产品属性即产品能够满足消费者需要的特性。消费者一般将某一种产品看成一系列属性的集合。例如，消费者在购买照相机时一般关注相机拍照片的清晰度、速度，体积大小、价格；购买电脑时关注电脑信息存储量、图像显示能力、软件适用性等；购买牙膏时关注洁齿能力、是否防治牙病、香型等属性。这些都是消费者感兴趣的产品属性，但消费者不一定将产品的所有属性都视为同等重要。市场营销人员应分析本企业产品应具备哪些属性，以及不同类型的消费者分别对哪些属性感兴趣，以便进行市场细分，对不同需求的消费者提供具有不同属性的产品，既满足顾客的需求，又最大限度地减少因生产不必要的属性所造成的资金、劳动力和时间的耗费。

第二，建立属性等级。消费者对产品有关属性所赋予的不同的重要性权数即为建立属性等级的过程。在非特色属性中，有些可能被消费者遗忘，而一旦被提及，消费者就会认识到它的重要性。市场营销人员应更多地关心属性权重，而不是属性特色。

第三，确定品牌信念。消费者会根据各品牌的属性及各属性的参数，建立起对各个品牌的不同信念，如确认哪种品牌在哪一属性上占优势，哪一属性相对较差。

第四，形成“理想产品”。消费者的需求只有通过购买才能得以满足，而他们所期望的从产品中得到的满足，是随产品每一种属性的不同而变化的，这种满足程度与产品属性的关系，可用效用函数描述。效用函数，即描述消费者所期望的产品满足感随产品属性的不同而有所变化的函数关系。它与品牌信念的联系是，品牌信念指消费者对某品牌的某一属性已达到何种水平的评价，而效用函数则表明消费者要求该属性达到何种水平他才会接受。每一消费者对不同产品属性的满足程度不同，形成不同的效用函数。例如，某一消费者欲购买一台摄像机的满足感，会随着功能的齐全、图像的清晰、操作的方便等得以实现，但也会因价格的上升而减少。把效用的各最高点连接起来，便成为消费者最理想的摄像机效用函数。

第五，做出最后评价。消费者从众多可供选择的品牌中，通过一定的评价方法，对各种品牌进行评价，从而形成对它们的态度和对某种品牌的偏好。在这一评价过程中，大多数的消费者总是将实际产品与自己的理想产品进行比较。也就是说，偏好和购买意图并不总是导致实际购买，尽管二者对购买行为有直接影响。表明了一项特别具有典型意义的最终购买行为。

二、评价标准与评价

评价标准或选择标准，实际上是消费者在选择备选品时所考虑的产品属性或特征。这些属性或特征与消费者在购买中所追求的利益、所付出的代价直接相关。例如，许多希望避免蛀牙的消费者使用含氟牙膏。对这些消费者来说，氟是与防蛀牙这一利益相关的评价标准。评价标准会因人、因产品、因情境而异。在购买电脑时，有些人十分关心价格、速度、内存、图像显示能力和售后保障，这些因素因此成为他们选择电脑的评价标准。

假设某个消费者正在选购一台笔记本电脑，5 种品牌已进入激活域或选择域，同时，他对这些产品在价格、重量、处理器、电池寿命、售后服务和显示质量 6 种属性上分别做出了评价（表 2-1）。该消费者通常运用的选择规则有 5 种，即连接式规则、重点选择规则、按序排除规则、编纂式规则、补偿性选择规则。

表 2-1　消费者对笔记本电脑的评价

评价标准	联想	戴尔	惠普	苹果	东芝
价格	5	3	3	4	1
重量	3	4	5	4	4
处理器	5	5	4	5	4
电池寿命	1	3	1	3	5
售后服务	4	3	4	3	3
显示质量	3	3	3	5	3

注：1 表示很差，5 表示很好

1. 连接式规则

在这种选择规则下，消费者对各种产品属性应达到的最低水平做出规定，只有属性均达到了规定的最低要求，该产品才会被作为选择对象。即使产品在某些属性上的评价值很高，但只要某一项属性不符合最低要求，该产品仍将被排除在选择范围之外。若消费者规定各评价属性得分值不能低于最低标准（表 2-2），那么，任何低于这些最低标准的品牌都将被排除在进一步考虑之外。

表 2-2　消费者规定的最低接受标准

评价标准	最低接受标准	排除品牌
价格	3	东芝
重量	4	联想
处理器	3	无
电池寿命	2	联想、惠普
售后服务	3	无
显示质量	3	无

注：1 表示很差，5 表示很好

从表 2-2 可以发现，联想、惠普、东芝都将被排除，只有戴尔和苹果可作进一步考虑。此时，可借助于其他的选择规则，从两者中选出一个最为满意的。在产品购买中，运用连接规则排除那些不符合最低标准的备选品牌，有助于减轻信息处理工作量。连接式规则也常用在低介入度的购买中。

2. 重点选择规则

重点选择规则又称为分离式规则。在这种选择下，消费者为那些最重要的属性规定最低的绩效值标准。这一标准通常定得较高，只有一个或几个重要属性达到了规定的标准，该品牌才会被作为选择对象。如果消费者只考虑价格、重量和显示质量三个属性，而且要求这些属性的绩效值或评价值均在 4 以上，那么只有苹果电脑符合该选择标准，其他品牌都将被排除。

3. 按序排除规则

消费者先将各种产品属性按重要程度排序，并为每一属性规定一个删除点或删除值。然后，在最重要属性上检查各品牌是否能够通过删除点（大于等于），不能通过者则被排除。如果有一个以上的品牌通过第一道删除关口，则再考虑第二重要属性。如此继续下去，直到剩下最后一个品牌为止。在前述笔记本电脑购买中，如果各产品属性的重要程度和相应的删除值如表 2-3 所示，那么，在第一个重要属性上将排除东芝，在第二重要属性即重量上将排除联想，处理器全部达标，电池寿命排除惠普，售后服务排除苹果，最后只剩下惠普。

表 2-3　消费者对各种笔记本电脑属性的排序及相应的删除值

评价标准	排序	删除值
价格	1	3
重量	2	4
处理器	3	4
电池寿命	4	3
售后服务	5	2
显示质量	6	3

注：1 表示很差，5 表示很好

4. 编篡式规则

这一规则类似于编篡词典所采用的词条排序法，即消费者先将产品的各种属性按重要程度排序，然后在最重要的属性上对品牌进行比较，在该属性上得分最高的品牌将成为备选品牌。编篡式规则与前面介绍的按序排除规则较为接近，但两者有一个明显的区别：编篡式规则在每一比较阶段以绩效值最高者为取舍标准，按序排除规则则是以满意值作为选择标准。

5. 补偿性选择规则

补偿性选择规则，亦称期望值选择规则。根据此规则，消费者将按各属性的重要程度赋予每一属性以相应的权数，同时结合每一品牌在每属性上的评价值，得出各个品牌的综合得分，得分最高者就是被选择的品牌。表 2-4 展示了消费者对个人笔记本电脑各评价属性赋予的权重。

表 2-4　消费者对个人笔记本电脑各评价属性赋予的权重

评价标准	权重
价格	30
重量	25
处理器	10
电池寿命	5
售后服务	10
显示质量	20
总分	100

注：1 表示很差，5 表示很好

思考：

请根据表 2-4 中的笔记本电脑各个评价标准的权重，用补偿性选择规则做出购买选择。

三、购买意向与购买行为

1. 购买意向

购买意向是消费者采取购买行为的基础，对消费者在未来是否采取某种行为的最直接预测方法就是了解他们的购买意向。在对 100 名声称年内要购买 A 牌家用电器的消费者进行追踪研究以后发现，只有 44 名消费者实际购买了该种产品，而真正购买 A 牌家用电器的消费者只有 30 名。因此，只让消费者对某一品牌产生好感和购买意向是不够的，真正将购买意向转为购买行动，其间还会受到三个方面的影响。

（1）他人的态度。消费者的购买意图，会因他人的态度而增强或减弱。他人态度对消费意图影响力的强度，取决于他人态度的强弱及他与消费者的关系。一般说来，他人的态度越强、他与消费者的关系越密切，其影响就越大。例如，丈夫想买一大屏幕的彩色电视机，而妻子坚决反对，丈夫就极有可能改变或放弃购买意图。当然，他人在本产品购买上的权威性也会影响到消费者的购买意向，如一位专业的羽毛球运动员对你说某品牌的羽毛球拍不好用，那么即使你之前已经产生了购买该品牌羽毛球的意向，也会因为这个羽毛球运动员的态度改变你的购买行为。

（2）意外的情况。消费者购买意向的形成，总是与预期收入、预期价格和期望从产品中得到的好处等因素密切相关。但是当他欲采取购买行动时，发生了一些意外的情况，诸如因失业而减少收入，因产品涨价而无力购买，或者有其他更需要购买的东西，等等，这一切都将会使他改变或放弃原有的购买意图。

（3）购买风险。通常来说，购买风险越大，消费者采取购买行为要考虑的因素就越多，疑虑越大，购买行为会更加谨慎，同时也更容易受到外部因素如他人态度的影响。

2. 冲动性购买

1）冲动性购买与无计划购买

冲动性购买是一种突发的、难以抑制的和带有享乐性的复杂购买行为。在冲动性购买过程中，购买者迅速做出决策，而不细致、深入地考虑所有相关信息和其他可能的选择。在进行冲动性购买时，消费者往往受一种突然出现的、意外的冲动性力量的驱使，这种力量往往是强烈的、执着的，甚至是不可抵制的。冲动性购买非常普遍，在商场和超市的消费者购买活动中占据着极大的比例，有些产品通过冲动性购买实现的销量甚至占整个销量的 80%，而且，研究显示，新产品的销售更多的是通过消费者的冲动性购买实现的。当代的营销创新，如 24 小时营业、电视及网络购物等，使冲动性购买更容易发生。

计划购买是指消费者根据已经决定的产品范畴甚至具体的品牌来购买产品的行为，因此较少受到情境因素的影响。无计划购买是在事前没有充分购买意图的情况下购买产品的行为，较大受到购买情境的影响。无计划购买与冲动购买密切相关，但是也存在区别。冲动性购买都是无计划的，而无计划购买也可能是由于预先缺乏相关信息刺激而未形成购买计划，在遇到合适刺激时，消费者内心的需求就被唤醒，在瞬间做出购买决策。英国学者麦戈德瑞克根据对无计划购买行为的观察，以购买计划和理性程度为指标，将无计划购买行为分为四种类型。第一，单纯冲动购买，表现为“人家买，我也买”。例如，在商场看见很多人抢购低价处理的衣服时，自己也去购买一件。第二，提醒冲动购买，表现为在购买现场看到产品后认识到自己有购买的需要。例如，在超市看到牙膏想起自己家里的牙膏快用完了，而发生购买。第三，建议冲动购买，表现为缺少产品知识的情况下受到店内产品刺激而引起的购买行为，多产生于新产品的购买。第四，计划冲动购买，表现为得知某商店的低价处理信息，或者有促销券或购买券等，但不知道买什么产品时，到商店进行购买的方式。

2）冲动性购买的影响因素

根据熊素红和景奉杰的研究，影响消费者冲动性购买的因素可以从营销刺激、情境和消费者的个体特征三个方面进行分析①。

（1）营销刺激因素。

第一，价格。在众多可能激发消费者购买欲望的因素中，价格刺激最容易引发消费者的冲动性购买行为。同时，在营销刺激措施中，价格折扣也是商家最常用的刺激措施之一。广告中的折扣幅度使消费者心目中产生一个可节省金额，消费者因意识到可获得经济上的节省而产生购买欲望。价格折扣所带来的经济上的节省，使消费者产生一种“我赚到了”的心理，这时如果不买，消费者会觉得遭受了损失（“我赚到了又失去了”）。

① 熊素红，景奉杰. 冲动性购买影响因素新探与模型构建. 外国经济与管理，2010，32（5）：71-79.

目前，价格折扣随处可见，但并不是所有的价格折扣都会引发冲动性购买行为。由于消费者长期暴露在多种价格折扣信息中，那些平淡无奇的一般性折扣已难以引起消费者的注意，因此对冲动性购买不会产生太大影响。相反，限量购买的价格折扣与突发性价格折扣则会激发消费者的冲动性购买意愿[①]。有鉴于此，对于易于引发冲动性购买的产品，商家可以更多地使用限量价格折扣与突发性价格折扣，而不是消费者已经习惯了的、形成规律的、可以预期的一般性价格折扣。此外，参考价、百分比、分离定价等价格设计和价格展示方式在实践中一定程度上已得到应用。鉴于冲动性购买决策过程的突发性、快速性及低认知性，商家可考虑更多地运用这些营销手段。

第二，销售氛围。商店内的销售氛围是另一种重要的营销刺激因素，目前得到了商家的普遍重视，如商场中一般都会播放轻柔的背景音乐。背景音乐作为最为重要的销售氛围因素之一，成为众多学者的研究重点。许多研究显示，背景音乐能改善消费者的情感状态，如改善情绪及唤醒状态，从而影响消费者在各种服务场所（如餐馆、超市、百货商场等）的消费行为。特别是，音乐在低认知、高情感涉入情况下具有最大的劝说效果。音乐作为营销刺激因素之一得到了广泛运用，而香水的气味作为另一种重要的营销刺激因素却未得到应有的重视。香水不会对消费者的情感产生影响，但香水会使消费者的认知和评价变得更容易。简单来说，周围芬芳的香味能提升消费者的注意力、信息处理能力和多样性寻求行为，使消费者的认知加工更精细，并提升消费者对产品的评价及记忆，使消费者对产品及商场的质量感知更高。特别值得注意的是，商家在使用这些销售氛围刺激因素时，应避免对消费者刺激过度，应遵循最优刺激理论（optimal stimulation theory）对消费者进行适度刺激。

第三，触摸。对商品的触摸同样会影响消费者的冲动性购买行为。触摸可以改善消费者对一件产品的态度、提高他们评价产品的信心、增强他们的购买意愿。通过触摸，消费者可以获得更多的产品属性信息，如产品质地信息。这种能够获取产品信息的触摸能增强消费者的购买意愿。然而，有时触摸并不能让消费者获得更多产品信息，但同样能增强消费者的购买意愿，促使消费者产生购买冲动。事实上，触摸不仅能提供实体信息，而且能让消费者产生愉悦的情绪，具有享乐性一面。由于触摸对冲动性购买行为具有以上影响，商家在确定商品的摆放位置时应该考虑顾客的触摸需求。对于能通过触摸提供更多信息或能提供触摸愉悦感的产品，商家可以将其摆在便于消费者触摸的位置。此外，产品的包装除了提供产品功能信息外，也要考虑消费者的触摸愉悦感。商家可以张贴鼓励消费者触摸的信息，如“摸摸看，感受一下它的柔软”等信息，诱使消费者触摸商品。

（2）情境因素。

第一，消费者可支配时间和金钱。消费者可用于购物的时间会对消费者的冲动性购买产生重要影响。当可用于购物的时间较少时，消费者会产生时间压力，从而减少非计划购买或冲动性购买。如果消费者有较为宽裕的购物时间，则会增加商品搜集活动。因此，在其他条件相同的情况下，购物时间多的消费者会在购物场所进行更多浏览。相反，

---

① 熊素红，景奉杰. 冲动性购买影响因素新探与模型构建. 外国经济与管理，2010，32（5）：71-79.

只有较少时间去采购、浏览或完成购买计划的消费者可能会产生沮丧情绪，并对购物环境产生负面反应。综合来看，可用于购物的时间主要通过以下路径对冲动性购买行为产生影响：当购物时间充裕时，消费者会更多地浏览店内商品，而浏览一方面会直接激发购买冲动，另一方面会让消费者产生积极情感，而积极情感也会激发冲动性购买欲望及冲动性购买行为。

第二，消费者的自我调节资源。冲动性购买行为是否会发生，取决于消费者面对诱惑时的欲望与自我控制相互斗争的结果。有关冲动性购买影响因素的探讨大多集中在欲望的产生方面，如与商品物理上的接近（如触摸、嗅闻、试用）会刺激消费者的感官，价格折扣让消费者产生“赚到了”的心理，从而导致冲动性购买欲望的产生。作为欲望的对立面，消费者面对诱惑时的自我控制能力也是影响冲动性购买行为的关键因素之一。消费者的自我调节能力主要取决于消费者在购物场所的自我调节资源，或称精力。自我调节需要消耗精力（资源）。例如，与坐地远离糖果的节食者相比，坐在一堆诱人糖果前的节食者，由于在抵制糖果诱惑的过程中消耗了精力，因此更难坚持完成随后抵御其他诱惑的艰巨任务。人们在一天的活动中会消耗大量的精力，因此傍晚往往比早晨更容易进行冲动性购买，所以，在傍晚开展一些刺激性促销活动能更有效地刺激消费者进行冲动性购买。此外，设法让消费者在店内进行试穿、比较，不断地做出权衡、判断，以消耗其精力，也可以提高其进行冲动性购买的可能性。店面足够大，布置有吸引力，延长消费者的逗留时间，这除了如前所述能增加消费者的浏览机会外，也能起到消耗消费者精力的作用。促销人员应留意消费者的精力状况，把目标锁定于那些明显处于精力耗竭状态的顾客，对其进行更多的劝说与兜售，促使其实施冲动性购买行为。

（3）个体特征因素。

消费者的冲动性购买倾向。冲动性购买倾向是指个体可能实施非计划的、不经仔细考虑的立即购买行为（即冲动性购买）的程度。在日常生活中，有的消费者本身就更倾向于采取冲动性行动，即具有较强的冲动性购买倾向。冲动性购买倾向较强的消费者更容易进行冲动性购买。一方面，冲动性购买倾向较强的消费者，在店内浏览商品的时间也较长，从而容易产生更强的冲动性购买欲望；另一方面，冲动性购买倾向也会直接影响冲动性购买欲望，即冲动性购买倾向较强的消费者，即使与其他消费者进行相同时间的浏览，也会产生更强的冲动性购买欲望。此外，冲动性购买倾向较强的消费者，容易产生积极情感，做出乐观的购买评估，因此容易实施较多的冲动性购买行为。由于对特定产品的冲动性购买倾向能够更准确地预测冲动性购买行为，并且涉入度会影响消费者对特定产品的冲动性购买倾向，因此商家可以采取更多的措施来吸引高涉入消费者，如资助一些特殊俱乐部，举办展示活动，或频繁开展回报活动。此外，商家可以建立数据库对高涉入消费者进行跟踪，以便更有效地定位目标消费群体，设计出特殊的促销活动，来促进目标消费者的冲动性购买行为。在展示商品时，商家应仔细挑选展示品，以吸引高涉入消费者。

除了以上个性特质因素外，自我建构、自我不一致、购物享乐性、时髦涉入度等个性特质及一些人口统计学变量也会对冲动性购买行为产生影响。有关人口统计学变量对冲动性购买影响的研究很多，结论大体上一致，如相关研究认为，在 18~35 岁，消费者的冲动性购买水平整体上随着年龄的增长而呈上升趋势；大约 35 岁以后，消费者的冲动性购买水平整体上随着年龄的增长而呈下降趋势。女性的冲动性购买水平总体上比男性高。白种人的冲动性购买水平普遍比黄种人高。

3. 店铺选择

1）逛店动机

虽然非店铺购买方式日益普遍和多样化，但是店铺购买仍然是零售业的主力军。逛商店在人们生活中的地位不仅仅是购买手段，还是日常生活中不可缺少的活动。有些人即使不需要买东西，或逛完之后也没买东西，但是仍然经常逛商店，也有些人只会在有需要时才会去商店进行购买，觉得逛商店毫无乐趣。那么要想分析店铺购买行为，了解人们的逛店动机就很重要了。对于实用主义者来说，购物就是解决问题或实现需求的手段，只是消费者在做自己需要做的事，并无乐趣等附加价值可言。而对于享乐主义者，购物活动会让人心情愉悦，与亲友结伴购物是一项重要的社交活动，买到心仪又物美价廉的物品会让自己兴奋，甚至通过与店员讨价还价也能获得一定的乐趣和满足感，而周末全家去商店采购日用品，也被视为家庭的休闲活动。

1972 年美国学者托伯研究了消费者店铺购物的动机，将其大体上分为个人性动机和社会性动机两类。个人性动机包括：①自我愉悦。有些人为了排解压抑感而进行购物，逛店并不是为了获得消费品带来的预期效用，而是享受购买过程本身带来的效用。因此，个人情绪状态能够解释某人为什么、何时上街购物。②角色体现。购物活动是一种习得性行为，被视为某种社会角色（如母亲、家庭主妇）不可或缺的工作。③娱乐。将购物看做娱乐活动，能够提供不同于日常工作和生活的消遣。④了解新潮流。逛街能为消费者提供生活方式和消费潮流的趋势，使消费者了解产品、服务、时尚的发展动向。⑤感官刺激。消费者置身于琳琅满目的商店中，能够一饱眼福，甚至还能感受到悦耳的音乐和心旷神怡的芳香。⑥身体活动。逛店同时也让消费者得到相当程度的运动，对于长期生活在城市里的工作人群尤其具有吸引力。

社会性动机包括：①社交。通过逛店购物能够结识新的朋友，陪伴老的朋友，为社会互动提供机会。②兴趣交流。出售家装、汽车、收藏等与个人爱好相关产品及服务的商店，让有相关兴趣的人群获得了一个交流的平台。③参照群体。光顾某家商店能够反映加入某一群体的渴望，如音像店会为群体成员提供聚餐、活动的方案和地点。④自我展示。消费者能够通过购物进行自我展示，如获得一种地位感和权利感，或是体现自己的鉴赏能力、讨价还价能力等。

2）影响店铺选择的因素

影响店铺选择的因素主要有两个方面。

第一，商店的特征。首先，店铺形象。店铺形象是消费者对一个店铺所形成的特定的整体形象。消费者能够从视觉、听觉、嗅觉等多个方面接触到与店铺相关的刺激，在此基础上产生对店铺的感觉和态度。例如，有些商店形象很潮流，就更容易吸引年轻新潮的消费者。商店形象可以从商品、服务、主顾、硬件设施、方便性、促销、声誉、店堂气氛等来进行评价。其次，零售品牌。店铺名称本身就是自己的品牌，以往消费者只关注制造商品牌，近年来许多零售商开始采用本商店的品牌。例如，屈臣氏推出自己的屈臣氏面膜、纸巾等。这些自有品牌不仅能够带来可观的利润，如果运用得当还能成为零售店铺的特色。再次，广告。很多零售商运用广告来向消费者传递店铺特征，尤其是促销活动的信息，以吸引顾客进店光顾。研究表明，受广告吸引进入的消费者有 50%会购买广告产品，除此之外，许多消费者还会购买广告产品以外的商品。这种效果，称为“溢出销售”。对零售商而言，如果价格折扣带来的绝对数额和相对数额都很大，那么可以同时强调两者；如果只是其一，则要择一强调。而广告中的“特价”“优惠”等字眼的吸引力，也因品牌因人因地而异。企业要清楚的是加一个广告不仅仅是产品信号，更是一种店铺信息。不适当的价格广告可能会对商店形象造成损害，尤其对于定位较高的商店，应慎重投放价格广告。最后，位置与规模。商店的位置，对消费者择店行为也有重要影响。在其他条件一致的情况下，消费者会选择就近的店铺。合适的选址让店铺的进入方式简便快捷，能吸引大量消费者，还能转变消费者的搜集、购买模式。同样，商店规模也影响消费者的到店频率。商店规模通常以营业面积来衡量，营业面积越大，该商店的商品丰富性越高，规模实力也越强。除非对快速服务和方便特别在意，否则消费者通常愿意选择规模大的商店购物。

第二，店内因素。首先，陈列展示。商品陈列有不同的组合方式，常见的有推头陈列、壁面陈列、端架陈列、立体陈列等。不同的陈列方式展现出来的商品丰富性、商品识别度都不同，由此影响顾客的停留率和购买欲望。有研究发现，洗发水的陈列高度、宽度、方式的变化最高带来了 38%的销量增长，而牙膏最高增加了 96%。此外，陈列位置的变化，如将商品置于橱窗或入口，或者辅以特别推荐的促销材料，都能够带来销量的显著提高。其次，价格与促销。价格与促销手段同时与购物店宣传联合使用，如派送优惠券、赠品或进行综合折让等。调查表明，店内价格促销初期，产品销量会大幅上升，随着时间推移和降价活动的尾声，销量会回落到正常水平。再次，店铺布置与气氛。店铺的布置对商品和品牌选择也有重要影响。一种商品越容易被注意到，被购买的可能性也就越大。商店为了提高经营利润，需要引导顾客前往高毛利商品区；冲动型购买的商品，应尽量放在易于引起注意的区域；搜集性商品或必需品，如牛奶和面包，应该置于靠里的位置。店内气氛则会影响到消费者的购物体验，除受到商品布局、陈列的影响外，灯光、气味、音乐、地板、拥挤程度等都会影响商店的气氛。此外，存货状况也会直接影响消费者的购买决策以及消费者对产品和店铺的口碑和态度。某类产品脱销，消费者就面临着转换品牌、转换商店的选择，随之而来的可能是下次购买就会选择竞争品牌或竞争商家，从而导致顾客的流失。因此，店铺应当尽量避免商品脱销。最后，销售人员。销售人员的知识、技巧和亲和力，对消费者的购物选择产生重要影响。

影响消费者店铺选择的因素除了上面提到的两点，消费者个人的特征如知觉风险、决策方式等也会影响店铺的选择。因此，企业应该关注消费者的择店行为，重视择店行为分析和研究，同时打造良好的店铺形象，采取合适的促销活动，以吸引顾客光顾并培养其店铺忠诚。

第四节 购后行为

消费者的决策过程并不随着购买过程的结束而结束。了解消费者对产品的使用与消费具有重要的营销意义，有助于企业开发符合消费者消费需求的产品，减少和避免产品的使用不当问题。在使用产品和服务后，消费者会将实际表现水平与期望水平进行比较，进而体会到满意或不满意，从而引发相应的评价与后续行为。而随着环保压力的增大，产品及包装的处置也越来越得到企业和社会群体的关注。

一、购买后冲突

消费者对购买的怀疑和不安就叫购买后冲突或购后不和谐，一般发生在当顾客怀疑他做出购买决定的明智性的时候。虽然不是所有的购买都会产生失调，但对于一些大件的产品或价值比较高的产品产生失调的可能性还是比较大的。

1）影响购买后失调强弱程度的因素

（1）购买决策的不可更改性。如果一种决策较容易更改，则消费者对此购买决策就不容易感到不协调，如网店提供了七天无理由退货服务，那么当消费者买到了一双不合意的鞋，第一反应是“我可以把它退掉”，因此，并不会产生矛盾或压抑的心理或情绪。

（2）决策对消费者的重要程度。决策对消费者来说越重要，则越容易产生购买后的不协调。

（3）在可行性方案中选择的难易程度。在可行性方案中选择越困难，则越容易产生购买后的不协调，且失调的程度高。决策难度取决于被选品的数量、与每一备选品相联系的相关属性的数目以及备选品提供的独特属性。

（4）个人的焦虑倾向。有些人焦虑感很强，属于高焦虑的个人特性，焦虑感越强，则越容易感到购买后的不协调。

购后失调的发生，主要是因为消费者选择了某一品牌的产品，同时又要放弃另外品牌产品的优点。例如，一个消费者想要买一辆自行车，并在“永久”和“金凤”两个品牌中挑选一辆。每个品牌都有自己的优点。如果他买“永久”，那么“金凤”的优点他必须放弃；同样，如果做出买“金凤”的决定，就必须放弃“永久”的优点。两种决策都会使消费者处于失调的关系中。

2）减少失调的方法

在品牌忠诚型和习惯型购买中，由于消费者不考虑候选品牌，因此这类决策不会产生购后失调。而大多数的有限型和扩展型决策都涉及对外信息的搜集以及对候选品牌的评价，因而这些决策常伴随着购后失调的出现。消费者会设法减少这种失调，常用的办法主要是内心自我调节。

（1）改变态度的认知。例如，在上面的例子中就是认为“永久”车也没什么好的；而对自己购买的“金凤”牌车的优点赞不绝口。从企业营销的角度说，商家除了向消费者提供货真价实的商品之外，还要采取一些积极措施，以消除或降低顾客购后的失调感。例如，向顾客发一封祝贺信，祝贺他选中了一辆好车，并介绍一些使用注意事项及提供修理服务的地点，以增加顾客对所购商品的满意感及自信心。

（2）改变认知的重要性。消费者可以认为，他并不在乎自行车上的书包架是否牢固，因为这装置的用处已经不大了。而自行车的轻便非常重要，会使人在骑车时感到很舒适。消费者试图通过扩大两个项目之间评价的差距，使选中的产品变得更有吸引力，而没有选中的产品更缺乏吸引力。从营销者的角度出发，在广告中要明确传递产品特长的信息，尤其是竞争对手不具备的特点。

（3）增加一致性认知。消费者可能会把“金凤”车的其他特点（如钢圈光洁度好、刹车比较灵等）加到优点列表中。从营销角度出发，应该在某些媒体如报纸杂志比较完整地宣传产品的各种特性，让消费者在需要的时候能够从记忆中提取该信息。

消费者除了通过内心的调节来减少或消除失调感外，还有一种方法就是搜集更多的外部信息来证实某个选择的明智性。那些支持消费者所作购买决策的信息，起到了强化购买决策正确性的作用；而那些有关消费者所拒绝接受的产品的消极的信息，同样也会起到减少失调的感觉。不论在哪一种情况下，消费者购买以后所进行的信息搜集，都可以作为一种减少不确定因素的途径。因此广告的作用不仅仅在于吸引新的购买者，而且还有降低消费者的购后失调和增强消费者自信的作用。另外，各种售后服务也是很有必要的。

二、购后满意与不满意

1. 满意与不满意的形成

思考：

在烈日炎炎的夏日，当你经过一路狂奔，气喘吁吁地在车门关上的最后一刹那，登上一辆早已拥挤不堪的公交车时，洋溢在你心里的是何等的庆幸和满足！而在秋高气爽的秋日，你悠闲地等了十多分钟，却没有在起点站“争先恐后”的战斗中抢到一个意想之中的座位时，又是何等的失落和沮丧！同样的结果——都是搭上没有座位的公交车，却因为过程不同，在你心里的满意度大不一样，这到底是为什么？

上面公交车问题的答案在于两种情况下人们的期望不一样。由这个例子我们可以得出客户满意度是一个相对的概念，是客户期望值与最终获得值之间的匹配程度；客户的期望值与其付出的成本相关，付出的成本越高，期望值越高。公交车的例子中付出的主要是时间成本；客户参与程度越高，付出的努力越多，客户满意度越高。所谓越难得到的便会越珍惜，因为一路狂奔、因为气喘吁吁，所以知道“搭”上这趟车有多么不容易，而静静地等待却是非常容易做到的。

如果用经济学和心理学两种不同科学理论来分析顾客满意，会有不同的理论解释。经济学一般用效用、消费者剩余等理论来分析顾客满意。效用是指个体从产品或服务中获得的好处和满足，是人的心理感受。效用理论说明了消费者对产品的评价标准是效用的大小。消费者剩余理论是指消费者基于产品评价所决定的愿意支付的价格与实际价格的差额，揭示了消费者剩余越大，消费者对产品越满意。用心理学来解释顾客满意的主要代表理论是认知失调理论。这种理论认为消费者的行为是以一系列的预期、判断、选择，并朝着一定目标的认知为基础的。消费者如果在两个认知因素之间出现了失调，就会主动驱使自身去减少这种矛盾，力求恢复平衡。如果把消费者购买前的预期与购买后的体验看做是两个认知因素，就不难获得消费者对购买结果是否满意的解释。

总之，顾客满意是消费者对商品或服务的期望水平与实际水平（产品绩效认知）之间的主观比较。当消费者对产品的预期大于或等于消费者对产品的实际判断，那么消费者更倾向于产生不满意的情绪；当消费者对产品的预期小于消费者对产品的实际判断，那么消费者更倾向于产生满意的情绪。顾客满意是消费者本人持续购买的基础，也是影响其他消费者购买的重要因素。

2. 影响消费者满意的因素

消费者是否满意取决于预期是否得以实现，而预期的实现与否受到消费者预期和产品绩效认知两方面因素的影响。

1）影响预期的因素

（1）产品因素。消费者过去的产品体验、产品的外部特征及价格高低等产品相关因素，都会影响消费者的预期。如果产品价格很高，或者过去的绩效一直不错，那么消费者就会期待该产品性能良好。

（2）促销因素。企业的促销活动，包括广告宣传、人员推销等都会影响消费者对产品的预期。例如，当广告大力吹捧产品的可靠耐用时，虽然试图树立优质的品牌形象，同时也让消费者对产品有较高的预期。如果这个预期过高，以至于消费者实际感受到的品质很难符合或者超过的话，就很难产生顾客满意。

（3）竞争因素。消费者对同类竞争产品的使用经历也会影响对某类产品的预期，对竞争品或类似产品的使用经验，无形中会形成评价同类产品性能或绩效的标准和心理预期。例如，20 世纪 70 年代异军突起的日本轿车，在质量和性能上优于美国轿车，使得美国消费者提高了对轿车的预期和评价标准。而有些国内厂家在广告中强调自己的设备源于国外先进技术，或关键零部件全部进口等，都是希望提高消费者对产品的预期，激发试用欲望。

（4）消费者特征。消费者的个人特征也会影响对产品的预期。要求严格或挑剔的顾客对产品设定的标准较高，而宽容的顾客则不那么严苛。例如，对饭菜消费，南方人相较于北方人更为挑剔，而对于服装消费，女性比男性更注重细节等。

2）影响绩效认知的因素

（1）产品质量。消费者对产品绩效的认知以产品质量为基础。如果产品性能优良，货真价实，即使原来的预期过高，消费者也会做出相应的调整，逐步形成产品满意。反之，即使对廉价购买的商品预期较低，如果商品质量很差，又不稳定，那么消费者同样会产生不满情绪。

（2）消费者经验与情感。基于过去经验形成的态度与情感，对消费者的绩效感知有很大影响。消费者对产品的评价带有一定的主观情感色彩，从而产生认知偏差。如果一直对其持有正面印象的品牌偶尔出现质量失常，由于情感上的偏好，消费者会通过合理化的过程将不满意进行化解。

（3）消费者期望。消费者的期望与对产品的认知密切相关。如果消费者对某家餐馆的食物和服务有特别的期待，那么用餐过程中，就有可能更有选择性地感受那些能够证实这种期待的项目，可能人为抬高了对该餐厅的感知绩效水平。而那些没有持特别期待的顾客，可能对某些项目视若无睹，印象不深，并不会带来印证预期的感受。

3）其他因素

（1）交易公平性。公平交易准则要求交易各方待遇公平，如果消费者认为自己受到了剥削，心里就会感到不平衡，滋生不满意情绪。以乘坐飞机为例，消费者认为自己付出了金钱，理应获得到达目的地的结果、预期的速度和相应的旅途服务，如果发生航班延误，消费者就会觉得产出与投入不符合，从而产生不满意的感觉。这种公平性感知，还源于和其他消费者投入产出比的比较。例如，某消费者得知自己购买某产品的价格高于其他消费者，或者其他消费者以同样的价格得到了更好的服务，也会感到不满。

（2）归因。归因是指人们对他人或自己行为原因的推理过程，即观察者对某行动所进行的因果解释和推理。消费者在购买和试用产品的过程中，也会对产品的好坏、企业的行为活动或其他消费者的行为进行归因。当产品出现故障时，消费者可能将其归因于生产商或销售商，随之会产生不满意和抱怨，也可能是自己使用不当或其他偶然因素所导致，不满情绪就会随之消解。以航班服务为例，如果归于天气恶劣等外部原因，顾客常常能够理解和配合，而归于航空公司过失或调配不力时，顾客就会表现出愤慨和不满。

（3）心理状态。消费者购买后的心理状态，会对绩效认知、公平感知和满意度产生直接影响。假如消费者对产品质量感到认可，却由于销售人员糟糕的态度而感到恼怒，仍然会产生不满情绪。

3. 不满意的行为分析

1）不满意的行为方式

（1）寻求内部心理平衡。消费者寻求内部心理平衡主要表现为两方面：一是重新评价自己的购买选择。通常，消费者会对原来的购买选择产生怀疑，进而重新进行评价，或者自认倒霉，认定原先的选择错误，以减少心里不安；二是通过信息再搜索，以获得更多的购买信息支持来证实自己的购买选择。因此，在购物之后厂商仍应与消费者保持联系，继续提供相关信息以坚定其购买信心，减少购后失调的感觉。

（2）寻求外部心理平衡。消费者寻求外部心理平衡可以分为公开行动和私下行动。公开行动主要有三种方式：一是直接向生产商或销售商寻求赔偿；二是寻求法律途径维护自己的权益；三是向厂商、政府机关或第三方部门进行投诉，要求采取纠正措施。私下行动主要有两种：一是停止购买该品牌或该店的商品；二是通过口碑传播，向亲戚朋友倾诉抱怨，劝说他们不要购买该产品或服务。

2）影响抱怨行为的因素

消费者之所以提出抱怨并采取行动，主要基于两方面的考虑：一是为了获得必要的经济赔偿，如要求退换商品，或对由此引起的损失索取赔偿；二是为了维护自尊，重塑自我形象。自我形象常常与产品或服务的购买紧密联系，如服务的失败会影响自尊感，造成负面的自我形象。消费者的抱怨行为随着产品的重要程度和产品成本的提高而增多。

有许多因素会影响消费者的抱怨倾向和行为，相关研究主要提出如下变量。

（1）购物对消费者的重要程度。并非所有不满意事件都会引起抱怨行动。调查显示，在不满意情绪下，只有不足一半的消费者采取了抱怨行动。对于价值不大、经常购买的产品，不足15%的消费者在不满时会采取抱怨行动，而对于重要的、价值高的商品，如汽车等耐用消费品，有50%以上的不满意消费者会诉诸行动。

（2）问题的归因。消费者对不满的事件会进行归因。当消费者把产品问题或责任归咎于企业而不是自身时，抱怨行为会增加，如果把不满意的原因归于自己或是不可控的因素，则抱怨行为会降低。

（3）采取行动的难易度。采取行动的难易度是指消费者采取抱怨行动需要花费的时间、精力及金钱的多少。例如，有些投诉程序相当烦琐，需要等待很长时间，这会让消费者觉得精力和时间成本过高，那么除非迫不得已，消费者不会采取投诉行为。

（4）消费者的个人特点。研究者发现，消费者的抱怨行为与人口统计特征和人格特性相关。年轻人和收入水平较高的人更倾向于采取抱怨行为。在人格特性方面，教条倾向或富有自信的人更有可能在不满意时进行抱怨。同时，个人主义色彩浓厚或攻击性较强的消费者也更倾向于发起抱怨。

3）营销对策

如何通过相应策略，减少并消除消费者的购后不满，是营销人员应该考虑的问题。

（1）合理引导预期。营销人员在购前阶段应注意合理引导消费者对产品或服务的预期。一是为了了解消费者现有的态度和看法。消费者拥有同类产品的购买经历，形成相对固定的看法或态度，势必会影响即将购买的产品服务的预期。二是注意把握促销分寸。对产品或服务的宣传应恰如其分，不应过于夸大，言过其实，过分抬高消费者预期反而会引起更多的购后失调。三是合理确定价格水平。价格被视为质量的标尺，过高的价格必然会给消费者造成更高的预期。四是保持产品和服务的稳定性。产品或服务的不稳定是导致购后不满的重要原因之一。

（2）加强售后服务。营销人员要注意，在产品促销、包装盒使用说明上，要向消费者详细介绍产品的使用方法及注意事项，避免因使用不当而带来消费者不满。此外，要加强相应的售后服务，避免因服务不到位或响应不及时而引起不满。例如，签订服务合同，消费者只要为产品多付一些钱，就能在一定时期内享受免费解决产品问题的权利，这种方式能有效平息消费者的不满情绪。

（3）积极应对抱怨。产生不满意和抱怨倾向的消费者，如果无法顺利提出抱怨，或抱怨行为得不到及时的处理和重视，可能会在亲朋好友之间做出负面传播，尤其是社会化媒体高度发达的今天，小小的负面口碑可能对产品品牌产生重大损害。此外，消费者如果转向新闻媒体或提起法律诉讼，也会给企业造成严重的名誉损失和不必要的赔偿。因此，企业要重视消费者的抱怨行为，积极应对抱怨行为。当前较为普遍的做法是，指定专门部门或客服人员，负责接收或处理顾客抱怨，在各地设置售后服务部门，及时解决顾客的售后问题，以增加信任感，消解不满情绪。

三、品牌忠诚与重复购买

形成购买满意的顾客可能会重复选购该产品，形成品牌忠诚，还可能成为该产品的代言人，向其他人推荐该产品。

1. 品牌忠诚

品牌忠诚是指消费者对某一品牌形成偏好，试图重复选购该品牌产品的倾向。理解品牌忠诚要从几个层面进行：第一，品牌忠诚不是随意性的购买行为，偶然或便利性地连续购买某一品牌不能视为品牌忠诚；第二，品牌忠诚反应在实际购买行为上，仅有口头承诺或偏好不足以构成品牌忠诚；第三，品牌忠诚可能涉及品牌域中的一个或多个品牌；第四，品牌忠诚有产品特征，在购买某类产品时，表现出对某品牌强烈的忠诚，而购买另一类产品时，可能没有品牌忠诚；第五，品牌忠诚有时间效应，是较长时间内相对稳定的决策和评价的结果。

品牌忠诚的消费者对企业生存发展有重要意义。第一，忠诚顾客很难为竞争者的诱惑所动，保证了企业顾客基础的稳定，无形中增加了竞争企业的困难，减轻了企业的竞争压力。第二，忠诚顾客的价格敏感度相对较低，维系成本不高，能够给企业带来丰厚的利润回报。第三，忠诚顾客对品牌的偏好和购买行为能够产生口碑效应和示范效应，在社会公众中提高品牌知名度和美誉度，有利于树立和提升品牌形象。

重复购买者是指在相当长的时期内选择一个品牌或特定几个品牌的人。但重复购买者与品牌忠诚顾客有联系也有区别。重复购买者分为两类：习惯型购买者和忠诚型购买者。习惯型购买者对品牌并无具体的情感或偏好，只是习惯或便利，或是没有更好的备选品，抑或是该品牌价格便宜等原因，使他们长期购买该品牌产品；而忠诚型购买者则是对某品牌有情感上的偏好甚至依赖，因而在长时期内重复选择该品牌产品。两者的区别在于习惯型购买者更易受到竞争对手促销行为的诱惑，如有奖销售、价格折让等，从而发生品牌转换。

2. 品牌忠诚成因

（1）产品功效吸引。品牌忠诚可能源于该产品的功效高于期望水平或高于其他品牌的水平。消费者如果得到了良好的使用体验，就希望再次获得这种满意。不同产品的区别不仅在于性能和质量，还取决于消费者对特定性能的需求，如干性发质的消费者更忠诚于适合该类发质的洗发水品牌。但单独用产品吸引来解释品牌忠诚，是远远不够的。有学者邀请一批品牌忠诚度很高的啤酒爱好者，在摘除啤酒品牌标志后进行品尝，大多数被试者无法在品尝后正确判断哪些是他们所偏好的品牌。因此，品牌忠诚的形成还存在于产品功效以外的要素。

（2）情感满足。根据刺激反应模式，消费者通过不断满意的正强化，能够形成品牌偏好，促成品牌忠诚。此外，品牌忠诚还是个性和自我的反映。例如，对 NBA 篮球队的忠诚就反映了个性和特定的社会关系。有些品牌能够形成社会自我的概念，即希望自己在别人眼中是怎样的人。例如，开悍马汽车的人希望自己是坚毅勇猛的形象，而佩戴瑞士手表的人则希望展现自己的品质生活和精益求精的形象。

（3）风险规避。消费者的购物选择会面临各种各样的风险，如财务风险、社会风险、人身风险、心理风险等，由于购物条件的制约和信息不对称的影响，消费者始终无法避免知觉风险的存在。规避知觉风险最简单有效的方法，就是认牌购买，以避免选择新品牌带来的不确定性。

（4）节约时间。由于信息的充斥，产品的多种多样，信息搜集和对比成本很高，要想在信息海洋中做出合适的购物选择，需要花费大量的时间和精力。因此，如果形成品牌忠诚，消费者就无须花费大量时间进行信息搜集，也避免了购前的品牌评估和购买地点的选择，可以有效地节约时间和精力。

3. 品牌忠诚的测量

（1）比较法。依据某一消费者对某类产品购买的历史记录，比较 a 品牌与其他品牌的联系，确定该消费者的品牌忠诚度。如果消费者自始至终选择 a 品牌或只是偶尔选其他品牌，说明该消费者是 a 品牌的忠诚顾客；如果前期选择 a 品牌，后期选择另一品牌 b，那么说明消费者的品牌忠诚发生了转移；如果该顾客的品牌选择毫无规律可循，则属于变换型顾客，没有固定的品牌偏好。

（2）频率测定法。依据消费者对某类产品购买品牌的历史记录，记下某段时期内购买 a 品牌的次数 s 和购买该类产品的总次数 t，以 s/t 来表示消费者对 a 品牌的忠诚程度，该值越大，忠诚度越高，反之，则越低。

（3）货币测定法。通过销售实验，观察消费者对某特定品牌产品愿意支付的额外费用（多与同类产品的支出额度相比），来确定品牌忠诚度。这些额外支出既包括多付出的金钱，也包括为了获得该品牌产品付出更多的精力和时间成本。

4. 营销对策

（1）认识忠诚顾客的意义。品牌忠诚顾客是企业回报最高的顾客群体，是品牌无形的竞争优势。当前，许多企业的营销策略对品牌忠诚的建立有不利影响，如差异化缺失，不仅在产品性能、款式上趋同，在促销信息和服务上也相互模仿，动摇了品牌忠诚的基础，再加上价格竞争的加剧，使企业不得不借助于削价来赢得顾客，却在客观上造成了消费者经常转换品牌的负面效应。我国企业应该清醒地认识到品牌忠诚的重要性，积极采取策略培育和保持忠诚顾客。

（2）制定和实施品牌忠诚策略。对于老顾客，企业应保持联系沟通，建立长期互惠关系，巩固顾客的忠诚。对于新顾客，则应加大情感投资力度，用优质的产品和服务，辅以持续的促销活动，培育顾客的品牌偏好。对于竞争品牌的顾客，应该利用诱人的促销与包装，通过优惠的试用或购买条件，吸引部分顾客发生品牌转换。对于尚未使用该类产品的顾客，主要应该通过宣传引起他们对该类产品的好奇，利用现场展示和试用促使他们成为企业顾客。此外，企业要理性看待产品质量和广告宣传的关系。消费者成为忠诚顾客，本质上还是看重产品和服务以及相应的品牌意义，背离这些价值的过度促销将成为无本之木，无法培育和保持顾客忠诚。

（3）避免缺货。消费者如果在常去的商店经常买不到自己喜爱的品牌，就可能做出相应的反应，转而购买其他品牌，购买替代产品，或推迟购买，甚至放弃购买。无论何种反应，对于商家来说都意味着潜在销售量的减少，更严重的后果是对店铺忠诚和品牌忠诚造成危害。因此应尽量避免缺货现象发生。

四、产品的使用与闲置

1. 产品的使用

大多数购买属于名义型决策或有限性决策，因此较少引发购后冲突。消费者在购买产品后不用担心购买是否明智，而是直接加以使用。即使存在一定的购后冲突，消费者通常还是会选择使用购得的产品。

1）营销意义

营销人员需要了解消费者如何使用产品，弄清产品的具体使用情况和过程，这有助于改进产品设计。例如，宝洁公司研发人员认为，美国消费者在清洗碗碟之前，会先将洗涤剂注入水池，再加进清水，而通过调研机构的调查发现，绝大多数消费者是直接将洗涤剂挤在需要洗涤的碗碟用品上。这一大相径庭的调查结果促使宝洁公司调整了洗涤剂的浓度，开发出适合这种洗涤方法的低浓度洗剂，不仅降低了产品的生产成本，也方便了消费者对餐具的漂洗。

此外弄清楚消费者对产品的使用过程还有助于减少或避免产品责任问题。有的消费者不按照原有设计用途或者方法使用产品，结果不仅损坏了产品，还容易造成人身伤害，引发产品责任诉讼。例如，有消费者将烤箱或微波炉当凳子使用，就会造成一定的潜在危险。这就要求企业在设计产品时，考虑到消费者对产品可能的非正常使用，并据此提出相应警告。例如，对于合金爬梯，要提醒消费者不要在带电场合使用。

通过对产品使用的分析，有利于企业制定营销策略，从而增加产品使用频率，减少消费时间间隔，增加产品的消费量。

2）使用方法

根据消费目的，可以将产品的使用分为以下几种类型。

（1）功能性使用。大部分产品的使用都涉及功能性使用，通过产品提供的使用价值来满足消费者的需求。消费者可以根据初始目的来使用产品，也可能根据更换目的使用产品，如购买了洗碗机的顾客发现用来洗碗不太方便，可以专门用来进行餐具消毒，这就属于更换目的的使用产品。

（2）象征性使用。产品不仅带来功能性利益，还伴随着象征性利益。消费者保留一件收藏品或者过时产品，并不是因为其具有符合当前需要的使用功能，而是仅仅因为它的象征意义。

（3）享乐型使用。消费者在许多情况下受到享乐型动机促使而使用产品，特别是服务，大多带有明显的享乐型特点。

（4）闲置。消费者买了产品之后可能将其搁置起来以后使用，或是在特定情境下使用，而并不一定都在购买之后立即使用。

2. 配套产品的购买

许多产品的购买，需要伴随着配套产品的购买才能够更好地使用。例如，购买打印机后，需要购买油墨和打印纸，购买照相机后需要配备不同用途的镜头和配件等。许多零售商甚至主要从配套产品的销售中获利，如在西方国家，许多商家以成本价出售彩色喷墨打印机，目的是吸引顾客后续购买价格不菲的彩色油墨。

而有的产品购买必须遵循一定的规律和顺序。例如，消费者因为爱好野营最初需要购买帐篷和睡袋，紧接着会发现还需要购买与之相关的很多产品，如手电筒、炉子、背包、马灯等。许多企业已经认识到配套产品的意义，使自己的业务日益多样化，如吉列公司，不仅仅销售剃须刀架和刀片，也开始销售洁面啫喱、除臭剂等相关产品。

3. 产品的闲置

产品闲置是指买了某件产品后并不立即使用，而是搁置起来，或对于潜在用途仅作有限使用。

产品闲置的最主要原因是许多产品的购买决策和使用决策并非同时做出，两者之间存在时间延迟，在这段时间内，某些因素就会促使消费者推迟使用产品，甚至决定闲置不用。例如，消费者在超市里看到展示的无烟锅不免心动，然而买回家后，却没有了当时感受到的刺激，加上工作繁忙，可能就无暇使用无烟锅炒菜，而是依然选择外卖或者外出就餐。又如购买了健身房的会员卡，希望激励自己每天锻炼身体，却由于太忙和许多计划外事件的出现，根本没有时间去健身房。产品闲置的另一个原因是企业或营销者没有营造令人满意的使用环境。例如，信用卡的闲置，可能是由于许多流程或费用并不像获取时那么安全、方便、令人满意。

产品的闲置会导致消费者的金钱浪费，也使得企业无法获得重复销售。在产品闲置的情况下，营销人员甚至很难找到合适的补救措施。所以，营销人员应该通过合适的提醒，给予消费者一些推动，让消费者增加对闲置商品的使用。例如，健身顾问定期告知会员最近没有来健身房锻炼，提醒他前来健身，这会对健身卡的使用起到明显的促进作用。

4. 产品与包装的处置

1）处置的原因

消费者如何处置产品得到越来越多企业的关注，原因主要有两方面。

（1）环境保护的压力。随着经济发展加大和人口压力增大，废弃包装物和使用旧物每天以惊人的数量增长，不仅给环境和生态造成严重损害，也导致收集和处理废旧包装盒与旧产品的费用节节攀升。许多公益团体和环保组织通过宣传、游说，来呼吁社会公众关注旧物品及包装物的处置问题，要求企业采取措施回收和处理旧物品和废弃包装物。政府也出台了相应法规，规定生产厂家和经销商承担旧物回收和处置责任。

（2）企业拓展市场的需要。随着我国居民收入和生活水平的提高，越来越多的产品购买属于更新换代的购买，原有产品并未损坏，但已如同鸡肋。那么旧物品的处置会直接影响消费者购买。例如，消费者可能需要处置旧车才能购买新车。随着民众环保意识的增强，包装物的循环使用和废旧产品处置的问题也得到了消费者的重视和认同。

2）处置的方式

消费者对旧物品旧包装的处置方式大体分为两种：保存和处理。对旧物品的保存，一种可能是暂时不用，留待日后使用；还可能是用于新的用途，如旧的衣物，不再用于穿着，而是用于劳动或者家庭清洁等场合，或者作为纪念品储存起来。消费者对旧物品的处理，按照时间长短可以分为临时性处理和永久性处理两种。临时性处理，既可以把旧物品借给他人使用，也可以出租牟利。而永久性处理也有多种选择，如直接扔掉，或赠送他人，或者在二手市场出售，也可用于换取其他物品。

3）旧物处置的意义

消费者对产品和包装物的处置行为，对企业的市场策略影响很大。首先，随着消费者环保意识的不断增强，绿色产品市场不断扩大。企业需要考虑消费者的包装物或旧物品再利用问题，这也是环保意识较强的消费者在做出购买决策时会考虑到的问题。其次，消费者通过出卖、交换或者赠送二手产品的行为，能够形成规模不小的二手市场。一方面，会降低市场对新产品的需求；另一方面，也会刺激消费者对最新产品的需求。因此，规范活跃的二手商品市场，不仅能满足许多消费者的需求，也有利于新产品市场的扩大。企业也可以通过回收旧物品来影响消费者最新产品的购买。

【思考题】

1. 扩展型决策、有限型决策和名义型决策之间有什么区别？
2. 影响消费者问题认知的因素有哪些？
3. 消费者的意识域如何影响信息搜集？
4. 在消费者购买介入程度很高和很低的情况下，产品广告应有什么不同？
5. 冲动性购买与无计划购买有什么区别？
6. 消费者上街逛商店的原因主要有哪些？
7. 购买的知觉风险是怎样影响商店选择的？
8. 简述消费者满意与不满意的形成过程。
9. 影响消费者抱怨的行为有哪些？
10. 消费者为什么会形成品牌忠诚？

【实践练习】

1. 访问至少 10 名同学，调查大学生购买手机、感冒药、运动鞋时的外部信息源。

2. 设计调查问卷（访谈问卷），调查身边的同学对学校附近超市的满意度。提示：可以从商品种类、地理位置、商品价格、员工服务等多方面设计问卷。

3. 访问三位朋友或家人,请他们列出最近做的两次冲动性购买及促使他们购买的原因。

第三章　消费者的需要与动机

【学习目标】

- 掌握需求和动机的含义和特点。
- 了解需求和动机的分类和意义。
- 认识和了解动机理论。
- 能够运用有关的动机理论来激发消费者的购买动机。

理解动机就是要理解消费者动机的原因。为何有些人在高桥上蹦极，而有些人把闲暇时间花在象棋或园艺上？不论是寻求刺激、打发时间还是获取某些深层次的精神体验，我们做任何事都有一个理由，即使有时我们不能说出这个理由是什么。从第一天起，营销学的学生们就被教导：营销的目标就是满足消费者的需要，然而，除非我们能发掘那些需要是什么以及它们为何而存在，否则明白这一道理是毫无用处的。

第一节　需　　要

一、需要概述

消费者需要是指消费者生理和心理上的匮乏状态，即感到缺少些什么，从而想获得它们的状态。个体在其生存和发展过程中会有各种各样的需要，如饿的时候有进食的需要，渴的时候有喝水的需要，在与他人交往中有获得友爱、被人尊重的需要，等等。

需要是和人的活动紧密联系在一起的。人们购买产品，接受服务，都是为了满足一定的需要。一种需要满足后，又会产生新的需要。因此，人的需要绝不会有被完全满足和终结的时候。正是需要的无限发展性，决定了人类活动的长久性和永恒性。需要虽然是人类活动的原动力，但它并不总是处于唤醒状态。只有当消费者的匮乏感达到了某种迫切程度，需要才会被激发，并促使消费者有所行动。例如，我国绝大多数消费者可能都有住上更宽敞住宅的需要，但由于受经济条件和其他客观因素制约，这种需要大都只是潜伏在消费者心底，没有被唤醒，或没有被充分意识到。此时，这种潜在的需要或非主导的需要对消费者行为的影响力自然就比较微弱。

需要一经唤醒，可以促使消费者为消除匮乏感和不平衡状态采取行动，但它并不具有对具体行为的定向作用。在需要和行为之间还存在着动机、驱动力、诱因等中间变量。例如，当饿的时候，消费者会为寻找食物而活动，但面对面包、馒头、饼干、面条等众多选择物，到底以何种食品充饥，则并不完全由需要本身所决定。换句话说，需要只是对应于大类备选产品，它并不为人们为什么购买某种特定产品、服务或某种特定品牌的产品、服务提供充分解答。

需要是一种促使消费者采取行动来改善状况的不满意的状态，而需求则是消费者获得了改善之后，想要获得更大满意程度的一种愿望，如食物满足了饥饿的需要，而美食满足的是需求；汽车满足了人们从 A 地到 B 地的需要，而奔驰满足了人们获得卓越的性能、较高的威信及合适的形象等需求。需要和需求的另一个区别在于促使它们产生的因素不同。消费者的需要是由个人的特性和环境的特性决定的。决定消费者需要的三个个人特性是遗传特性、生理特性和心理特性；决定消费者需要的三个环境特性是气候特性、地形特性和生态特性。相对而言，消费者的需求是由个人环境的背景决定的。个人背景包括三个方面：一个人的购买力、所处的组织与文化程度。市场背景包括经济、技术与公共政策。

思考：

通过上述需要与需求的分析，营销人员能创造消费者的需要还是需求？

二、需要的特征

随着社会生产、科学技术和文化艺术的不断发展，消费者的需要也不断地被激发和推进，呈现出丰富性和多样性。消费者的这些需要一般会体现出以下几个特征。

（1）对象性。人们的需要总是指向某种具体的事物。换句话说，需要总是和满足需要的目标联系在一起。例如，逛街时人饿了就要买东西吃，渴了就要买水喝。需要一旦实现，总能给人们带来生理或心理上的满足。离开了目标和对象，就无从观察和研究人是否具有某种需要。

（2）多重性。消费者的某种行为能满足多种需要。购买衣服，除了保暖和体面外，还能满足个人和社会的需要。

（3）层次性。由于消费者在民族习俗、宗教信仰、性格气质、能力素质、文化程度、审美情趣、性别年龄、收入水平、消费目的等方面存在着差异，因而在对消费品的需要及满足需要的方式等方面存在着多层次性，呈现出因人而异的现象。

（4）可变性。消费需要的产生、发展和变化，同现实的生活环境、当时的消费环境有着密切的联系。消费观念的更新、社会时尚的变化、人际交往的启迪、工作环境的改变、文化艺术的熏陶、广告宣传的诱导、消费现场的刺激、服务态度的感召等，都会不同程度地使消费者的兴趣发生转移，并不断产生新的消费需要。潜在的需要会变成现实的行为，未来的消费会提前寻求实现的途径，微弱的愿望会转化为强烈的欲求。

三、消费者需要的分类

作为个体的消费者，其需要是十分丰富多彩的。这些需要可以从多个角度予以分类。

（1）根据需要的起源可以分为生理性需要和社会性需要。生理性需要是指个体为维持生命和延续后代而产生的需要，如进食、饮水、睡眠、运动、排泄、性生活等。生理性需要是人类最原始、最基本的需要，它是人和动物所共有的，而且往往带有明显的周期性。例如，受生物钟的控制，人需要有规律地、周而复始地睡眠，需要日复一日地进食、排泄，否则，人就不能正常地生活，甚至不能生存。应当指出，人的生理性需要和动物的生理性需要有本质区别。人的生理性需要，从需要对象到满足需要所运用的手段，无不烙有人类文明的印记。正如马克思所说，“饥饿总是饥饿，但是使用刀叉吃熟肉来解除的饥饿不同于用手、指甲和牙齿啃生肉来解除的饥饿”。人类在满足其生理性需要的时候，并不像动物那样完全受本能驱使，而是要受到社会条件和社会规范的制约。不仅如此，人类还能够运用生产工具和手段创造出面包、黄油、稻谷等需要对象，而动物则只能被动地依靠大自然的恩赐获取其需要物。社会性需要是指人类在社会生活中形成的，为维护人类社会活动的存在和发展而产生的需要，如求知、求美、友谊、荣誉、社交等需要。社会性需要是人类特有的，它往往打上时代、阶级、文化的印记。人是社会性的动物，只有被群体和社会所接纳，才会产生安全感和归属感。社会性需要得不到满足，虽不直接危及人的生存，但会使人产生不舒服、不愉快的体验和情绪，从而影响人的身心健康。一些物质上很富有的人，因得不到友谊、爱，得不到别人的认同而产生孤独感、压抑感，恰恰从一个侧面反映出社会性需要的满足在人的发展过程中的重要性。

（2）根据需要的对象可以分为物质需要和精神需要。物质需要是指对与衣、食、住、行有关的物品的需要。在生产力水平较低的社会条件下，人们购买物质产品，在很大程度上是为了满足其生理性需要。但随着社会的发展和进步，人们越来越多地运用物质产品体现自己的个性、成就和地位，因此，物质需要不能简单地对应于前面所介绍的生理性需要，它实际上已日益增多地渗透着社会性需要的内容。精神需要主要是指认知、审美、交往、道德、创造等方面的需要。这类需要主要不是由生理上的匮乏感，而是由心理上的匮乏感所引起的。

第二节　动机及动机理论

一、动机概述

动机（motivation）这一概念是由伍德沃斯（R. Woodworth）于 1918 年率先引入心理学的。他把动机视为决定行为的内在动力。一般认为，动机是“引起个体活动，维持已引起的活动，并促使活动朝向某一目标进行的内在作用”。

人们从事任何活动都由一定动机所引起。引起动机有内外两类条件，内在条件是需要，外在条件是诱因。需要经唤醒会产生驱动力，驱动有机体去追求需要的满足。例如，血液中水分的缺乏会使人（或动物）产生对水的需要，从而引起唤醒或紧张的驱动力状态，促使有机体从事喝水这一行为满足。由此可见，需要可以直接引起动机，从而导致人朝特定目标行动。

既然如此，为什么不用需要直接解释人的行为动因，而是在需要概念之外引入动机这一概念呢？首先，需要只有处于唤醒状态，才会驱使个体采取行动，而需要的唤醒既可能源于内部刺激，亦可能源于外部刺激，换句话说，仅仅有需要还不一定能导致个体的行动。其次，需要只为行为指明大致的或总的方向，而不规定具体的行动线路。满足同一需要的方式或途径很多，消费者为什么选择这一方式而不选择另外的方式，对此，需要并不能提供充分的解释。引进动机概念，正是试图从能量与具体方向两个方面对行为提供更充分的解释。再次，在有些情况下，需要只引起人体自动调节机制发挥作用，而不一定引起某种行为动机。典型的例子是人的体温，虽然人类的体温只能在很有限的范围内变动，但它却能自动调节，以适应高于体温（如洗热水澡）与低于体温（如冬泳）的环境。当然，人体均衡机制的调节幅度也是有限的，当均衡状态被大大地打破且超出了正常的调节幅度时，人体内会自动产生需要恢复均衡的力量，动机也就由此而生。最后，即使缺乏内在的需要，单凭外在的刺激，有时也能引起动机和产生行为。例如，一个人本身并无饥饿之感，但是看到了美食广告或闻到了美食的香味，便很有可能突然产生想吃东西的想法。

二、现代动机理论

1. 马斯洛需要层次理论

美国人本主义心理学家马斯洛（Maslow）于 1943 年提出了著名的需要层次理论。该理论既是一种动机理论，又是一种激励理论。下面对这一理论作一简要介绍。

马斯洛认为，人的需要可分为五个层次，即生理需要（physiological needs）、安全需要（safety needs）、爱与归属的需要（love and blonging needs）、自尊的需要（respect and esteem needs）、自我实现的需要（self actualization needs）。上述五种需要是按从低级到高级的层次组织起来的，只有当较低层次的需要得到了满足，较高层次的需要才会出现并要求得到满足。一个人生理上的迫切需要得到满足后，才能去寻求保障其安全的需要；也只有在基本的安全需要获得满足之后，爱与归属的需要才会出现，并要求得到满足，以此类推。马斯洛写道："假如大部分时间我们都饥肠辘辘，假如我们不断地为干渴所困扰，假如我们连续地受到一个始终迫在眉睫的灾难的威胁，或者，假如所有的人都恨我们，我们就不会要去作曲、发明数学方法、装饰房间或者打扮自己。"

【资料 1】

马斯洛需要层次

第一层（最底层）：生理需要，指维持个体生存和人类繁衍而产生的需要，如对食物、氧气、水、睡眠等的需要。

第二层：安全需要。即在生理及心理方面免受伤害，获得保护、照顾和安全感的需要，如要求人身的健康，安全、有序的环境，稳定的职业和有保障的生活等。

第三层：归属和爱的需要。即希望给予或接受他人的友谊、关怀和爱护，得到某些群体的承认、接纳和重视，如乐于结识朋友，交流情感，表达和接受爱情，融入某些社会团体并参加他们的活动，等等。

第四层：自尊的需要。即希望获得荣誉，受到尊重和尊敬，博得好评，得到一定的社会地位的需要。自尊的需要是与个人的荣辱感紧密联系在一起的，它涉及独立、自信、自由、地位、名誉、被人尊重等多方面内容。

第五层（最高层）：自我实现的需要。即希望充分发挥自己的潜能，实现自己的理想和抱负的需要。自我实现是人类最高级的需要，它涉及求知、审美、创造、成就等内容。

马斯洛并没有说较低层次需要完全满足之后，才会产生高一层次需要，而只是说，人的各种需要存在高低顺序，或者说各种同时出现的需要中存在优势需要。就一般情况而言，只有在更低层次需要得到满足或部分得到满足后才会成为优势需要。人作为有欲望的动物，其行为受需要所驱使，但需要什么取决于已经有了什么，只有未被满足的需要才影响人的行为。换句话说，已经满足的需要，不再是优势需要，亦不再是行为的决定性力量。

由于生理、安全、归属和爱、自尊这四类需要多在匮乏情形下产生，并且构成最高层次需要即自我实现的需要的基础，因此，这四种需要被合称为基本需要或匮乏需要；而最高层次的自我实现的需要被称为衍生需要或存在需要。关于自我实现的需要，有两种错误偏向：一种就是把一切我行我素的行为都理解为自我实现，另一种是把自我实现看成是一种完美无缺的状态。其实，马斯洛所说的自我实现有其特定的含义。他曾经对此作过不少表述，最通俗的说法莫过于这段话："一位音乐家必须作曲，一位画家必须绘画，一位诗人必须写诗，否则，他就无法安宁。人们都需要尽其所能，这一需要就称为自我实现的需要。"自我实现的本质特征是人的潜力和创造力的发挥，它意味着"充分地、活跃地、忘我地、集中全力地、全神贯注地体验生活"。

马斯洛需要层次理论提出的许多观点与结论无法在实证水平上予以证实或反驳，其科学性经常受到争论。但正如美国学者列维特（Leavitt）所指出，这一理论的效用在于它可以为人们提供一种有用的思考工具，瑕不掩瑜，其优点似乎总是超过它存在的问题。从消费者行为分析角度看，这一理论对理解消费者行为动机，对于企业针对消费者需要特点制定营销策略，具有重要价值。首先，它提醒我们，消费者购买某种产品可能是出于多种需要与动机，产品、服务与需要之间并不存在一一对应的关系。在现代社会，如果认为消费者购买面包仅仅是为了充饥，那将大错特错。其次，只有低级需要获得充分满足后，高级需要才会更好地得到满足。企业在开发、设计产品时，既应重视产品的核心价值，也应重视产品为消费者提供的附加价值，因为前者可能更多地与消费者的某些基本需要相联系，后者更多地与其高层次需要相联系，用产品的附加功能取代其核心功能是注定要失败的。再次，越是涉及低级需要，人们对需要的满足方式与满足物就越明确，越是涉及高级需要，人们对满足这类需要越不确定。饿了要吃食物，渴了要喝水和饮料，对此，消费者十分明确和清楚。但对如何才能获得别人尊重，如何获得友谊，如何使生活更加美好这一类高级需要如何满足或以何种方式满足，消费者并不完全清楚。这实际上也意味着，越是满足高级需要的产品，企业越有机会和可能创造产品差异。最后，越是高级需要，越难以得到完全满足，原因在于，满足需要的愉快体验中又会产生更高的需要。一听“健力宝”或许就可以缓解个体由于口渴所产生的不舒适感，而人们对爱、尊重和知识的渴望与追求几乎是无限的。一位真正的画家不会由于作了一幅好画而就此满足，一位真正的音乐家不会由于作了一首好曲而止步不前。过去的体验往往会成为人们进入更高境界的起点，促使他们去创作更好、更美的作品。“艺无止境”，消费者需要，尤其是高层次的需要同样没有终极的时候。

2. 双因素理论

双因素理论是由美国心理学家弗雷德里克·赫茨伯格（Frederick Herzberg）于1959年提出来的。20世纪50年代末期，赫茨伯格和他的同事们对匹兹堡附近一些工商业机构的约200位专业人士做了一次调查。调查主要是想了解影响人们对工作满意和不满意的因素。结果发现，导致对工作满意的因素主要有五个：成就、认可、工作本身的吸引力、责任和发展；导致对工作不满的主要因素有企业政策与行政管理、监督、工资、人际关系及工作条件等。

赫茨伯格将导致对工作不满的因素称为保健因素，将引起工作满意感的一类因素称为激励因素。保健因素，诸如规章制度、工资水平、福利待遇、工作条件等，对人的行为不起激励作用，但这些因素如果得不到保证，就会引起人们的不满，从而降低工作效率。激励因素，诸如提升、提职、工作上的成就感、个人潜力的发挥等，则能唤起人们的进取心，对人的行为起激励作用。要使人的工作效率提高，仅仅提供保健因素是不够的，还需要提供激励因素。一个单位固然要为员工提供具有吸引力的工资福利待遇和生产、生活条件，但如果这些待遇和条件采用平均分配的办法，不与个人的责任大小、工作业绩或成就挂钩，就只能起一种“保健”作用，起一种减少牢骚和不满的作用，无法激励员工不断进取和努力做出新的成绩。

日本学者小岛外弘根据这个理论，在消费者行为学研究中提出了MH理论，M是激励因素，是魅力条件，H是保健因素，是必要条件。商品的质量、性能、价格等，是满足消费者需求的必要条件，是保健因素。当这些因素不能满足时，消费者会感到不满意。例如，商品的质量差、价格高、性能少，就会引起消费者的不满意。但仅仅满足保健因素还不是真正的满意，并不能给消费者带来满足，消费者真正对某种商品感到满足，是该商品勉力条件也得到满足的时候。

将赫茨伯格双因素论运用于消费者动机分析，亦具有多重价值与意义。商品的基本功能或为消费者提供的基本利益与价值，实际上可视为保健因素。这类基本的利益和价值如果不具备，就会使消费者不满。例如，保温杯如果不能很好地保温，收音机杂音较大，都会使消费者产生强烈的不满情绪，甚至导致对企业的不利宣传，要求退货，赔偿损失，提起法律诉讼等对抗行动。然而，商品具备了某些基本利益和价值，也不一定能保证消费者对其产生满意感。要使消费者对企业产品、服务形成忠诚感，还需在基本利益或基本价值之外，提供附加价值，如使产品或商标具有独特的形象，产品的外观、包装具有与众不同的特点，等等。因为后一类因素才属激励因素，对满足消费者社会层次的需要具有直接意义。

商品的哪些特征、利益具有保健因素的成分，哪些具有激励因素成分，不是固定不变的。例如，在电视机刚发明面市的阶段，能够放出图像并伴有声音就足以促使一些消费者购买了，如果企业的产品还提供一些其他的功能与服务，消费者可能会非常满意。而现阶段，清晰的图像、优质的音响效果几乎成为一种必需。更多的功能、更漂亮的外观、品牌的声誉，以及企业不断创新的形象由于能更多地体现消费者较高层次的需要，因而带有较多的激励成分。另外，品牌所具有的保健因素与激励因素还会因目标市场的不同，目标消费者生活方式和价值取向的不同而存在差别。

3. 麦克利兰的显示性需要理论

美国学者麦克利兰（McClelland）提出的显示性需要理论侧重分析环境或社会学习对需要的影响，因此，该理论又被称为习得性需要理论。麦克利兰特别关注以下三种需要：成就需要（need for achievement）、权力需要（need for power）和亲和需要（need for affiliation）。

成就需要是争取成功，希望做得最好的需要。麦克利兰认为，具有强烈的成就需要的人渴望将事情做得更为完美，提高工作效率，获得更大的成功，他们追求的是在争取成功的过程中克服困难、解决难题、努力奋斗的乐趣，以及成功之后的个人的成就感，他们并不看重成功所带来的物质奖励。个体的成就需要与他们所处的经济、文化、社会、政府的发展程度有关，社会风气也制约着人们的成就需要。麦克利兰发现高成就需要者有三个主要特点：高成就需要者喜欢设立具有适度挑战性的目标，不喜欢凭运气获得的成功，不喜欢接受那些在他们看来特别容易或特别困难的工作任务；高成就需要者在选择目标时会回避过分的难度，他们喜欢中等难度的目标，既不是唾手可得没有一点成就感，也不是难得只能凭运气；高成就需要者喜欢最好能立即给予反馈的任务。目标对他们非常重要，所以他们希望得到有关工作绩效的及时明确的反馈信息，从而了解自己是否有所进步。

权力需要是影响或控制他人且不受他人控制的需要。不同人对权力的渴望程度也有所不同。权力需要较高的人对影响和控制别人表现出很大的兴趣，喜欢对别人“发号施令”，注重争取地位和影响力。他们常常表现出喜欢争辩、健谈、直率和头脑冷静；善于提出问题和要求；喜欢教训别人并乐于演讲。他们喜欢具有竞争性和能体现较高地位的场合或情境，他们也会追求出色的成绩，但他们这样做并不像高成就需要的人那样是为了个人的成就感，而是为了获得地位和权力或与自己已具有的权力和地位相称。

亲和需要是建立友好亲密的人际关系的需要。亲和需要就是寻求被他人喜爱和接纳的一种愿望。高亲和动机的人更倾向于与他人进行交往，至少是为他人着想，这种交往会给他带来愉快。高亲和需要者渴望亲和，喜欢合作而不是竞争的工作环境，希望彼此之间沟通与理解，他们对环境中的人际关系更为敏感。有时，亲和需要也表现为对失去某些亲密关系的恐惧和对人际冲突的回避。亲和需要是保持社会交往和人际关系和谐的重要条件。

麦克利兰的一个主要假设是上述三种需要均是个体在幼年时期，在人的社会化过程中习得的。被鼓励或获得正面刺激的行为，较未被鼓励或受到责备、惩罚的行为更容易重复出现。因此，习得性需要可归因于那些过去经常受到奖励或鼓励的行为。麦克利兰的理论对消费者购买动机的启示主要体现在具有相同需求的消费者在挑选产品和进行购买决策时会出现相似的表现。例如，通过实证研究发现，具有高成就动机的男性更多地购买滑冰器具、游艇之类的室外运动产品，具有高成就动机的女性较低成就动机者更多地购买镇痛片、口腔清洗剂等产品。还有一些研究发现，高成就动机的男性喜欢从专卖店购买服装；高成就动机者更多地购买室外运动产品，较少购买流行与新潮服装，对高档、豪华轿车则不以为然；成就动机居于中游水平的人中，抽烟者的比例很高。另外，女性高、低成就动机者在某些产品的购买时机上存在明显差别。

4. 麦奎尔的心理动机理论

麦奎尔（William J. McGuire）是美国耶鲁大学心理学教授，他对人类的动机进行了非常细致的整理和分析。麦奎尔首先根据两个标准将动机分为四个大类。

标准一：动机是认知性的还是情感性的？

标准二：动机是侧重于保持现状还是成长？

标准三：动机是自发产生的还是对外界环境的反馈？即动机是主动产生的还是被动的？

标准四：动机是帮助个人获得与环境的新的内在联系还是外在联系？

认知性动机侧重于个人对适应周围环境和获得自身价值的需要；情感性动机则强调的是实现情感或情绪需求和实现自己的目标的需要。保持现状的动机倾向于维持现有的平衡状态；而侧重于成长的动机强调的是发展。因此，四类动机分别是认知性保持动机、认知性成长动机、情感性保持动机、情感性成长动机。接下来，麦奎尔又根据动机的来源基础和动机目的的内外区别将四大类动机进一步分为 16 种。

下面对这 16 种动机及营销启示做一个简单介绍。

1）认知性保持动机

（1）一致性需要（主动的，内在的）。追求一致性的需要是人的一个基本欲望，是指希望自己与其他人在各方面保持一致，包括态度、行为、观点、自我形象、对他人的看法等，如买衣服时对流行款的购买倾向。那么营销中可通过创造产品与特定人群的选择之间的联系来创造一种群体的“一致性”或者通过减少认知失调或者动机冲突使消费者通过选用产品满足一致性需求。

（2）归因需要（主动的，外在的）。归因需要追求的是事件发生的原因，消费者并不是被动地接受信息，而是主动地将促销意图、广告策略和建议进行归因，他们不相信或者对很多销售信息持怀疑态度。所以企业应利用恰当方式展现信息帮助引导消费者进行归因，利用高度可信的信息来源或者以名人代言方式增强品牌与产品的信任度。

（3）归类需要（被动的，内在的）。消费者需要将信息和精力分类整理成有用的、易理解的形式。例如，对于产品价格的归类，大部分消费者会认为 3 000 元以上的手机是比较贵的手机，性能应该也要比较好。由于分门别类需要时间，因此，营销人员最好做到的是通过简单、直接、清晰的形式展现信息，便于消费者进行归类。营销人员可以利用定价策略，创造特定的情境特征引导消费者进行归类以达到理想的产品定位。这一点对新产品而言格外重要。没有营销人员的帮助，消费者对新产品（尤其是创新程度高的新产品）的归类和理解接受时间将会十分漫长。

（4）客观化的需要（被动的，外在的）。人们需要根据可观察的线索、符号来推断感觉和想法；通过观察自己和他人的行为加以判断，从而得到某种印象、感觉和态度。具体而言，营销人员可以通过控制广告颜色、背景音乐等为消费者提供情境线索，引导消费者产生对产品的正面评价；通过为产品制定合适的价格、投放适宜强度的广告等提供产品质量线索。此外，营销人员还可以通过紧密联系产品与刺激物，使消费者有意识或无意识地形成线索。

2）认知性成长动机

（1）自主需要（主动的，内在的）。自主需要是指对独立和个体自主的需要，任何文化中的个体或多或少都有这种需要。随着社会的发展进步，个人消费观念差异其实正在逐渐变化，要满足消费者的自主需要需要营销者适当满足消费者的独立需要，具体而言可以通过提供多种样式的产品给予消费者足够的选择权与表达自我的机会，或者限制销量造成蓄意稀缺乃至私人定制以满足消费者的自主需要。

（2）求新猎奇的需要（主动的，外在的）。求新猎奇的需要即消费者经常出于对新奇的需要而寻求变化。产品和品牌的一成不变可能会引起消费者的疲惫，要留住消费者需要及时推出新的产品（如生产电子产品的企业需要经常推出能够吸引消费者的新产品或产品新功能）或者为产品、品牌添加新的不同元素（如可口可乐提出的私人定制昵称瓶活动）以满足消费者对求变的需要。

（3）目的论的需要（被动的，内在的）。消费者是形式的匹配者，他们将所期望的产出或者结果的形象与现有的状况比较并改变自己的行为使得结果朝着理想的状态靠拢。营销中应该做到对消费者期望的情景、状态的了解，以创造与消费者预期相匹配的形式。

（4）功利主义的需要（被动的，外在的）。消费者是问题解决者，他们利用各种机会争取有用的信息或新的技能。因此消费者在电视上观看连续剧，不仅仅是一种娱乐需要，也会去观察和学习剧集中人物的穿衣风格、生活方式等。要满足功利主义的需要，产品宣传展示中需要展示更多的信息和理性诉求，而非侧重于感性诉求。

3）情感性保持动机

（1）缓解紧张的需要（主动的，内在的）。人们在生活过程中会遇到各种引发压力和不适的情境，为了有效地缓解紧张和压力，人们试图寻找减小这些反应的方式。营销人员可以在两个方面做出努力，一是让营销的各个方面，包括广告、宣传促销方式等变得有趣，在满足消费者缓解紧张的需要的同时更容易获得消费者的关注和赢得目标群体的好感与偏好。另外，还可以在产品设计中做文章，可以让产品使用起来更加有趣或者是让产品符合消费者缓解紧张的诉求，成为消费者减少紧张和压力的方式之一。

（2）表达的需要（主动的，外在的）。消费者需要向他人表达自身的存在，想要让别人通过自身行为以了解自己是谁，是什么样的人。表达的需要体现了产品的象征意义，即产品除了基本功能之外带给消费者的额外的满足，如身份地位或者个性的体现等。营销人员在推广过程中应该充分利用这个信息，赋予产品其目标人群所期望的象征意义。

（3）自我防御的需要（被动的，内在的）。对身份和自我的保护是一种重要的需要，当身份受到威胁时，我们会采取保护措施和防御行为。营销除了从正面角度去展现产品效用之外，也可以强调不行动的负面结果促使消费者采取自我防御措施。并且，在目标表述情境下，负面描述会强化风险感，因而对于希望规避风险的消费者会更加有效。

（4）强化的需要（被动的，外在的）。我们经常被鼓励以固有的方式去行动，因为这样会给我们带来好处。通过奖励来强化消费者的购买行为是营销的关键，在消费者购买体验产品之后通过产品质量本身及外界综合作用给予消费者正强化将有利于消费者进行重复购买和形成对产品乃至品牌的偏好。

4）情感性成长动机

（1）果断的需要（主动的，内在的）。很多人是竞争导向的，他们追求成功、受人仰慕和支配他人，权利、成就和名誉对他们而言很重要。营销人员可以通过赋予产品以身份地位的象征意义以满足消费者对果断的需要，具体而言，可以通过对代言人的选择，产品价格、促销等策略的选择以体现产品价值。

（2）亲密和谐人际关系的需要（主动的，外在的）。我们需要与别人交往，互相帮助并发展令人满意的关系。成为群体中的一员是大多数人生活的重要部分，许多消费的决定是基于保持与他人良好关系的需要。可以体现产品和与人交往开始的契机，改善交往关系的契机等的潜在价值，挖掘产品能够满足消费者对亲密和谐人际关系需要的附加值，满足消费者需求。

（3）身份认同的需要（被动的，内在的）。对身份认同的需要导致消费者扮演不同的角色。营销中可以体现产品对目标人群完善自我角色，做好令人满意的角色的帮助，以吸引有身份认同的需要的人群。

（4）模仿的需要（被动的，外在的）。人有模仿别人行为方式的倾向，模仿倾向能部分地解释群体中出现的从众现象。企业可以采用名人代言和营造出产品为目标人群中多数人的选择的现象来推销产品。此外，营销人员也应该注意到他人，特别是意见领袖人物对有模仿需要的消费者的影响。

第三节 消费者的动机

一、消费者的动机特征和分类

1. 消费者的动机特征

（1）动机的原发性。个体缺乏某种东西而产生对某种东西的需求，这种需求推动个体去寻找满足需求的对象，动机就是在这种情况下产生的。就是说，需求使个体产生动机，动机推动个体采取行动。从个体动机产生上看，动机具有原发性特征。对于消费者而言，其内在的需要，促使其产生各种消费动机。

（2）动机的内隐性。个体的行为是外显的，但支配其行为的动机却是无法直接观察到的。消费者的消费动机是通过其消费行为推断出来的。例如，消费者入住了高档饭店，我们可以作如下推断：首先，他有休息的生理性动机；其次，他可能有追求社会身份、地位、尊重的动机。消费者的动机不是我们观察到的，而是根据他的行为和我们所掌握的知识经验推断出来的。所以说，动机具有内隐性。

（3）动机的实践性。动机是行为的内在原因，动机是为行为而存在的。通过个体的行为表现，我们得以窥见动机的踪影。从动机与行为的这种关系网表现出动机的实践性特征。动机的这种特征，是我们研究它的一个重要原因，了解消费者的消费动机，可以为预测和引导消费者的消费行为提供依据。

（4）动机的变化性。个体的动机不是固定不变的。动机的形成取决于内在的需要和外部环境两大方面因素，当这两种因素发生变化时，个体的动机自然会相应发生变化。所以说动机具有变化性。由于动机的这种特点，我们就可以通过一些营销手段来影响消费者的消费动机，继而影响消费者的消费行为。

2. 消费者的动机分类

心理动机体现了一种文化最重视的事物，而这些动机对行为的影响也随着环境的不同而变化。例如，一位美国消费者可能将很大的一部分收入花在能让他显示个性的产品上，而另一位中国消费者则可能付出类似的努力以确保自己在群体中显得合群。消费者的动机可以分为以下几类。

（1）生存性消费动机。生存性消费动机是为了满足生存需要而激发的购买动机。

（2）享受性消费动机。享受性消费动机是由于消费者对享受资料的需求而产生的。人们为了享受生活而对彩电、化妆品、名牌服装等商品产生需求。享乐需要是主观的、经验型的，消费者寻找一种产品来满足对刺激、自信或幻想的需要——也许是要逃避世俗的或一成不变的生活。当然，消费者购买一件产品的动机可能是因为它同时提供了两种利益。例如，一位女士购买貂皮可能既是由于它所展示的奢华品位，也是因为它恰好可以在漫长、寒冷的冬季里为她保暖。

（3）发展性消费动机。发展性消费动机是为了满足个体的发展需求而引起的购买动机，如强身健体、提高技能、增长知识等。

（4）情绪动机。情绪动机是由人的喜、怒、哀、欲、爱、恶、惧等情绪引起的动机。例如，为了增添家庭欢乐气氛而购买音响产品，为了过生日而购买蛋糕和蜡烛等。这类动机常常是被外界刺激信息所感染，所购商品并不是生活必需或急需，事先也没有计划或考虑。情绪动机推动下的购买行为，具有冲动性、即景性的特点。

（5）情感动机。情感动机是道德感、群体感、美感等人类高级情感引起的动机，如爱美而购买化妆品、为交际而购买馈赠品等。这类动机推动下的购买行为，一般具有稳定性和深刻性的特点。

（6）理智动机。持有这种动机的消费者对欲购商品有一定的计划，一般经过深思熟虑并且做过一些购前调查后，才会采取购买行动。例如，经过对质量、价格、保修期的比较分析，有的消费者在众多品牌洗衣机中，决定购买海尔牌洗衣机。理智动机推动下的购买行为，具有客观性、计划性和控制性的特点。

（7）惠顾动机。例如，有的消费者几十年一贯地使用某种品牌的牙膏；有的消费者总是到某几个商店去购物等。这类动机推动下的购买行为，具有经验性和重复性的特点。

（8）显性动机与隐性动机。消费者意识到并承认的动机被称为显性动机，消费者没有意识到或不承认的动机称为隐形动机。一般而言，与一个社会占统治地位的价值观相一致的动机较与其相冲突的动机更易为人所意识和承认。例如，消费者购买轿车的显性动机可能包括汽车的舒适性、品质高、朋友推荐，而不愿意承认的隐性动机可能包括显示成功、显示身份地位等。

思考：

你为什么购买你现在使用的手机？你在挑选时最看重该手机的哪个方面？

二、消费者的具体购买动机

消费者在购物时会有不同的具体购买动机。消费者的具体购买动机主要有以下几种。

（1）求实动机。它是指消费者以追求商品或服务的使用价值为主导倾向的购买动机。在这种动机支配下，消费者在选购商品时，特别重视商品的质量、功效，要求一分钱一分货，相对而言，对商品的象征意义，所显示的“个性”，商品的造型与款式等不是特别强调。例如，在选择布料的过程中，当几种布料价格接近时，消费者宁愿选择布幅较宽、质地厚实的布料，而对色彩、是否流行等给予的关注相对较少。

（2）求新动机。它是指消费者以追求商品、服务的时尚、新颖、奇特为主导倾向的购买动机。在这种动机支配下，消费者选择产品时，特别注重商品的款式、色泽、流行性、独特性与新颖性，相对而言，产品的耐用性、价格等成为次要的考虑因素。一般而言，在收入水平比较高的人群以及青年群体中，求新的购买动机比较常见。改革开放初期，我国上海等地生产的雨伞虽然做工考究、经久耐用，但在国际市场上，却竞争不过我国台湾地区、新加坡等地生产的雨伞，原因是后者生产的雨伞虽然内在质量很一般，但款式新颖、造型别致、色彩纷呈，能迎合欧美消费者在雨伞选择上以求新为主的购买动机。

（3）求美动机。它是指消费者以追求商品欣赏价值和艺术价值为主要倾向的购买动机。在这种动机支配下，消费者选购商品时特别重视商品的颜色、造型、外观、包装等因素，讲究商品的造型美、装潢美和艺术美。求美动机的核心是讲求赏心悦目，注重商品的美化作用和美化效果，它在受教育程度较高的群体以及从事文化、教育等工作的人群中是比较常见的。据一项对近 400 名各类消费者的调查发现，在购买活动中首先考虑商品美观、漂亮和具有艺术性的人占被调查总人数的 41.2%，居第一位。而在这中间，大学生和从事教育工作、机关工作及文化艺术工作的人占 80%以上。

（4）求名动机。它是指消费者以追求名牌、高档商品，借以显示或提高自己的身份、地位而形成的购买动机。当前，在一些高收入层、大中学生中，求名动机比较明显。求名动机形成的原因实际上是相当复杂的。购买名牌商品，除了有显示身份和地位、富有和表现自我等作用以外，还隐含着减少购买风险、简化决策程序和节省购买时间等多方面考虑因素。

（5）求廉动机。它是指消费者以追求商品、服务的价格低廉为主导倾向的购买动机。在求廉动机的驱使下，消费者选择商品以价格为第一考虑因素。他们宁肯多花体力和精力，多方面了解、比较产品价格差异，选择价格便宜的产品。相对而言，持求廉动机的消费者对商品质量、花色、款式、包装、品牌等不是十分挑剔，而对降价、折让等促销活动怀有较大兴趣。

（6）求便动机。它是指消费者以追求商品购买和使用过程中的省时、便利为主导倾向的购买动机。在求便动机支配下，消费者对时间、效率特别重视，对商品本身则不甚挑剔。他们特别关心能否快速方便地买到商品，讨厌过长的候购时间和过低的销售效率，对购买的商品要求携带方便，便于使用和维修。一般而言，成就感比较高，时间机会成本比较大，时间观念比较强的人，更倾向于持有求便的购买动机。

（7）模仿或从众动机。它是指消费者在购买商品时自觉或不自觉地模仿他人的购买行为而形成的购买动机。模仿是一种很普遍的社会现象，其形成的原因多种多样，有出于仰慕、钦羡和获得认同而产生的模仿；有由于惧怕风险、保守而产生的模仿；有缺乏主见，随大流或随波逐流而产生的模仿。不管何种缘由，持模仿动机的消费者，其购买行为受他人影响比较大。一般而言，普通消费者的模仿对象多是社会名流或其所崇拜、仰慕的偶像。电视广告中经常出现某些歌星、影星、体育明星使用某种产品的画面或镜头，目的之一就是要刺激受众的模仿动机，促进产品销售。

（8）好癖动机。它是指消费者以满足个人特殊兴趣、爱好为主导倾向的购买动机。其核心是为了满足某种嗜好、情趣。具有这种动机的消费者，大多出于生活习惯或个人癖好而购买某些类型的商品。例如，有些人喜爱养花、养鸟、摄影、集邮，有些人爱好收集古玩、古董、古书、古画，还有人好喝酒、饮茶。在好癖动机支配下，消费者选择商品往往比较理智，比较挑剔，不轻易盲从。

以上是我们对消费者在购买过程中呈现的一些主要购买动机作的分析。需要指出的是，上述购买动机绝不是彼此孤立的，而是相互交错、相互制约的。在有些情况下，一种动机居支配地位，其他动机起辅助作用；在另外一些情况下，可能是另外的动机起主导作用，或者是几种动机共同起作用。因此，在调查、了解和研究过程中，对消费者购买动机切忌作静态和简单的分析。

三、动机冲突

由于一项购买决策可能包括超过一种来源的动机，因此消费者常会发现自己处于正负动机互相冲突的状况。所谓动机冲突是指消费者面临两个或两个以上购买动机，其诱发力大致相等但方向相反。这种购买动机冲突就表现为消费者购买商品将得到的利益和相应的支出与其预期之间的矛盾。因此，消除消费者的购买动机之间的冲突，使消费者在心理上保持购买利益与预期利益之间的平衡，便成为市场营销人员的重要任务之一。

动机冲突主要有三种类型：双趋冲突（approach-approach conflict）、双避冲突（avoidance-avoidance conflict）、趋避冲突（approach-avoidance conflict）。

双趋冲突指消费者有两个以上争取实现的目标，但是任一商品的消费只能实现其中的某一个或部分目标，由于种种因素的影响，消费者不可能同时消费两种或两种以上的商品，必须被迫从中进行选择而发生的动机冲突。消费者在购买过程中，由于对这两个商品的各个方面，诸如质量、价格、款式、效用等，进行综合评价后，可能感到这两个商品的几个主要方面难分优劣或各有所长，所以消费者很难做出选择。两种被选目标和相应商品的引发力和激励力越大越形成均势，动机的冲突就越强。

对于双趋冲突，可以通过增加产品的吸引力来解除，如在广告宣传中强化某一选择品的价值与利益，或采取降价、延期付款等方式。生动化陈列是解除这一冲突的有效方法。美国市场营销学会研究表明，人关注某一个商品的时间通常为 7 秒钟，在这 7 秒钟的时间内，有 70%的人在决定购买商品时，起到首要决定因素的就是产品的视觉表现力。良好的商品展示效果会给消费者一种赏心悦目的感受，会吸引他们的注意力，从而激发消费欲望。特别是在竞争品牌同时存在的销售终端，加强生动化陈列，提高产品展示效果显得尤为重要。消费者的购买行为（尤其是快速消费品的购买）多为无计划消费，许多消费者是在看到产品实物陈列后才临时决定购买，因此，生动化陈列对激发消费者的购买意愿起到十分关键的作用。生动化陈列商品从短期看能通过视觉冲击力诱导消费者实现购买行为，从长期看还能促使消费者产生积极的品牌联想，形成良好的品牌记忆，最终提升公司品牌的价值和形象，从而实现消费者可能进行下一次购买的良性循环。

双避冲突指消费者为实现某一目标而面临两种以上的选择方案，其中任一方案的结果都不理想，但是又必须从中选择其一而产生的动机冲突。例如，一些人一方面害怕出现龋齿，另一方面又不敢去看牙医，此种矛盾心态反映的就是双避冲突。当家里的洗衣机经常出故障时，消费者可能既不想花钱买一台新的，又觉得请人来修理不甚合算，处于不知怎么办的境地。此时，消费者就面临双避冲突。

企业应对或解除消费者双避冲突的方式很多。首先，消费者可能对冲突中的问题存在不正确的信念，如把看牙医看成是十分可怕的事情。此时，就应该通过宣传来消除或部分消除这种不全面或错误的信念。其次，双避冲突情形下可能恰恰为企业提供了新的市场机会。例如，在前述洗衣机出故障例中，通过推出以旧换新推销方式，或通过为新洗衣机提供更长时间保修承诺，均可能促使消费者采取购买行动来解除冲突。有时，在没有完全满意的选择方案下，承认这一事实也无妨，只要能使消费者相信所推荐的选择方案是最好的，双避冲突也可能被解除，如一些医疗机构在宣传某种戒毒方法、疾病治疗方法时常常采用这一策略。

趋避冲突指某一产品同时具有有利与不利两种效果，消费者既想消费该产品以实现有利效果，又想回避该产品以避免不利效果而产生的动机冲突。当被购买的产品既有令人动心和吸引人的特征又有不尽如人意的地方时，趋避冲突就会由此而生。在购买某些高档产品、耐用品时，消费者可能对所选的商品爱不释手，但又嫌商品价格太高，或担心所选商品一旦出现质量问题会带来很多麻烦，从而放弃了购买。

要消除消费者的冲突，我们要学会灵活地采用各种方法，如提供保修承诺、保证在一定时期内如果消费者发现以更低价格出售同类产品的商家就返回差价甚至予以奖励等。美国米勒酿酒公司针对一些顾客既爱喝啤酒，同时又担心摄入酒精后影响身体健康的心理，开发出不含酒精的啤酒，就是对消费者趋避冲突的一种反应。

四、动机的测量

1. 观察

观察指的是一种研究者依赖其观察能力，而非与人沟通以获得信息的技巧。根据不同的分类标准，消费者研究中的观察法主要可以分为：直接观察和间接观察、隐匿观察和非隐匿观察、结构化观察和非结构化观察、人员观察和仪器观察。

研究者在自然状态下直接对消费者的言谈、行为、表情等进行观察，然后由此判断消费者动机。例如，营销人员可以观察消费者在超市里柜台前的行为举止，观察消费者是如何甄选、比较然后做出决策的。与顾客打交道的一线人员也可以在与顾客的沟通中进行观察，从而识别顾客的动机。

除了人员观察外，借助于仪器进行观察识别消费者动机也是一种常用的方法。眼动仪在消费者研究中得到了广泛的应用。借助眼动仪，研究者可以观察人的眼球运动，观察瞳孔的变化，从而确定消费者最关心或关注的那部分信息。超市监控设备也可以用来分析消费者的购物习惯和购物动机。但是，大部分情况下仅通过观察法并不能得到我们所需要的全部信息，尤其是消费者不愿意承认的隐性动机，这就需要用到其他的方法。

2. 主观报告

主观报告法又可以分为访谈法、焦点小组讨论法和问卷法。这些方法的共同特点是让消费者自己报告购物动机。在访谈中，研究者询问消费者的爱好、兴趣和与产品有关的经历，鼓励消费者围绕一个话题畅所欲言，并通过录音或纸笔进行记录，记录既包括被采访者的言语内容，也包括表情、手势。在访谈结束后，研究者研究所记录的资料，从中发现消费者动机的线索。

焦点小组讨论法是由一小群人组成、在主持人指引下，通过非结构化、自发性的讨论，来获得有关的方法。在讨论时，主持人需保证讨论的内容是聚焦在某些特定领域的，如讨论有关产品的功效和效能，讨论自己的需求和兴趣。焦点小组所得到的信息可以帮助研究者确定消费者的购买动机，研究者不仅应注意他们说了什么，还应该注意他们会用什么样的词汇来加以描述。

市场研究人员也可以通过问卷来了解消费者的需求、态度和动机。但是问卷的内容一般是结构化的，消费者填写问卷的积极性也普遍较低。问卷法样本规模较大，比较适用于了解消费者的平均意向。问卷一般匿名填写，可以减少消费者对隐私性问题回答时的顾虑。

3. 投射技术

投射（projection）这一概念最早由弗洛伊德提出。在弗洛伊德看来，自我（ego）会将不能接受的冲动、欲望和观念转移到别人身上。像那些不能宽恕自己内心敌意的神经症和精神分裂症病人，就常常以迫害妄想的方式将自己的敌意转嫁于别人。可见这种投射作用是一种防御机制。在这里我们可以看到投射的基本特征：一个人真正的动机、欲望及其他心理活动，可以通过此人的其他心理过程或心理活动产品间接地表现、反映亦即投射出来。荣格在他的自由联想测验中发展了这一概念，他认为词的联想中可以激活、投射出情结。H. A. Murray 发展了著名的投射技术"主题统觉测验"（thematic apperception test，TAT），其投射概念亦是从弗洛伊德的概念衍化而来的，但不仅仅是一种防御机制。Murray 认为人们在认知和解释模糊性刺激时的知觉整合受到需要、兴趣以及总的心理组织（psychological organization）的影响。L. K. Frank 则是最早提出"投射方法"的人。他认为投射方法可以用以研究人格，即使用一些刺激情境，使被试者做出反应。使用这些刺激情境是要获得被试者本身独特的人格组织投射在刺激情境的信息。以罗夏墨迹测验为代表的投射技术在 20 世纪 40~60 年代盛极一时，达到鼎盛。罗夏墨迹测验几乎成了临床心理学的同义语，成了临床心理学不可或缺的工具，甚至到了精神病学家不懂罗夏墨迹测验，就不像精神病学家的地步。当时投射技术应用十分广泛，尤其是罗夏墨迹测验，被列为临床心理学训练中的重要课程，并有必须具备某种资历方可使用罗夏墨迹测验的不成文规定。心理学者亦以善用罗夏墨迹测验为傲，如此蔚为风气。罗夏基金会曾调查了 1970 年以前的有关罗夏墨迹测验文献，就有 4 000 篇，专著 29 本。投射技术在研究消费者动机时最大的优点就是可以防止被试者猜测研究的目的，了解被试者的真实动机。

1）字词联想测试

这一方法由高尔顿于 1879 年首创，1905 年由荣格第一个用于检查神经症，实施的方法是大声宣读某个词，要被试者报告他们第一个想到的词。实际应用包括在一些中性词中插入一些情绪化的单词或是对被试者有特殊意义的单词。较长的反应时间或对单词稀奇古怪的联想可能表示某种情绪失调的症状存在。对字词联想的精神分析式解释的一般原则是：名词比动词更可能隐蔽地表达需要和冲突。这是因为，依照弗洛伊德的理论，欲望的对象（名词）比欲望的方向（动词）更容易改头换面。字词联想测试有很多种方法，研究人员可以根据自己的研究目的选择用不同的方法，如根据品牌名称、根据广告词来联想。例如，请被试者给予一个没有生命的物品一些"人性化的特点"。字词联想测试旨在了解消费者对文字的第一感觉，反应时间的快慢，对字词评价是积极还是消极，都可作为参考指标。

2）语句完成测试

这是投射测验中较为灵活多样、实施简便的一种方法。它要求被试者将未完成的句子完成。最初心理学家在智力测验中使用此法，但作为一种人格测量方法，始自帕恩（A. F. Payne）1928 年做的实验。在语句完成测试中，研究人员先提出一段文字，然后让被试者来完成整句话的意思。句子的主语一般是第三人称，也比较模糊。例如，被试者对下面的句子不同的补充方式就可以体现出不同的动机：“一个沙滩假期是____”“在山里徒步是____”“去博物馆的人____”。这种方法可以更直接知道消费者对某一观念的感受，而且不会偏离研究者所要探讨的主题太远。

3）主题统觉测验

在主题统觉测验中，我们向被试者展示一张或者多张照片，并要求被试者描述发生了什么事情，图片中的角色可能会进行什么对话，还有故事可以怎样继续下去。因此，主题统觉测验又被称为图像解释技术。在主题统觉测验中，对于图片、插图的要求是足够有趣，这样才能鼓励讨论，同时也要求图片上的内容最好是含糊不清的，这样被试者就不会马上猜到实验的意图。

后来又有学者提出了半投射技术——多元动机网格测验。采用网格技术（grid technique）是多元动机网格测验的主要特点，它的形式与主题统觉测验相似，也是通过呈现一系列意义模糊的图片以引发动机，不同之处在于它不是让被试者看图片描述故事，而是在每幅图后附上若干语句（问卷）供被试者选择（“是”或“否”），根据被试者的选择结果统计其在各变量维度上的得分，从而判断其在各动机层面上的倾向性，这极大地方便了测验的实施和结果的解释。供判断的语句表征了与特定情绪、认知、目标期望和工具性行为（instru-mental action）有关的动机倾向性，如“在这种情境中你很容易遭到别人拒绝”“你因为能做这样的事而觉得很自豪”，被试者通过将自己假想为图片中的任意一人引发相应的心理活动，进而选择其认为与图形最匹配的选项。因此，不同图片情境（i）与语句设计（j）就构成 $i \times j$ 的矩阵或称网格，即网格技术。网格技术中的图片和相应的语句都经过严格的心理测量学指标的标准化。

4）角色扮演活动

在角色扮演活动中，参与者被要求假设自己是情境中的某一角色，然后观察被试者的反应或者让被试者自身做出评价。在使用角色扮演方法测试被试者的动机时，一个需要注意的问题是设计的情境应该与被试者能力相符，也应避免被试者没有进入角色，进而无法表现出自身的特征。

五、营销启示

1. 努力开发有特色的商品

根据赫兹伯格的双因素论，当某种商品的质量、性能、价格等因素能得到满足时，消费者只能处于没有不满意状态；而消费者真正对商品感到满意的是该商品具有的动机作用因素，如赋予商品以某种情感、设计独特、风格优雅等。因此，企业在设计与开发新产品时，要注意突出商品的个性，努力做到以人为本，以商品本身的吸引力来打动消费者。

2. 利用广告宣传，向消费者传递信息

广告宣传是最常用的营销手段之一，特别适用于强化企业和消费者之间的沟通，高效率地向目标顾客传递有关企业和商品的信息。因此，在现代社会生活中，广告无处不

有，无时不在。但无论广告包括什么内容，采取哪种形式，都要迈过文字、图像、色彩、音乐等向消费者传递商品信息，使广告引起消费者的兴趣，激发他们的购买欲望。

3. 购物环境和营业员的服务水平对消费者购买动机的诱导作用

消费者都是带着一定动机和欲望走进商店的，但进商店的消费者并没有全部出现购买行为。据日本三越百货公司的调查，进店的顾客只有 20%发生购买行为。这是由于消费者的欲望有两种，一种是“意识的欲望”（现实需求），即对某类商品有明确的购买欲望；另一种是“潜在的欲望”（潜在需求），即没有对特定商品有明显的购买欲望，是一种潜在的欲望。有潜在欲望的消费者，常常由于外界的刺激，潜在的欲望被激发，使他由一个看客变为一个买者。据美国一家百货公司调查，在顾客的购买行为中，有 28%来自“意识的欲望”，有 72%来自于“潜在的欲望”。使消费者在商店里完成由潜在欲望到意识欲望的飞跃，是扩大销售、提高效益的关键。实现这一飞跃，主要和营业员的仪表、神态、语言以及服务等因素有关，也和购物环境、灯光装饰、商品陈列等因素有关。

【思考题】

1. 马斯洛需要层次理论对企业制定营销策略有什么启示?
2. 怎么测量隐性动机和显性动机?
3. 动机冲突对营销经理有什么启示?

【实践练习】

选择一个你感兴趣的产品，调查大学生购买该产品的隐性动机，并且思考对该产品的营销活动有什么启示?

第四章　消费者的感知觉

【学习目标】

- 了解消费者感觉和知觉的含义和特点。
- 了解知觉的过程及影响知觉的因素。
- 获得根据消费者的感知觉特点制定营销策略的能力。

营销人员经常用漂亮模特吸引人们关注广告，但是并不希望其目标受众仅仅关注广告中的模特，而是希望与观众交流有关商品本身的一些信息。那么我们就需要了解消费者的感觉和知觉是怎么产生的，受哪些因素的影响。

第一节　消费者的感觉

一、感觉的概念

感觉是人脑对直接作用于感觉器官的客观事物个别属性的反映。个体通过眼、鼻、耳、舌等感觉器官对事物的外形、色彩、气味、粗糙程度等个别属性做出反映。一方面感觉来自于外界的各种刺激，如看到的颜色，闻到的气味；另一方面感觉也会反映机体内部的刺激，如感觉到身体内部器官的疼痛、不适等。不论是对外部刺激的反映或是对内部刺激的反映，感觉是对刺激给予感觉器官的直接感受，是对刺激物个别属性的反映。

虽然感觉是一种最简单的心理现象，但它在人的心理活动中却起着极为重要的作用。首先，感觉是人们认识世界的开端，是一切知识的源泉。其次，感觉是人的全部心理现象的基础。最后，感觉是维持和调节正常心理活动、保证机体与环境平衡的重要因素。因而，感觉和知觉对维护人的正常心理、保证人与外界环境的平衡起着极为重要的作用。

二、感觉的种类

根据感觉刺激是来自体外还是内部，可把各种感觉分为两大类：外部感觉和内部感觉。外部感觉接受机体外的刺激，反映外界事物的个别属性。属于外部感觉的有视觉、听觉、嗅觉、味觉、触觉。内部感觉接受机体内的刺激，反映身体的位置、运动和内脏器官的不同状态。属于内部感觉的有肌肉运动感觉、平衡感觉、内脏感觉等。这里主要介绍与消费者行为密切相关的几个外部感觉。

1. 视觉

我们的各种感觉器官从客观现实接收的信息有85%是从眼睛输入的。光以电磁波的形式和运动存在于空间。视觉的适宜波长是400~760纳米。物体的颜色由它所反射的光波决定，所以各种不同的波长引起不同的颜色感觉。视觉是人类和其他动物最为复杂、高度发展和重要的感觉。营销人员经常利用视觉刺激来沟通和传达营销信息，以此来吸引消费者的购买。视觉上的刺激主要包括颜色、外形、大小等。在广告、店面设计和包装上，营销人员都非常依赖视觉因素，他们将要表达的意义通过产品的色彩、规格和样式等视觉渠道加以传递。例如，飞利浦正试图使其电子产品小型化并更加色彩缤纷，以给人一种更年轻的感觉。

颜色还能更直接地影响我们的情感。有证据表明，有些颜色，尤其是红色，能产生唤醒的感觉并刺激食欲，而有些颜色如蓝色则令人放松。心理学家对此做过多次实验，发现红色的环境中，人们的脉搏会加快，血压有所升高，情绪会兴奋冲动；蓝色环境中，脉搏会减缓，情绪比较沉静。冷色和暖色依据心理错觉对色彩的物理分类。冷色波长短，包括紫色、蓝色、绿色；暖色波长长，包括红色、橙色、黄色。研究发现，黄色的装饰能使顾客移动较快；橘色的装潢能使顾客感觉饥饿；医院的黄色和粉红色可以减轻患者的焦虑。1940年纽约的码头工人，因搬运太重的弹药箱而举行大罢工，后来色彩学专家贾德教授出了个主意，把弹药箱的重色改为浅绿色。弹药箱的实际重量丝毫没改变，但搬运工人却觉得弹药箱变轻了，于是罢工停止了。颜色提高了劳动率，这在当时是出人意料的。

视觉与生理差异有关。女性更容易被明亮的颜色所吸引，并对微妙的色彩变化和色彩运用方式更为敏感，这是生理的原因。男性患色盲症的比例比女性高16倍。随着年龄的老化，我们的眼睛逐渐老化，对黄颜色具有视觉敏感倾向。黄色位于肉眼可观察到的波长中部，因此它最明亮也最吸引人的注意。我们常说的"黄页"就是用黄色吸引人们注意枯燥的电话号码。

因为颜色会唤起我们强烈的情感，显然，选择适当的颜色搭配对包装设计至关重要。例如，丹麦一家公司在推出一种白色干酪时，将其作为已有的名为"卡斯特罗比安科"的蓝色干酪的姐妹产品，这种白色干酪用红色包装投放市场，名字也是卡斯特罗比安科，选择这种颜色的目的是使产品能够在货架上最引人注目。尽管味觉测试效果很好，但是销售量令人失望。后来，对消费者的分析表明，红色的包装和产品的名称使消费者产生了对该产品类型和甜度的错误联想。消费者很难将红色包装和白色干酪联系起来，而且比安科的名字在丹麦有甜的意味，与产品的实际口味格格不入。之后该产品以白色包装和卡斯特罗的名字重新推出，销量几乎立刻提高了两倍。

【资料 1】

品牌的色彩营销：七秒钟定律

《体验经济》一书的作者约瑟夫·派恩二世和詹姆斯·吉尔摩指出，体验本身也是一种商品，只要是让顾客的身心和灵魂都能够快乐的体验，都会有其经济价值。而著名的“7 秒钟定律”告诉我们，面对琳琅满目的商品，人们只要 7 秒钟，就可以确定对这些商品是否有兴趣，而这 7 秒之中，色彩的作用达到了 67%。不同的颜色代表着不同的文化。颜色可以唤起情感并表达个性，它能激起品牌联想并帮助造成差异化。从视觉和知觉产生的顺序来看，大脑会在辨认出图案之后马上辨认颜色，最后才阅读内容。所以品牌需要掌控色彩在各种媒介上的一致性。研究表明，产品的颜色影响 60%消费者的购买决定，意味着色彩能够成就或者毁灭一件产品。在色彩数量上，有 95%的品牌只使用 1~2 种颜色。41%的品牌仅使用文字，而有 9%的品牌完全没有提及公司的名称。运用色彩理论进行产品营销不乏成功案例，如柯达胶卷的金黄色包装、麦当劳的红黄色，以及汽车领域营销案例，这需要营销人员在设计商品形象前充分调研，形成色彩形象概念后展开销售。对公司来说，选择一种颜色几乎不需要成本，但是一个错误的决定可能使公司的长期运行付出代价。那么如何测试你的品牌是否有独特的魅力？你试着把你的品牌识别给掩盖起来，还能让人感受到你的品牌吗？

2. 听觉

人类对每秒 16~20 000 次震动的声音能产生听觉的反应。我们每天暴露在各种声音和音乐中。随着年龄的增长，人们会丧失听高频率声音的能力。因此一些青少年从网上下载特殊的铃声，以免在上课时被老师发现他们正在接收信息。威尔士一家保安公司开发了一种所谓的“蚊子”技术，帮助店主驱散在店里闲逛的青年人，而成年人不会受其影响。有研究表明，上午 10 点和下午 3 点这两个时段，员工的工作效率容易放慢，因此音达公司使用了一种称为“激励进行曲”的系统，以在这个懒散的时段加快节奏。在这种激励进行曲的影响下，牛奶和鸡蛋的产量也有了显著的增长。

在对世界的体验中，听觉和视觉起着相互补充的作用。人们经常在看见刺激之前就听见刺激，特别是当刺激出现在身后或者是不透明物体（如墙壁）的另一侧时。营销人员常用声音来影响消费者的感知、情绪和行为。例如，广告人员频繁地使用音乐作为背景来创造对品牌的积极联系。又如，有学者通过变换餐厅内的音乐节奏，来观察其对餐厅顾客的消费金额与停留时间的影响，结果发现音乐对餐厅消费者的停留时间和消费金额有显著影响。另外，也有学者针对卖场的音乐进行变换，来观察其对顾客的消费金额与停留时间的影响，结果发现当音乐速度较快时所引发的正面情绪较低，而负面情绪则较高，在购买的时间上也较短，同时单位时间购买金额也较低。

3. 嗅觉

气味能够激发强烈的感情，也能产生平静的感觉。它们可以唤醒记忆，也可以缓解压力。一项研究发现，在观看鲜花或巧克力广告的同时，闻到花香或巧克力的味道的消费者更有可能花更多的时间对产品信息进行加工，并在每个产品种类中去试用不同的备选产品。

我们对气味的一些反应是由早期联想产生的，这种联想会引起或好或坏的感觉，这是商家研究气味、记忆与心境之间联系的原因。富杰仕公司的研究人员发现，咖啡的气味能唤起许多美国人对童年时期母亲做早餐的记忆。富杰仕的一则广告是：身着军装的男子一大早赶到家，走进厨房，打开富杰仕咖啡，芳香飘到楼上，他的母亲睁开眼睛，笑道："他回家了。"同时，嗅觉是距离性感觉。一项研究中，两种不同的香味被加到同一种面巾纸上，消费者能感知其中一种是上等和昂贵的，而另一种是厨房使用的。

4. 味觉

百事可乐公司为了冲破可口可乐的市场垄断，大胆地对顾客的口感进行试验，他们请受试者品尝各种没有品牌标志的饮料，然后说出哪种口感最好，试验全过程通过电视现场直播。试验结果是，认为百事可乐更好喝的人占大多数。百事挑战活动取得了一定的广告效果，但也发现了一个现象：虽然多数人感觉百事可乐的口味更好，但他们在实际购买时还是情愿选择可口可乐。因此，百事挑战也成为营销学上证明品牌效应的一个典型案例。

【资料 2】

味道偏好在品牌忠诚度中的作用

味觉是极为主观的东西，因而人们通常不会做对食品喜好程度的测试。但因为可口可乐与百事可乐公司的竞争性，所以有人曾进行了一项味觉测试：蒙眼尝味来发现你喜爱的品牌。实验请了一批志愿者，他们对传统可口可乐、百事可乐、低糖可乐与低糖百事四者中的一种十分喜爱。他们都认为自己可以毫不费力地把自己喜爱的牌子与其他牌子区分开来。

首先确定了 19 名普通可乐饮用者与 27 名低糖可乐饮用者。然后给他们喝四种不知种类的可乐样品，每次一种，一组喝普通可乐，另一组喝低糖可乐。最后请他们说出每种样品是可口可乐还是百事可乐。其实，把四种样品都判断正确可不容易，因为这些人都相信自己可以分辨出自己喜爱的品牌。结果，19 个普通可乐饮用者中只有 7 个正确地在全部四个测试样品中区分出了自己喜爱的品牌。低糖可乐饮用者做得更糟，27 个人中只有 7 个人把全部四个都判断对了。两组的结果都比随机猜测的正确率高，但每组中几乎有一半人选错了两次以上，有两个人把全部四个都弄错了。

总体来说，口味偏好测试结果表明：只有很少的百事可乐爱好者与可口可乐爱好者真的可以由口味和价格判断出他们喜爱的品牌。

5. 触觉

触觉是皮肤表面承受某物体压力或触及某物时所产生的一种感觉。引起触觉的刺激强度因身体各部位敏感度的不同而有很大的差别：舌尖、唇、指尖等部位比较敏感，而背、臀、腿等部位比较迟钝。对产品的触觉也能影响消费者的感知。例如，人们买衣服的时候，都要用手摸一摸，以判定衣服的质地、属性等。

一些人类学家把接触视为一种最初的语言，我们在会写字、会说话之前就学会了。事实上，研究者开始辨认触觉在消费者行为中的重要作用，触觉似乎可以调节产品体验与自我判断之间的关系，这表明，人们对能够亲自接触的产品更加有自信（不过，网上销售产品的公司难以让消费者接触其产品）。在接触需要量表中，打分较高的人特别受触觉的影响，那些对触觉需求较大的人对下面句子的反应更加肯定：在经过商店时，我忍不住会触摸所有的产品；触摸产品很好玩；在对一件产品亲自检查后再购买，我会感觉到更开心。

日本运用所谓敏感性分析方法（kansei），对触觉在产品设计中的作用加以应用。马自达的米亚达车型（Mazda Miata）的设计者瞄准那些将车视为自我延伸的青年，这些驾驶者追求一种被他们称为“骑手与马合二为一”的感觉。经过深入研究，设计者们发现，将操纵杆设计成 9.5 厘米长时，驾驶者能最佳地感觉到运动和控制的感觉。

无论是粗糙还是光滑，是柔顺还是坚硬，我们会把对服装、床上用品、室内装饰材料的质感与对它的“感觉”相联系。丝绸等光滑的织物被等同于豪华；粗斜纹布被认为是结实耐用；由稀有材料制成或要求较多复杂工序以达到光滑细致的面料一般比较昂贵，因而也被认为很高档；轻柔和精致的质地被认为富有女性气息；粗糙常常得到男性的积极评价，而光滑则为女性所追求。

三、感觉的基本规律

1. 感受性和感觉阈限

人对有些刺激能够感受到，对另一些刺激则感受不到。过弱的刺激，如落在皮肤上的尘埃，我们通常是感觉不到的。同样，过强的刺激，如频率高于 2 000 赫兹的声音，我们也感受不到。刚刚能够引起感觉的最小刺激量被称为绝对阈限。感觉的绝对阈限不仅因感觉类型的不同而不同，而且也会因人而异。例如，有的人对不同品牌的葡萄酒在口感、甜度等方面一尝即知，而另一些人则很难感受出其中的差别。

引起某种感觉的刺激如果在强度上发生了变化，能否被个体觉察呢？例如，在甜饼上再加少许白糖，消费者能否分辨这种变化呢？这取决于两个方面的因素，一是甜饼原来的甜度，二是新加白糖的量。如果甜饼的含糖量本来就很高，那么，再加上少许白糖，消费者可能很难觉察；反之，如果甜饼原来的甜度很低，情况可能会发生变化。能够使个体感觉到的最小刺激变动量被称为注意点差异（just noticeable difference，JND）或差别阈限（differential threshold）。

德国生理学家韦伯于 1834 年发现，个体可觉察到的刺激强度变化量 ΔI 与原刺激强度 I 之比是一个常数（K），即 $\Delta I/I=K$。这就是著名的韦伯定律。韦伯定律中的 K 在每一种感觉状态下是一个常数，但它随不同感觉状态而变化。

韦伯定律在市场营销中有多方面的运用。例如，在降价过程中，如果价格变动的绝对量相对于初始价格太小，消费者可能就没有觉察，从而对销售产生的影响就很小。一些零售商的经验表明，在某个产品进行特价销售时，降价幅度至少是原价的 20%以上，才能对购物者产生影响。因此，售价为 10 元的一双袜子应该降价为 8 元（折价为 2 元），而售价为 100 元的上衣不能只降价 2 元，必须降价至 80 元，才能产生促销的效果。一些企业在消费者没有觉察的前提下对产品加以改变，如减少容量、大小、价格等，实际上也是运用了韦伯定律。由于 2008 年金融危机的影响，如何能够在不影响销量的情况下减少成本成为不少食品饮料生产企业需要解决的难题。以可口可乐公司为首的很多饮料企业都对饮料包装进行了“瘦身”，以罐装可口可乐为例，价格不变，但是规格从原来的 355 毫升，变成了现在的 330 毫升，而很多消费者最初都没注意到这种变化，因为包装改变低于消费者的差别阈限，从而使厂商实现了维持利润的目的。

【资料 3】

韦伯定律的提出

韦伯是德国莱比锡大学的解剖学教授，他因两点阈和最小可觉差研究成为心理物理学的奠基者。在韦伯以前，法国物理学家 P. 布格尔曾做过一个测试眼睛对光线的敏感度的实验，他不断改变蜡烛和针孔之间的相对位置，使光线通过针孔投到远处的屏幕上，发现为了在相邻的阴暗区造成一个可以分辨的阴影，两者的亮度至少必须相差 64∶1。布格尔的研究没有产生任何有特殊意义的原理，但这中间孕育着“最小可觉差”问题的思想，它在韦伯手中变成了划时代研究工作的一块基石。韦伯的研究是从“肌肉感觉”开始的，他想了解肌肉的感觉机能对轻重不同的重物能分辨到什么程度。他用三套不同重量的重物对四个被试进行了实验，发现辨别不是取决于两个重物重量差异的绝对值，而是取决于这一绝对值与标准重量值的比例。在最优条件下，重物之间的差异大约为 29∶30 时能被明确觉察到。后来，韦伯又对其他感觉进行了类似的实验，得到了相同的结果，即对两个刺激物的辨别能力不是取决于两者差异的绝对值，而是取决于差异的相对值。他在实验中还发现，“最小可觉差”可以用一个分数来表示，这个分数虽然随着被试者的感觉不同而有变化，但对一定的感觉来说却是不变的，因此他认为，我们可以为每一种感官确定其“最小可觉差”的不变分数。韦伯的实验使当时的生理学家们认识到，在实验室里探讨某些历来被忽视的纯心理学问题是可行的，也是很重要的。韦伯提出的问题吸引了像赫尔姆霍茨、费希纳等一批富有才能的人，同时他自己也钻研了许多这样的问题，并指出了系统研究这些问题的途径。后来，韦伯以前的学生、莱比锡大学的物理学教授费希纳把韦伯的研究结果转变成了数学形式，这就是现在人们所熟悉的韦伯定律。

2. 适应

刺激物对感受器持续作用，使感觉器官的敏感性发生变化的现象称为感觉的适应。适应可以引起感受性的提高，也可以引起感受性的降低。例如，我们都经历过视觉适应的两种情况：明适应（light adaptation）和暗适应（dark adaptation）。当人长时间在明亮环境中突然进入暗处时，最初看不见任何东西，经过一定时间后，视觉敏感度才逐渐增高，能逐渐看见在暗处的物体，这种现象称为暗适应。相反，当人长时间在暗处而突然进入明亮处时，最初感到一片耀眼的光亮，不能看清物体，只有稍待片刻才能恢复视觉，这称为明适应。

适应现象表现在所有的感觉中，但是，在各种感觉中适应的表现和速度是不同的。例如，暗适应是环境刺激由强向弱过渡，由于一系列相同的弱光刺激，对后续的弱光刺激感受性不断提高。一般是在进入暗处后的最初约 7 分钟内，人眼感知光线的阈值出现一次明显的下降，以后再次出现更为明显的下降；进入暗处 25~30 分钟时，阈值下降到最低点，并稳定于这一状态。

与视觉的适应比较，听觉的适应就很不明显。有人认为，一般的声音作用之后，听觉感受性有段时间降低，并认为听觉的适应具有选择型，即在一定频率的声音作用下，只降低对该频率（包括临近频率的声音）的感受性，而不降低对其他频率声音的感受性。

子曰“与善人居，如入芝兰之室，久而不闻其香，即与之化矣。与不善人居，如入鲍鱼之肆，久而不闻其臭，亦与之化矣”。这句话虽然是在讲做人的道理，但是也体现了嗅觉的适应。嗅觉的适应速度以刺激的性质为转移。一般的气味经过 1~2 分钟即可适应；强烈的气味则要经过 10 多分钟；特别强烈的气味（带有痛刺激的气味）令人厌恶，难以适应甚至完全不能适应。嗅觉的适应带有选择性，即对某种气味适应后，并不影响对其他气味的感受性。厨师由于连续地品尝，到后来做出来的菜越来越咸，这就是味觉的适应现象。

除此之外，人体的触压觉、温度觉等感觉的适应也很明显。实验证明，只要经过 3 秒左右，触压觉的感受性就下降到约为原始值的 25%。

第二节　消费者的知觉

一、知觉的概念

知觉是在感觉的基础上产生的，但比感觉更为全面地认识世界的过程。确切地说，知觉就是个体选择、组织和解释刺激，形成一种有意义的与外部世界相一致的心理画面的过程。心理学认为，知觉过程是一个复杂过程，它要经过生理和心理两个历程。当一个人在感知某一事物时，首先要通过感觉器官感知对象，然后在头脑中形成一个印象（感觉）。这一印象形成后，又与感知者已有的认识体验结合起来，结果就形成了一个有意义的心理画面，我们把这个心理画面叫做“知觉世界”。所以，世界上没有哪两个人所知觉到的世界是一模一样的，因为知觉是因人而异的。

感觉和知觉既有联系又有区别。首先，知觉以感觉为基础，缺乏对事物个别属性的感觉，知觉就会不完整。其次，一旦刺激物从感官所涉及范围消失，感觉和知觉就停止了。再次，知觉是对感觉材料的加工和解释，但它又不是对感觉材料的简单汇总。最后，感觉是天生的反应，而知觉是借助于过去的经验，知觉过程中还有思维、记忆等的参与，因而知觉对事物的反应比感觉要深入和完整。

二、知觉的特性

人的知觉过程是一个经由各感官决定环境中物体的存在、特征及其彼此关系的过程，具有知觉理解性、知觉选择性、知觉整体性和知觉恒常性特征，由此而保证了人对客观事物的认识。

1. 知觉理解性

知觉理解性是指在知觉过程中，人根据自己已有的知识经验对客观事物进行解释，并用词语加以概括与标志以赋予其意义的组织加工过程。人在感知知觉对象时，总是用以往的知识经验对所获得的感觉信息提出假设、推断并做出最佳的解释，然后把它们标示出来。例如，在听一段音乐的时候，非专业的听众会听出“好听”或者“不好听”，更进一步的能听出这段音乐里表达出了怎样一种感情，而专业的音乐学习者则能听出其中每个乐章代表的不同含义，这段音乐使用了多少种乐器进行演奏，甚至听几遍就能学会并演奏这段旋律。这是听觉上的例子，在视觉和其他感觉中也是如此。在视觉上，我们看到图 4-1 中不规则的墨块，一下子看不出这是什么，但是在以往的经验上，我们曾经见过“狗”这种动物，便会反应出这是狗。

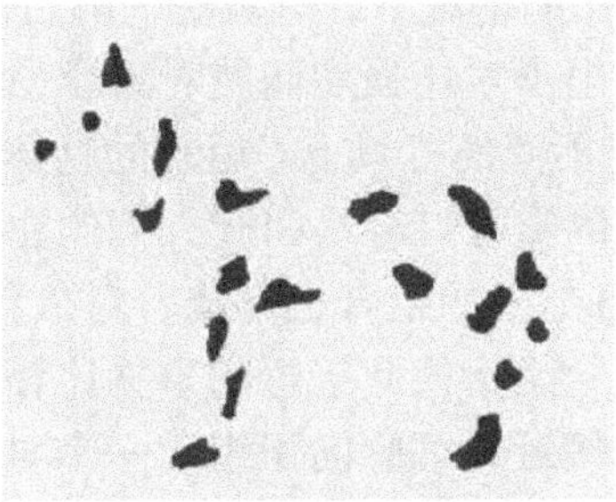

图 4-1 知觉的理解性例子

因为知觉的理解受到已知经验的很大影响，容易形成知觉定势。知觉定势是指个体由于已有知识经验、动机或暗示等形成的某种知觉期望，有准备地按照特定的方式进行知觉的过程。这是一种自上而下的信息加工过程。有时候（常为实验状态下）定势的产生依赖于先前刺激呈现的时间长短，如果过长，被试者会产生疲劳效应，定势作用消失。知觉理解性是以人已有的知识经验为前提对信息进行加工处理的。因此当人无法用过去的知识经验对所感知的事物进行理解和解释时，那么知觉理解性就会降低。知觉理解性受语言指导的重要影响。同样是听音乐的内容的例子，如果一个专业音乐人向听众说明，在这一段音乐中，哪一个乐章讲述了一个怎样的故事，表达了一种怎样的情绪，那么非专业的听众再自己听一遍，也会感觉到这样一种情绪存在。

2. 知觉选择性

知觉选择性是指人受自己的需要和兴趣等因素的影响，有意或无意地把某些刺激信息或刺激的某些方面作为知觉对象而把其他事物作为背景进行组织加工的过程。然而，知觉对象与知觉背景之间的关系是相对的，在一定条件下，它们可以相互转换。这一特点在图像上表现为通过不同的直觉选择，不同的图形可以成为知觉对象，也可以成为背景。如图 4-2 所示，如果我们以黑色作为背景，那么可以看到一个烛台或酒杯的形状；如果我们以白色作为背景，那么就会看到两个人的侧脸。所以知觉选择的过程就是区分对象和背景的过程，对象和背景的分化是知觉最简单、最原始的形式。

图 4-2　知觉的选择性例子

把知觉的对象从背景中分化出来，客观上受到许多条件的影响。这些条件主要有以下几种。

（1）对象和背景的差别。对象和背景的差别越大，对象越容易从背景中突出出来。在颜色、形状、亮度等强烈对比的情况下，对象更为醒目。反之，差别小，则难以区分。例如，白纸黑字、绿叶红花，由于对比强烈而使对象容易分化出来。

（2）对象的运动。在固定不变的背景上，运动的物体比不动的物体更容易成为知觉的对象。例如，夜晚忽闪忽灭的霓虹灯容易引起人们的注意。

（3）对象的组合。对象各部分的组合也影响着对象各部分的辨认。组合包括两种：接近组合和相似组合。接近组合是指彼此接近的事物比相隔较远的事物容易组成对象。无论是空间的接近还是时间的接近，都倾向于组成一个对象。例如，苏州和无锡，山海关和北戴河，因为它们的距离接近，旅游者往往把它们知觉为一条旅游线。

另外，人的主观因素也会影响到对象的选择，如个人的情绪、经历、知识等。

3. 知觉整体性

知觉的对象都是由不同属性的许多部分组成的，人们在知觉它时却能依据以往经验组成一个整体。知觉的这一特性就是知觉的整体性（或完整性）。知觉并非感觉信息的机械相加，而是源于感觉又高于感觉的一种认识活动。当人感知一个熟悉的对象时，只要感觉了它的个别属性或主要特征，就可以根据经验而知道它的其他属性或特征，从而整个地知觉它。如果感觉的对象是不熟悉的，知觉会更多地依赖于感觉，并以感知对象的特点为转移，而把它知觉为具有一定结构的整体。你觉得图 4-3 中间的到底是数字 13 还是字母 B？

图 4-3　知觉的整体性例子

4. 知觉恒常性

知觉恒常性是指人在一定范围内，不随知觉客观条件的改变而保持其知觉映像的过程。它是人长期实践活动的结果，也是人认识世界的需要。

在视觉范围内，知觉恒常性有大小恒常性、形状恒常性、方向恒常性、明度恒常性和颜色恒常性等。总的来说，在不同的角度、不同的距离、不同明暗度的情境之下，观察某一熟知物体时，虽然该物体的物理特征（大小、形状、亮度、颜色、方向等）因受环境影响而有所改变，但我们对物体特征所获得的知觉经验，却倾向于保持其原样不变。图 4-4 中，虽然门从关闭到打开的过程中在我们眼中的形状发生了变化，但是我们知道这都是同一扇门。

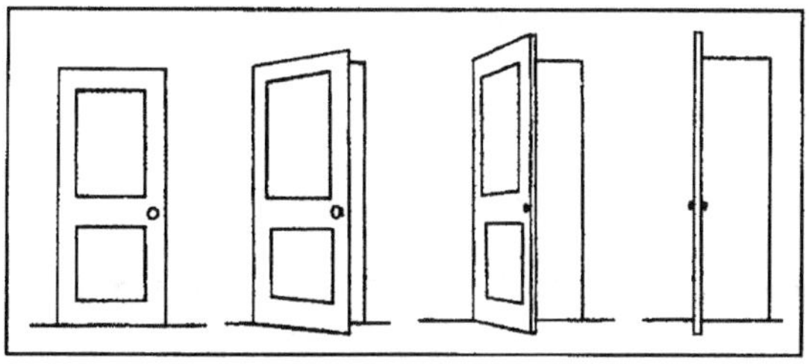

图 4-4　知觉的恒常性例子

三、消费者的知觉过程

消费者的知觉过程包括三个相互联系的阶段，即展露（exposure）、注意和理解。在信息处理过程中，如果一则信息不能依次经过这几个阶段，它就很难储存在消费者的记忆中，从而也无法有效地对消费者行为产生影响。

1. 展露

展露或刺激物的展露是指将刺激物展现在消费者的感觉神经范围内，使其感官有机会被激活。展露只需把刺激对象置于个人相关环境之内，并不一定要求个人接收到刺激信息。例如，电视里正在播放一则广告，而你正在和家人或朋友聊天而没有注意到，但广告展露在你面前则是事实。大部分时候消费者都是被动展露在各种刺激面前，如在商店随意浏览；街上看到的广告；家中观看电视；听同事闲聊；等等。虽然无意中接触到的营销信息可能并未引起或仅低水平地引起消费者的注意，但是仍然能够极大地影响消费者行为。事实表明，在人流量大的地方做广告，在收视率高的电视剧播放时做广告，都能极大地增加商品的销售量。

当然，对于消费者来说，展露并不完全是一种被动的行为，很多情况下是主动选择的结果。20 世纪 80 年代以来，电视台不断地推出一些引人注目的“事件”或“节目”，如热门运动赛事、大型流行音乐会等。这些节目的收视率固然较高，但研究表明，在广告插播期间，家庭用水量骤然升高，由此说明很多人已不在电视机旁和主动避开广告节目。闭路电视的开通和遥控器的使用，一方面使家庭可以接收到数十个甚至上百个电视频道，另一方面使频道的转换十分方便。据说，在任何一个播放时点，有 6%~19%的受众正在用遥控器转换频道，以避开广告节目。选择性地避开广告同样发生在电台节目收听、印刷材料阅读领域。一项研究发现，驱车者避开约半数的广播广告，报纸读者仅浏览约一半的版面内容，而 10 年前浏览的内容约占版面内容的三分之二。为减少广告逃避现象和提高营销信息的展露水平，营销人员和广告公司正在试图采用各种办法，如增强广告本身的吸引力；在多种媒体和多个电视频道刊播广告；将广告置于最靠近节目开始或节目结束的位置；劝说电台、电视台等媒体单位减少广告刊播时间与数量；等等。

对营销人员来说，展露是重要的，因为没有展露就没有知觉。然而过度展露则可能带来一些负面效应。由于过度重复的展露会使目标消费者对该刺激过分地熟悉，因此就会造成习惯化，久而久之就会造成消费者的“视觉疲劳”。

【资料 4】

沙画广告的审美疲劳

沙画广告是将沙画表演艺术融汇于广告创作中的一种新型广告传播形式。相对于纯粹的沙画表演艺术来说，“沙画广告增添了广告、动画、影视等学科内涵的融合，以图片、图表、表格、文字、音乐、旁白、flash 等多种视听形象作用于人的感官，增强大众对产品及品牌的认知及记忆，进而激发消费者对该产品的兴趣和购买欲望。沙画广告在刚出现时让消费者耳目一新，颇受商家的欢迎。但是，沙画广告在创作过程中对已有的转场方式、手势技法、切换方法等的依赖度很高，这使得沙画广告作品之间的相似度越来越高，可对比度越来越少，取而代之的是学而不择地从大量形象记忆中“东取一鳞，西取一爪”拼凑起来的“大杂烩”，造成沙画广告的雷同化意味越来越明显。同时，沙画广告过多地出现在大众眼前，也逐渐使消费者失去了对沙画的兴趣。在 15 秒的沙画广告《玫瑰之约电动车》中，前几秒开篇沙画中远山及城市的绘制及过程与沙画广告《现代（EQUUS）汽车》开篇中的相关画面一样，用沙子勾勒出连绵不断的山川，一泼一抹一勾之间，山坡呈现；一座座城市楼房赫然矗立，接着而来的是富有动感的 S 形曲线高架桥，并结合多方位的拍摄角度，展现城市的风貌。唯独不同的是，在《玫瑰之约电动车》中省略了几个细节沙画面，速度快进了些。此外，声音及文字“（女声）幸福在那里，让遥远的旅途充满温情和浪漫，让幸福像花儿一样；（男声）玫瑰之约电动车，快乐生活每一天”贯穿于整个沙画广告。

沙画广告的创作方法雷同化提醒我们，模仿他人的创作方法要“十分学七要抛三”，不能按照别人的思路及表现方式去进行创作，要有别于人，寻求挖掘所宣传产品及品牌与同类产品及品牌相比的新颖独特之处，如产品功能上的创新、产品性能上的创新等，并将其作为广告的核心，做到“和而不同”，此外，也可考虑在沙材料上进行创新。例如，德国 Lieken Urkorn 面包广告采用沙画这种形式，利用面粉绘画来进行广告的宣传，用面粉演绎了一段面包从原材料采集、加工、制作、烘烤，最后到买家口中的加工制作过程，连续变化的面粉画面如同面食制作的和面搅拌过程，转瞬间便制作出香喷喷的 Lieken 面包来，引发了不少网友的关注。而在雀巢咖啡广告《沙画·爱》中，从雀巢咖啡瓶中倒出咖啡，同样采取沙画广告的表现形式、拍摄手法、转场方式，撒绘出女人、热咖啡和雀巢咖啡的logo标志。这就要求未来的沙画广告发展要运用创意和科技的力量找出自身的个性、新亮点，形成自己独特的广告风格，作为自己今后的发展方向。只有拥有了自己的特色，方能为人们所称颂传扬。

资料来源：李丽，邢美艳. 当前沙画广告创作的瓶颈与对策. 包装世界，2016，(3)：92-94

刺激物的展露是引起消费者注意和激发购买行为的前提。企业营销人员应当制定相应的营销策略来增加消费者接触刺激物的可能性。首先，要尽可能地主动展露刺激物。企业营销人员应当随时随地提供消费者所需的市场信息，方便和简化消费者的信息搜集过程。应当培训大批有产品知识、有服务热情的销售人员和技术人员，对消费者的咨询做出及时、准确的回答，提供有利于本企业的详细的信息。其次，扩大消费者被动接触刺激物的机会，企业应当设法在最能引起目标顾客接触的环境中宣传产品。例如，在零售店、繁华闹市、人流大的车站、读者面广的报刊上、收视率高的节目和电影中传播产品信息。要善于寻找和发现能够引起消费者无意接触的、最适于做广告的环境和媒体。最后，要防止过度展露。企业应该定期更新广告来避免消费者的广告疲劳。同时，在营销策划上，商家必须要有创新性和个性意识。

2. 注意

由于认识能力的限制，在某一特定时间点，消费者不可能同时注意和处理所有展露在他面前的信息，而只是部分地对某些信息予以注意。注意是指个体对展露于其感觉神经系统面前的刺激物做出进一步加工和处理，它实际上是对刺激物分配某种处理能力。注意具有三个特性，即选择性、可分割性和有限性。当我们走进一家大型超市，展露在我们面前的产品成千上万，但我们对大部分产品视而不见，只把目光投向想要购买或有兴趣的产品上，并对其进行信息加工和处理，这就是注意的选择性。而当我们把注意分配到几项任务中时，如边看电视边与人交谈、边看书边听音乐时，我们的注意又具有可分割性。但在这种分析的条件下，注意的集中性就会减弱。虽然我们可以同时把注意力放在几件事情上，但要做到不“顾此失彼”是很难的。固然可以边看电视，边与朋友交谈，但是当讨论一个很重要的话题时，可能需要把电视机的音量调小甚至是把电视关掉。这就是注意的有限性，这也有助于解释为什么我们来到一个新的商店，更不容易注意到新产品。

【资料5】

商品促销中的“选择性注意”分析

认知心理学认为，当两个或两个以上的物体同时出现在眼前的时候，人们常常只注意到其中的一个物体，而不注意另外的物体。这种现象就是“注意”的选择性。商场里，顾客们是怎样选择商品中的一个信息而放弃另一个信息的？为什么选择购买这种商品而不是那种？这种对信息或商品的选择是发生在购买行为之前、之中还是之后？为此，我们设计了一系列试验。

（1）“语意对注意力的作用”试验及结论。

试验目的：验证人们对有意义的问题会增加注意。

试验内容：试验员将一组数字与几个单词混合成信息刺激系列，分别交替呈现讲出来，其中的几个单词可以构成一个有意义的句子。例如，数字为 1、7、3、6、2，单词为老、鼠、爱、大、米。试验时，培训师按“1、7、老、3、鼠、爱、6、大、2、米”的顺序实际表达信息。请大家记录宣读的内容。

测试结果：80%以上的被试验者报告的信息为“老鼠爱大米”和“1、7、3、6、2”。其中“1、7、3、6、2”的这组数字存在许多错处，而“老鼠爱大米”却几乎全部正确。

讨论分析：这是心理学家格雷和卫德班所做的语意联系对信息选择作用的分析实验。说明被试验者主要是根据语意来组合刺激，同时说明，注意的选择不是发生在信息得到加工处理之前，而是发生在信息加工处理之后。即先有注意，后有选择。

启示：用大家熟悉的语言传达信息，吸引注意，可以获得事半功倍的效果。因此，语意通俗是商品广告中整合顾客注意力的一条通用法则。

（2）“注意力分配特征”试验及结论。

注意力是一种稀缺资源，因为在同一时间，注意力只能为一个影响所“俘虏”，心无二用。于是，争取顾客对商场所宣传的商品知识的“注意力倾向性分配”，就是增加销售的关键问题了。

试验目的：证明分散的注意力会降低销售业绩。

试验内容：试验员请两位员工在黑板上比赛快写一首唐诗，但其中一位需要及时回答试验员的提问。结果，专心写诗的人很快且又很准确地把唐诗默写出来；另一位边写边回答试验员提问的员工，则不仅速度很慢，而且还有错字。这说明：做一件事时分心，将会延长完成该项任务的时间。

启示：人们在同一时间内只能注视一个突出的事物，而突出的事物往往具有第一、唯一、专一的特征。能够做到价格最优，并达成共识，就能吸引关注；此外，还可以运用差异化战略，使事物与众不同，这就可以吸引分类顾客的光顾；再就是运用标新立异战略，利用产品以外的社会流行物，营造人气。所以，商场促销要对顾客精心分类，对大众商品要力求价廉物美，赢得大量顾客，以多取胜；对流行时尚品，要刻意追求有档次、精包装、高附加值，获取超额利润。商场门前广场上要经常举办各种促销活动；停车场要足够保证私家车、自行车停放便利；返利促销能够刺激顾客重复购买，可以日常采用；名人效应也可迅速提升品牌价值，财力允许的情况下，屡试屡成。

资料来源：吴之洪. 商品促销中的“选择性注意”分析. 电子商务，2011，（2）：31-32，37

据统计，平均每个消费者每天要接触 300 则广告，其中绝大部分没有引起消费者注意。注意具有选择性的事实，要求企业认真分析影响注意的各种因素，在此基础上设计出更能引起消费者注意的广告、包装、品牌等营销刺激物。一般而言，影响注意的因素主要有三类，即刺激物因素、个体因素和情境因素，下面分别对它们予以介绍。

1）影响注意的刺激物因素

刺激物因素是指刺激物本身的特征，如大小、颜色、位置、运动等。由于刺激物因素是企业可以控制的，因此，在营销实践中它们常被用来吸引消费者的注意。

一般来说，大的刺激物较小的刺激物容易引起注意。例如，一则全面广告较半页广告或四分之一页版面广告更容易被注意到。同样，刺激强度越大，如更大的声音，更明亮的色彩，更容易引起注意。另外，插入频率，即在同一期杂志或同一天的报纸上刊载同一广告的数目，具有和广告版面大小相类似的影响。在一项研究中，多次插入使受众的回忆率提高了 20%。

彩色画面通常较黑白画面更易引起注意。一项涉及报纸广告色彩效果的研究发现，减价品新增销售的 41%是由于零售商在黑白报纸广告中增加了一种颜色所致。另外，某些颜色如红色和黄色较其他颜色更加引人注目。据说红色车更多地被处以超速罚单，街上环卫工人多穿红色或黄色服装均与这两种颜色更引人注目有关。

具有动感的刺激物较静止的刺激物更容易捉住人们的视线。街上的霓虹灯广告及其他一些具有动感的广告均是运用此原理来吸引受众的注意。

物体处于个体视线范围内的不同位置，其吸引注意的能力就会不同。通常，处于视野正中的物体较处于边缘的物体更容易被人注意。这就是制造商为取得与视线平行的货架位置而展开激烈争夺的重要原因。同理，印在右面纸张上的广告较印在左面纸张上的广告更引人注目；报纸左上角的信息较右下角的信息更多地被注意到。电视广告插播时段里，广告播出顺序由最先移至最后，其收视率显著下降。

将某些特定刺激物与其他物体分隔开叫隔离（isolation）。隔离有助于吸引注意力。例如，在报纸或其他印刷媒体上，将大部分版面空下来而不是用文字或图画填满整个版面，就是运用隔离原理吸引注意力。同样，广播广告之前的片刻沉默，或电视广告之前画面的片刻消失，均是基于类似的原理和目的。

相对于那些与背景融为一体的刺激物，人们倾向于更多地注意那些与背景形成明显反差的刺激物。原因是，后一情况下会造成人们认知上的冲突，从而激活和提高信息处理水平。基于对比原理的技术在广告中得到了广泛运用。例如，黑白广告紧随众多彩色广告之后会更引人注目。同理，声音的骤然增强会提高听众或受众的注意力。

刺激物的新颖性，如与人们预期大相径庭的画面和内容，新奇的广告故事设计等均有助于吸引受众的注意。

格式是指信息展示的方式。通常，简单、直接的信息呈现方式较复杂的方式会更多地受到注意。那些缺乏明晰的视点，移动不当，如太快、太慢的广告会增加人们处理信息的难度，因而难以吸引大多数人的注意。同样，晦涩的文字、难懂的口音、不当的背景杂音等均会降低人们的注意力。应当指出，刺激物或信息呈现格式所产生的影响，与个体因素有密切的联系。对某些人来说太复杂和缺乏吸引力的格式，对另一些人来说可能是非常具有吸引力的。因此，同其他刺激因素一样，信息格式的设计应充分考虑目标消费者的特征。

信息量作为一个刺激物因素，同样会影响消费者的注意程度。给消费者提供过多的信息，会使他处于信息超载状态。在信息超载状态下，消费者可能会滋生受挫感和沮丧感，从而降低信息处理水平。研究发现，随着收到的商品目录数的增加，消费者购买的商品也增加，但到一定阶段，商品目录数的进一步增加，反而会使消费者购买商品的数量减少。原因是，此时发生了信息超载现象，在此状态下消费者停止阅读任何商品目录。

消费者能够利用多少信息，并无统一规则可循。一般来说，企业应了解消费者需要哪些信息，并据此提供。重要信息应特别突出和强调，更详细、具体的信息及处于次要地位的信息则可以以表格、录像带和信息广告形式提供，以供那些感兴趣的消费者查用。

2）影响注意的个体因素

个体因素是指个人的特征，它们通常是企业不能直接控制的，这些因素主要有需要与动机、态度、适用性水平。

当处于某种需要状态时，消费者对能够满足这种需要的刺激物会主动地关注。饥肠辘辘的人会对食品和有关食品的信息给予更多的注意；计划外出度假的消费者更可能注意与度假有关的广告。喜欢户外运动的消费者，对有关运动器材的广告可能格外注意。因此，当消费者的某种需要被激发时，与满足该需要相联系的刺激物会备受注意。问题是，大多数情况下，当企业提供信息时，消费者的某种特定需要并没有被激发。所以，企业不得不更多地依赖于在宣传中设计更加引人注意的刺激信息。

根据认知一致性理论，人们倾向于保持一套一致的信念和态度。认知系统中的不一致将引发心理不安和紧张，出于趋利避害的考虑，消费者更倾向于接纳那些与其态度相一致的信息。例如，吸烟者对香烟广告或对宣传吸烟有助于增加个人魅力的信息可能处于一种注意状态，而不吸烟的人或对吸烟有反感的人可能对这类信息没有兴趣或视而不见。换句话说，当消费者对某种产品有好感时，与此相关的信息更容易被注意，反之则会出现相反的结果。

人们对非常习惯的事物可能习以为常，不再注意。典型的事例是当你从安静的乡村搬迁到喧闹的市区时，你起初可能会对噪声不适应。但过一段时间后，你慢慢地就适应了，对噪声不再那么敏感。这种现象同样发生在营销领域。虽然广告很新颖，但老是重复该广告，时间一长，其效果可能会下降。只有在内容和形式上不时作些变动，才能使消费者在较长时期保持对该广告的注意。

虽然消费者适应性水平通常构成了营销者与消费者之间沟通的障碍，但企业也可以利用它为营销服务。例如，设计独特的包装，在广告中采用偏离消费者适应水平的形式和内容，均有助于吸引消费者的注意。美国一家出售儿童电子琴的厂商在杂志上刊登广告，画面是两个活泼可爱的小孩在玩电子琴，标题是“一则糟糕的广告”，标题下的解释则是：“因为你听不到那美妙的旋律。”该广告由于与平常人们所见到的广告有较大偏离，因此引起了广泛的注意。

3）情境因素

情境因素既包括环境中独立于中心刺激物的那些成分，又包括暂时性的个人特征如个体当时的身体状况、情绪等。一个十分忙碌的人较一个空闲的人可能更少注意到呈现在其面前的刺激物。处于不安或不快情境中的消费者，会注意不到很多展露在他面前的信息，因为他可能想尽快地从目前的情境中逃脱。

广告等营销信息一般出现在电视或广播节目、报纸、杂志等具体情境中。受众接近这些媒体的主要目的是欣赏这些节目或阅读刊载于印刷品上的文章内容，而不是为了观看广告。实际上，很多消费者通过转换频道或将目光移到他感兴趣的内容上而主动避开广告。消费者对某一节目或某一版面内容的关心程度或介入程度，会影响他对插入其中的广告的注意或关注水平。

3. 理解

知觉的最后一个阶段，是个体对刺激物的理解，它是个体赋予刺激物以某种含义或意义的过程。理解涉及个体依据现有知识对刺激物进行组织分类和描述，它同样受到个体因素、刺激物因素和情境因素的制约和影响。

1）对刺激物的组织与分类

人们总是倾向于按一定的规则将新的刺激物和贮存在头脑中的既有知识、经验相联系，并将新刺激物当做一个有意义的总体。根据格塔式心理学（gestalt psychology）理论，人在对刺激物进行组织的过程中的确遵循一系列原则，其中很重要的三条原则是：简洁性原则，形、底原则，完形原则。

（1）简洁性原则。人在对知觉对象或刺激物理解的过程中，有一种将他的各种感知组织成简单的模式的倾向。换句话说，即使能够从知觉对象身上获得各种复杂的理解或解释，人们也倾向于作更为简单的解释。假设有五个圆点，要求将这五个圆点连接起来，大多数人会一笔依次将所有圆点连接起来，也就是用最简单的方式连接起来，很少有人会画五角星或其他更为复杂的图形来连接这五个圆点。同样，消费者在理解营销信息的过程中，很可能将较为复杂的信息作更为简单的理解。

（2）形、底原则。人在对刺激物进行组织的过程中，倾向于把刺激物分成两部分：一部分是形或图，即在知觉范围内最受关注或得到最多注意的那些因素；另一部分，即刺激物中的其余部分或对特定个体来说具有较小意义的那些因素，则构成了知觉背景或底色。例如，我们在站台上寻找自己要乘搭的列车车厢时，看到的似乎只是列车，对来往的行人则“视而不见”。而在找人时，则只注意一个人的面孔，对火车则“视若无睹”。由此可见，对展露于我们面前的形形色色的刺激物，我们总是有选择地将其中少部分作为知觉对象，将它们从其他刺激物中突出出来。前者成为知觉对象或形，后者成为知觉背景或底。以前的经验对决定何为形何为底具有重要影响。一般而言，越熟悉的事物，越有可能从其他事物中突出出来。

（3）完形原则。完形原则是指即使在要素不全的情况下，消费者也有将刺激物发展成一幅完全画面或图景的趋势。一些企业在广告宣传中经常运用消费者的这一倾向来激发其对广告或信息的介入与处理水平。例如，美国 Kellogg’s（凯洛格）经常在其广告或宣传手册中漏掉后两个字母。同样，美国一家制作蛋糕的公司在广告中用蛋糕将广告主题“No Room For Impr_veme_t”（尽善尽美）中的“Improvement”一词的一部分遮盖起来，就是运用了完形技巧。

对一新刺激物，人们通常要根据贮存在头脑中的既有概念对其归类。刺激物被归入哪一类别的事物中，对消费者行为将产生重要影响。例如，“西洋参”与“人参”在功用和效能上可能差别很大，但大多数人将其归入同一类别，即“补品”或“滋补品”类别，而且将对有关人参的感知评价自动移入对西洋参的评价中。由于消费者将企业或其产品归入哪一既有类别中，会极大地影响他对企业及其产品的看法，所以，很多企业试图影响消费者的分类。例如，克莱斯勒在广告中特别突出其各种款式的面包车，目的是想让消费者将其视为面包车的主要生产厂商而不仅仅是一个小汽车制造商。

2）影响理解的个体因素

动机：正像动机会影响个体对刺激物的注意一样，它也会影响对刺激物的理解。在莱维勒（Levine）等做的一个试验中，实验者将一幅模糊的图画呈现给被试者，并要求后者指出图画中画的是什么，越是饥肠辘辘者越将其想象成某种与食物相关的东西。由此说明，动机直接影响对刺激物的解释。不仅如此，动机还影响理解过程中个体对信息加工的深度。如果刺激物被认为与达到某种目的或提供某种利益有关，它越有可能激发各种联系和想法，此时信息加工深度被提高，反之则会削弱。

知识：贮存在头脑中的知识是决定个体如何理解刺激物的一个主要因素。新手和专家在同一事物上的判断可能截然不同。同是接触一枚镀金硬币，专家型的顾客可能一看便知，而新手则很可能将其作为金币。不仅如此，知识还有助于提高信息理解能力。知识丰富的消费者更可能识别信息传播中的逻辑错误，更少对信息做出不正确的解释。此外，更富知识的消费者更可能集中思考刺激物中包含的事实，而知识欠缺的消费者则可能更多地着眼于背景音乐、图片等非实质性内容。

期望：理解很大程度上取决于个体对所要看到的事物的期待。20 世纪 60 年代，美国学者奥利森（Allison）和尤尔（Uhl）做过这样一个试验，试验中要求被试者对不同品牌的啤酒进行品尝并打分：先是将啤酒标志摘除进行试验，结果各种啤酒的评价值几乎没有区别；然后贴上标志再行评价，此时对不同品牌评价的差异性就明显显现出来了。由此说明，由品牌名所产生的预期，对消费者的感知确实有非常重要的影响。期望还会影响消费者对销售人员所提供的说明信息的处理。有一个试验发现，当销售人员偏离消费者心目中的“典型销售人员”形象时，消费者会更加审慎地评价他们提供的信息。

3）影响理解的刺激物因素

（1）刺激物的实体特征。刺激物的实体特征如大小、颜色等，对消费者如何理解刺激物有着重要影响。苹果计算机公司最初将功能更强但体积更小的计算机推向市场时，很多消费者难以相信这一事实，于是它不得不发起一场名为“它比看起来要大得多（It’s a lot bigger than it looks）”的推销活动。结果使消费者的看法改变和产品销量上升。刺激物的颜色在消费者的理解过程中也是重要的认识线索。在美国，橙色被认为很廉价。一家快餐连锁店为突出其食物的物美价廉，在店内、店外装修中更多地加进橙色，结果销售量增加了 7%。家用电器制造企业发现，当使用柔和的而不是较深或较暗的色彩时，消费者会觉得产品的重量轻一些。包装和品牌名与消费者对刺激物的理解亦有密切的联系。一家食品杂货店发现，将新鲜鱼处理后用塑料袋装起来，消费者会认为这些鱼存放太久，不新鲜，因为很多人将其解释为已经冷冻过。为此，该商店在卖袋装鱼的旁边增设了一个柜台，该柜台上出售的鱼直接放在碎冰上。结果，袋装鱼销售量基本维持不变，两者加起来的销售较原来几乎增加了一倍。品牌名对理解的影响，可从温迪（Windy）试图将其“单人”汉堡改名为“超级经典”（the big classic）汉堡的决定中略见一斑。“单人”汉堡所用的肉比麦当劳的“巨无霸”要多，但它的名字没有很好地传递这一信息，致使消费者对其实际价值缺乏了解。

（2）语言与符号。语言和符号作为刺激物的一部分对信息的最终理解亦产生重要影响。同样的语言或符号在不同情境和不同文化背景下其含义截然不同。对于降低销售，如果从字面意义上理解是商品价格降到正常价位以下销售，在很多情况下消费者可能会做出这样的理解。然而，同样的词如果用于时装的销售上，消费者可能会认为这些时装已经或即将过时。因此，区分字、词的字面含义与心理含义十分重要。前者是指一个字或一个词的一般含义，即词典所解释的含义，后者是基于个人或某个群体的经历、词语使用时的具体情境而赋予某个词以特定含义。目前，一些学者发展起了一门叫心理语言学（psycholinguistics）的学科，专门研究涉及字、词理解的心理因素。其中的一些成果对如何增进消费者对刺激信息的理解颇有帮助。

（3）次序。假设甲是你和你朋友均不认识的一个人，现在有人分别向你们描述甲的个性特征，所描述的这些特征完全一样但次序相互颠倒，你猜会怎么样？这种描述次序上的不同是否会导致你和你的朋友对甲形成态度上的差异？根据阿齐（Asch）的研究，答案是肯定的。次序对理解的影响有两种类型。一是首因效应（primacy effect），二是近因效应（primacy effect）。首因效应是指最先出现的刺激物会在理解过程中被赋予更大的权重，而近因效应是指最后出现的刺激物会更容易被消费者记住，并在解释中被赋予更大的影响权重。在刺激物呈现或信息传播过程中，到底是出现首因效应还是出现近因效应很可能因情境而异。例如，在广告中是先播品牌名效果好，还是先呈现背景和产品实物再播品牌名好，就可能取决于消费者特性和购买介入程度等多个因素。对企业来说，通过市场调查或市场测试了解是否存在次序影响恐怕是很有必要的。

4）影响理解的情境因素

一些情境因素，如饥饿、孤独、匆忙等暂时性个人特征，以及气温、在场人数、外界干扰等外部环境特征，均会影响个体理解信息。可口可乐公司和通用食品公司均不在新闻节目之后播放其食品广告，他们认为新闻中的“坏消息”可能影响受众对其广告与食品的反应。可口可乐公司负责广告的副总经理夏普（Sharp）指出：“不在新闻节目中做广告是可口可乐公司的一贯政策，因为新闻中有时会有不好的消息，而可口可乐是一种助兴和娱乐饮料。”夏普所说的这段话，实际上反映了企业对“背景引发效果（contextual priming effects）”的关切。背景引发效果是指与广告相伴随的物质环境对消费者理解广告内容所产生的影响。广告的前后背景通常是穿插该广告的电视节目、广播节目或广告出现于其中的杂志与报纸。虽然目前有关背景引发效果的实证资料十分有限，但初步研究表明，出现在正面性节目中的广告获得的评价也越正面和积极。

5）对营销信息的误解

营销者希望消费者能正确理解其传递的信息。然而，一个涉及商业广告和非商业性电视节目的研究发现：很大一部分受众对商业电台的传播内容存在误解；无论是商业广告还是节目内容均无法避免被误解；总体信息中有30%的内容被误解；非广告节目内容较广告内容被误解程度高；某些人口统计变量与误解有一定的相关性。

产生误解的原因多种多样。有时，可能是受众注意力不集中，如在收看节目时做别的事情，或与别人聊天。误解也有可能是刺激物本身不明确和模糊所致。例如，广告中声称“售价最低”，对此消费者可以有多种解释：可以是指相对于竞争产品售价最低，也可以是指企业在这一年里以最低价格出售该产品。此外，消费者知识的局限、误导性信息均有可能导致对营销信息的误解。减少误解非常重要，但它又是一个很复杂的问题，迄今尚未发展起十分有效的消除误解的办法。企业在与消费者和其他社会公众沟通的过程中，应预先认真测试所要传递的信息，以尽可能减少误解。

第三节　知觉与营销策略

一、消费者的质量知觉

1. 认知质量

质量无疑是影响消费者购买行为的一个重要因素。对于先验产品，即购买前或购买时就能凭感官对产品品质做出大致判断的产品，产品本身的内在质量或客观质量构成了评价和选择的基础。对于后验产品，即在购买时无法凭客观指标对产品质量做出判断的产品，消费者可能要更多地依据产品之外的一些其他线索对产品质量做出推断。然而，无论是对先验产品还是对后验产品，消费者在评价质量时所采用的标准以及对各标准所赋予的权重与企业评价产品质量所采用的标准和权重可能并不一致，有时甚至出入很大。

所以，消费者对产品质量的知觉或认识，既和产品本身内在的特性与品质相联系，又受到很多主观因素的影响。我们把消费者对产品适用性和其他功能特性适合其使用目的的主观理解叫知觉质量或认知质量（perceived quality）。认知质量以产品内在质量为基础，但又不与后者相等同。两种产品的内在质量可以完全一样，但消费者对它们的质量认知则可能相去很远。我国很多产品只有在使用外国著名品牌之后，才能在国际市场以数倍甚至数十倍于制造成本的价格出售，就反映了这一事实。

2. 消费者如何形成对质量的认知

一种观点认为，消费者是根据产品的内在特性或内在线索（intrinsic cues）形成对产品质量的认知，或形成对产品质量的总体印象。持这种观点的学者包括贝特曼（Bettman）、恩格尔（Engel）、布莱克威尔（Blackwell）以及霍华德、谢恩（Sheth）等。产品的内在线索对不同的产品可能是不同的。一般而言，产品的特征，如外形、所用原料或材料、光洁度等都可作为形成认知质量的内在线索。以服装为例，消费者可能根据所用的布料、烫工、边角的缝合、扣子等判断服装的优劣，并形成总体质量感受。上述这些产品特征有的对决定服装的内在质量有很大影响，有的特征则具有相对较小的重要性。但消费者在形成对产品质量认知的过程中，则可能透过那些对决定内在质量只具有较小重要性的线索来评价产品质量。决定汽车内在质量最为重要的是汽车的发动机和操作系统，但消费者可能是以坐垫所用牛皮的柔软程度、车门把手的精细程度等较为次要的产品特征作为质量认知的线索。鲍勒（P. G. Bonner）和尼尔逊 （Richard Nelson）的研究表明，在食品领域，消费者对产品质量的认知与产品属性密切相关，口感和新鲜程度被认为是影响认知质量最重要的两个因素。而且，影响力最大的商标在主要产品属性上也是处于强劲地位。该研究还发现，包装亦构成影响消费者质量认知的重要变量。同样的食品， 新鲜的被认为质量最好，冷冻和瓶装的次之，罐装和干货食品质量评价最低。

另一种观念认为，消费者主要是根据产品的外在线索（extrinsic cues），如价格、原产地、商标或企业声誉等形成对产品质量的整体认知。皮特森（Robert A. Peterson）的研究表明：当购买低价产品，面临很大的质量风险时，消费者倾向用价格高低作为认知质量的线索；当购买低价产品质量风险较小，消费者不一定以价格高低作为质量好坏的指示器。斯道克斯 （Raymond C. Stokes）的研究发现，当购买风险比较高，消费者对所购买产品的商标不太熟悉时，倾向于用价格作为质量判断的线索。同样，产品包装和商标熟悉程度也和价格一样，常常被消费者作为质量感知的依据。该研究还进一步发现，商标熟悉程度对购买意向（purchase intention）具有直接影响，而包装和价格不具有这一影响。该研究得出的结论是认知质量和价格的相对比例而不是认知质量水平决定消费者的选择意向。拜尔登（William O. Bearden）和辛普（Terence A. Shimp）运用外部线索分析新产品的采用，结果发现，产品外部线索，尤其是保证条款方面的信息对消费者减少质量方面的认知风险具有重大影响。总之，以往关于产品外部线索与质量认知关系的研究，大部分对消费者运用外部线索评价或判断产品质量的论断提供了支持。当然，对于在什么条件下倾向于用哪种或哪几种外部线索，哪些消费者更偏好用哪些外部线索来形成质量认知，仍有待进一步研究。

实际上，上述两种观点，是从不同侧面探讨认知质量的形成，本身并不必然矛盾。消费者在选择产品和品牌时，一般都需要根据某些线索对产品质量形成整体印象。当产品本身的特征能够在较大程度上预示产品的内在质量时，消费者可能主要依据内在线索而不是外在线索判断和评价产品的质量。例如，对凭眼看手摸就能大体对质量好坏做出判断的商品，消费者通常是根据某些产品特征做出购买取舍。当产品特征对产品质量的预示作用比较小，消费者对购买又缺乏信心时，消费者可能更多地依赖产品的外在线索，形成对产品质量的认知。消费者之所以在很多情况下根据外在线索评价质量高低，除了产品内在线索有时不具有太大的指示作用外，另外两个很重要的原因是购买风险的存在和消费者本身知识的局限与信息的不足。像大宗耐用品以及法律服务之类产品，由于消费者在这方面的消费知识非常有限，加上这些产品、服务的风险比较高，所以在购买时不得不借助于声誉、价格、服务人员的仪表、态度等外部线索来推断其质量。

3. 营销启示

既然消费者一般根据某些与产品相关的线索形成对产品质量的认知。企业应针对自己的产品或服务开展调查，以了解消费者主要依据哪些线索做出质量推断，并据此制定营销策略。如果某些产品特征被消费者作为质量认知线索，那么，它就具有双重的重要性：一方面作为产品的一个部分具有功能效用，另一方面对消费者具有信息传递作用。后一作用在企业制定广告等促销策略时具有特别的意义。将不构成认知线索的产品特征或特性大加宣传，很难收到预期的传播效果。

此外，企业还应充分重视形成认知质量的外在线索。既然价格、商标知名度、出售场所等构成消费者判断质量好坏的重要线索，企业就应了解这些线索对消费者的相对重要程度，以及不同消费者在这些评价线索上存在的差异，并据此做出回应。例如，高品质的产品应有相应的价格、包装与之相适应，分销渠道的选择上应避免过于大众化，短期促销活动也应格外慎重。

总之，企业应充分认识到，质量是消费者、环境和企业活动综合作用的结果，单纯从制造过程或设计过程入手，不把握消费者的需求与反应，是不可能提供消费者所认可和接受的质量的。

二、消费者的品牌知觉

消费者的产品和品牌知觉是市场营销中知觉研究的重要内容。品牌作为产品的标志，它可以用来表征和创造同类产品之间的差异。消费者正是凭借着对品牌产生的一种感觉和体验，帮助其选择或识别产品。消费者对品牌的知觉会直接影响品牌的价值，品牌知觉是品牌价值形成的起点，形成品牌知觉的过程即品牌信息的加工过程。有品牌与无品牌的同种产品的区别源于消费者对产品特征、功能、品牌名称以及名称所代表的意义和产品品牌背后的企业的总体感觉和知觉。品牌意识是指消费者已形成的关于品牌的知觉定势，是消费者关于某一品牌所有知觉的综合，它是由市场营销和广告策划、舆论领头人和其他社会名流的影响及品牌特征等多方面共同作用的结果。消费者的品牌意识是建立品牌知觉的第一步，没有一定的品牌意识，品牌知觉的传播就没有任何意义。

三、消费者的价格知觉

在消费者心中，通常将价格看成是衡量商品价值和商品质量的重要标准，尤其在耐用品和高技术产品上更为突出。他们认为价格昂贵的商品，其内在价值和商品质量也相对较高，即所谓的“一分钱一分货”“便宜没好货”。这种价格心理是消费者心中的价格评判标准，而绝非理论上的价格标准。许多消费者对产品的价格水平有很强烈的期望，但是一定范围内的价格变动通常不会影响其购买愿望。如果价格低于这个范围，消费者会怀疑产品的质量；若高于这个范围，产品就处于不利的竞争地位。这种现象通常出现在没有其他信息线索可以用来判断质量的情况下。显然，如果价格与消费者的需求直接相关，那么价格的作用依然是非常重要的。消费者对价格知觉的另一层面是所谓的“心理价格”问题。例如，在美国，大约 4/5 的食品的价格尾数是 9 或 5，而英国的价格尾数普遍用 9 便士或 99 便士。这种定价策略的理由是如果价格尾数是奇数，消费者可能认为是便宜货。“奇数定价法”被广泛用于削价促销上，它给消费者的感觉是价格已下降了许多。

四、消费者的商场知觉

商场知觉是消费者对商场的位置、设计、服务等的总体评价，其中的每个方面都会使消费者对其购物场所产生整体知觉。例如，货架的位置和货架空间影响到哪一种商品或品牌能得到消费者更多的关注；购物点展示可以吸引消费者对高利润商品和打折商品的注意力；室内各种信息线索（如品牌、布置、商品提示等），会同外部建筑风格以及广告一起形成商店的形象。有人对消费者商场知觉的研究表明，在沃尔玛的购物者比在克玛特的购物者，对所在商场评价高，而且花的钱也多。为什么如此相似的零售商场却产生如此不同的知觉和结果？专家在分析大量资料后认为可能是一些细小的因素起了作用，如沃尔玛的员工穿马甲，而克玛特员工不穿马甲，或是沃尔玛用牛皮纸袋装商品，而克玛特用塑料袋。另外，消费者对商场的知觉还受消费者自身的自我知觉和动机等因素的影响。

【思考题】

1. 感觉与知觉有什么区别和联系？
2. 影响消费者注意的因素有哪些？企业如何对此加以利用？
3. 举例说明期望如何影响消费者对营销刺激物的理解？
4. 知觉风险有哪些？消费者一般如何应对知觉风险？

【实践练习】

为设计一个品牌，营销者需要就名称、颜色、标志等的使用做出一系列关键的决策以使消费者按照与该品牌的意图相一致的方向知觉这个产品。那么请为下面的产品设计品牌名称和Logo，并解释你们的设计。

（1）网店：针对大学生销售二手书。

（2）家具厂：采用环保材料制造的简约风格的家具。

第五章　消费者的学习与记忆

【学习目标】

- 了解学习的含义和特点。
- 掌握学习的相关理论及在营销中的应用。
- 了解记忆的形成过程。
- 了解影响消费者遗忘的因素。

第一节　学 习 概 述

学习是消费过程中的一个不可缺少的环节。事实上，消费者的行为很大程度上是后天习得的。人们通过学习获得大部分的态度、价值观、行为偏好、象征意义和感受力。同时，家庭、学校、社会文化等为人们提供了各种学习体验，这些体验极大地影响着人们所追求的生活方式和所消费的产品。

一、学习的含义

心理学研究发现，人和动物的行为有两类：一类是本能行为，一类是习得行为。本能行为是通过遗传而获得的种族经验，如老鼠生来就会打洞，鸟会飞，鸭子会浮水。习得行为是动物和人类个体在后天适应环境的过程中通过学习而获得的经验。例如，老虎钻火圈、猩猩学习手势语言、大象踢球等，这些都是动物经过后天学习获得的行为。人类的学习行为更常见，人们在日常生活和工作中不断进行各种学习活动：学习学校里的各种课程，学习骑自行车、游泳，学习外语，学习操纵机器，等等。我们每个人从幼年到老年一直都是处在不断的学习过程中。因此，我们每个人对学习这件事都是非常熟悉的。

人出生以后，从牙牙学语到掌握高深的科学知识，从蹒跚学步到掌握各种复杂的运动技能，始终贯穿着学习这一主题。所谓学习，是指人在生活过程中，因经验而产生的行为或行为潜能的比较持久的变化。

首先，学习是因经验而生的。习惯、知识、技能、观念以及生活活动均属个体的经验。因经验而产生的学习大致有两种类型：一种是经由有计划的练习或训练而产生的学习，如通过接受培训而掌握开车技能，通过参加企业提供的技术指导班而学会操作、保养、维修某种机器均属此种类型；另一种是经由偶然的生活经历而产生的学习，如看到电视里介绍的某种化妆方法而予以仿效，看到某人闯红灯造成车毁人亡的场面而意识到遵守交通规则的重要性也属于学习。

其次，学习伴有行为或行为潜能的改变。从个体行为的改变，即可推知学习的存在。当某人表现出一种新的技能，如开车、游泳、打高尔夫球，我们即可推知，学习已经发生了。有时，个体通过学习获得的是一些一般性知识，如关于中国的历史或文化，关于中国的宗教与艺术，这类学习往往不会立即通过行为的变化外显出来，但可能影响着个体的价值观念和将来对待某些事物的态度，即改变着人的行为潜能。由于行为潜能不一定马上转化为外显行为，它本身又不能直接观察到，所以在很多情况下，学习对行为的影响往往是潜移默化却又十分深远的。例如，婴儿口中自动发出“ma…ma…”的声音，并没有呼喊他母亲的意思，但后来当他母亲出现且多次重复之后，他会学习把“ma…ma…”的声音与他“母亲”联系在一起；而且，学到之后，这种行为持久存在，不易消失。

最后，学习所引起的行为或行为潜能的变化是相对持久的。无论是外显行为，还是行为潜能，只有发生较为持久的改变才算是学习。药物、疲劳、疾病等因素均可引起行为或行为潜能的变化，但由于它们所引起的变化都是比较短暂的，故不能视为学习。当然，学习所获得的行为也并非是永久性的，因为遗忘是人所共知或每一个人都会体验到的事实。学习所引起的行为或行为潜能的改变到底能持久到什么地步要视学习的材料与练习的程度而定。一般而言，以身体活动为基础的技能学习，能维持的时间比较长。例如，当我们学会骑车、游泳、滑冰等技能后，几乎可以终生不忘。对于知识观念的学习，学习内容有时会被遗忘或被新的内容所取代，但相对于那些暂时性变化，它们保持的时间还是比较长久的。

二、学习对消费者的作用

1. 通过学习获得有关购买的信息

消费者的购买决策是以获得有关购买问题的知识和信息为前提的。信息获取本身就是一种学习，而怎样或者通过哪些渠道获得信息，获得哪方面的信息，都需要借助学习这一手段。在现代社会，消费者每天都要接触大量的信息，如有关新产品的信息、产品新的使用方法信息、他人使用产品的行为与体验的信息等。消费者或主动或被动地接触这些信息，而其中被消费者接受并能够影响消费者行为或者行为潜能的可能只有一小部分，但正是这一小部分信息，使消费者行为不同于以往，使其购买决策更富于理性。

2. 促发联想

联想是指消费者由此一事物而想到彼一事物的心理过程。例如，人们一提起冬天，可能就会联想到寒冷；一提起教室，就会联想到黑板、课桌等。联想有两种类型：一是刺激对象之间的联系，如由香烟联想到火柴，由钢笔联想到墨水等；二是行为与结果之间的联想，如由吸烟联想到疾病，由喝水联想到止渴等。联想在消费者行为中有着非常重要的作用，它既能促发消费者的购买行为，又能抑制或阻碍购买行为。很多企业在宣传其产品时，都试图通过语言、文字、画面促发消费者的积极联想，从而激起消费者的购买欲望。同样的刺激或者暗示，对不同的人可能会激发不同的联想，其中一个重要的原因是经验和学习使然。对于长期生活在我国海南岛的居民来说，“冬天”这一词汇所激起的联想与该词汇在我国北方居民中所激起的联想显然是有着很大差别的。经由学习而产生的联想，经过多次重复，日久天长，便会形成习惯，如家里的牙膏快用完了，就会自动地联想到住宅旁边不远的小商店和某种品牌的牙膏；圣诞节和春节快到了，都会自然地想到要购买一些贺卡寄给远方的亲朋好友。

3. 影响消费者的态度和对购买的评价

消费者关于某种特定产品或者服务的态度，也是经由学习逐步形成的，如一些过去对外国电器产品十分偏爱，对国产电器产品不屑一顾的消费者，在经过长期观察、比较和接触各种信息之后，也在逐步改变自己的态度，甚至成为国产品牌的忠诚用户。消费者态度的转变，绝不是空穴来风，而是建立在学习的基础之上。消费者的学习还会影响对产品或服务的评价。例如，对于初次购买笔记本电脑的用户，评价和选择时，可能考虑的比较多的是电脑的运行速度、内存、硬盘容量、重量，而对其他配置可能相对予以忽视，而在使用一段时间后则会发现，那些被忽视的配置同样非常重要。换句话说，当消费者经过学习，具有更多的知识和经验后，他对产品的评价和选择标准也将发生改变。

三、消费者学习的方法

1. 模仿法

模仿就是仿效和重复别人行为的趋向，它是消费者学习的一种重要方法。一些明星的发型、服饰，甚至是生活方式，之所以能很快在某些人群中流行开来，就是由于模仿。模仿可以是有意的、主动的，也可以是无意的和被动的。当被模仿行为具有榜样作用，社会和团体又加以提倡时，这种模仿就是自觉进行的。例如，当某种饮食方法被某名人奉为强身健体、延年益寿之法，而传媒又对此大加渲染之后，社会上就会有很多人自觉地予以模仿。在社会生活中，很多模仿都是无意识的，如小孩模仿大人的行为、经常接触某个群体的成员不自觉地带有该群体的言谈举止等。模仿可以是机械地模仿，也可以是创造性地模仿，前者如买和明星一样品牌的汽车，留和明星一样的发型；而后者如根据明星的服饰加以剪裁，制成更适合自身的装束等。

2. 试误法

试误法又叫做尝试错误法，它是指消费者通过尝试错误，从而在一定的情境和一定的反应之间建立起联结。消费者渴了的时候，可以喝茶、咖啡、可乐、矿泉水等，也就是说可以做出许多不同的反应。但经过多次尝试，发现做出某种特定反应能够获得最满意的效果，于是该种反应与口渴这一情境的联结就会得以保存。如果在今后的行为练习中，做出此种反应之后总是伴随着满足，则联结的力量就会增强；反之，如果伴随的是不满和烦恼，联结的力量将减弱。

3. 观察学习法

观察学习法是指消费者通过观察他人的行为，获得示范行为的象征性表象，并做出或避免做出与之相似的行为过程。在消费过程中，消费者会自觉或不自觉地观察他人的消费行为，并以此指导自己的消费实践。例如，当发现同事家的某种品牌的音响设备效果特别好，就可能在头脑中留下印象，在自己需要购置音响设备时，会不自觉地想到同事家的音响，并形成某种选择或购买意向。反之，如果经观察，发现同事所买的音响设备音质不理想，则在自己购买音响设备时，可能会避免选择该品牌的产品。观察学习使个体突破直接经验的限制，获得很多来自间接经验的知识、观念和技能，它是消费者所采用的十分普遍的学习方法。

第二节 学习理论与营销应用

一、行为主义学习理论

行为主义学习理论（behavioral learning theories）认为，学习是外部事件引起的反应。认同这一观点的心理学家并不关注人的内部思维过程，相反，他们提议将大脑看成一个“黑箱”，强调可观察的行为。两种研究学习的主要方法，即经典条件反射和工具性条件发射理论很好地代表了这种观点。这种观点表明，正是人们在生活中接收到的反馈塑造了他们的经验。类似地，消费者对品牌名称、气味、广告语以及其他营销刺激的反应基础是随着时间而形成的学习得到的联系。人们也从获得的奖励和受到的惩罚中学会某些反馈行为，而且这种习得反馈会影响人们在未来类似环境中的反应方式。

1. 经典性条件反射理论

1）基本原理

经典性条件反射理论是由俄国生理学家伊万·巴甫洛夫（Ivan Pavlov）提出来的。该理论认为，借助于某种刺激与某一反应之间的已有联系，经由练习可以建立起另一种中性刺激与同样反应之间的联系。这一理论是建立在著名的巴甫洛夫狗与铃声的实验基础上的。在该实验中，巴甫洛夫发现，当实验助手将食物放入狗的口中，狗的唾液分泌量开始增加。这是一种自然的生理现象，是狗的一种本能反应，本不足为奇。但随后巴甫洛夫进一步发现，在食物被狗吃进口中之前，其唾液分泌量就开始增加。最初，狗是在看到食物的时候，唾液分泌量增加，后来则发展到未见食物只见到送食物的助手，甚至只听到助手走来的脚步声，狗的唾液分泌量便开始增加。受此现象的启发，巴甫洛夫开展了著名的条件作用研究。

条件作用研究的实验设计是这样的：在给狗食物之前半分钟响铃，并观察和记录狗的唾液分泌反应；在铃声与食物反复配对并呈现多次以后，仅呈现铃声而不呈现食物，再观察狗的唾液分泌情况。结果发现：铃声这一原来只能引起一般性注意、不能诱发狗的唾液分泌的中性刺激，由于多次与食物匹配，即使后来单独呈现，也会引发狗的唾液分泌。换句话说，经过条件联系的建立，中性刺激铃声具有了诱发原来仅受食物制约的唾液分泌反应的某些力量。食物能够诱发狗的唾液分泌，两者之间存在一种自然的刺激–反应关系。我们将前者即食物称为无条件刺激（unconditioned stimulus），将后者即唾液分泌称为无条件反应（unconditioned response）。铃声作为一种中性刺激，本来并不能诱发狗的唾液分泌，但当它与食物一起反复呈现多次后，也开始具备类似于食物呈现时那种诱发狗的唾液分泌的力量。我们把铃声与唾液分泌之间的这种关系称为条件反射作用，将处于这种条件反射关系中的铃声称为条件刺激（conditioned stimulus），将由条件刺激引起的唾液分泌称为条件反应（conditioned response）。

有两点需要特别强调：第一，条件反射过程中，学习者所学到的是关于条件刺激与无条件刺激之间的关系。虽然在实验中，狗学会了将响铃与随之而来的食物联系起来，食物的强化效果非常重要，但学习本身并没有超越将响铃与食物出现相联系这一范围。第二，应当注意条件反应与无条件反应之间的区别。实验中只出现铃声时，相对于有食物的情况，狗分泌的唾液更少，而且分泌时间更短。更进一步说，如果在连续多次响铃后并未有食物的出现，狗的唾液分泌可能会减少，直至完全停止。这样一种现象被称为消退（extinction）。消退是指条件刺激不再激起条件反应。例如，经由形象代言人的好感而对某产品形成的好感可能会慢慢衰退直至消失，这种消失并不是简单地由时间流逝所引起的，而是源于条件刺激与无条件刺激之间的关系趋于破裂。

2）营销运用

经典性条件反射理论已经被广泛地运用到市场营销实践中。例如，在一则沙发广告中，一只可爱的波斯猫坐在柔软的沙发上，悠闲自得地欣赏着美妙的音乐，似乎在诉说着沙发的舒适和生活的美好。很显然，该广告试图通过营造一种美好的氛围，以激发受众的遐想，并使之与画面中的产品相联结，从而增加人们对该沙发的兴趣与好感。还有一则香烟广告，画面上除了香烟盒与品牌外，呈现的主要是白雪皑皑的优美雪景。广告的目的无非也是在消费者心中激起美好的情感，并使之与广告中的香烟品牌相联系和使人们对该品牌形成好感。Gerald Gorn 曾研究广告中背景音乐如何影响产品选择。首先，他调查了消费者喜欢和讨厌的音乐，也让消费者识别了两种中性颜色的钢笔（浅蓝色和浅褐色）。这样出现了四种情况：喜欢的音乐和浅蓝色的笔，喜欢的音乐和浅褐色的笔，不喜欢的音乐和浅蓝色的笔，不喜欢的音乐和浅褐色的笔。然后，他在播放某类音乐过程中，让消费者观看一则笔的广告。如果经典性条件反射发生了，那么当配合喜欢的音乐出现时，受试者应该选择那支做广告的笔；同样的，做笔的广告时配合以不喜欢的音乐，受试者则选择另外的笔。

一般来说，在低介入情境下，经典性条件反射比较常见，因为此时消费者对产品或产品广告可能并没有十分注意，也不大关心产品或广告所传达的具体信息。然而，在一系列对刺激物的被动接触之后，各种各样的联想或联系可能会由此建立起来。应特别指出的是，在低介入情境下，消费者所学到的并不是关于刺激物的信息，而是关于刺激物的情感反应。正是这种情感反应，将导致消费者对产品的学习和试用。但是简单地将某个消费者喜欢的人或事物与企业的产品或品牌配对，不一定产生条件反应。很多因素影响条件反应的发生。首先是无条件刺激的强度，为使条件刺激效果达到最大，研究发现需要至少 30 次的配对呈现。其次是条件刺激与无条件刺激出现的顺序。如果条件刺激在先或条件刺激与无条件刺激同时出现，条件反应的效果被认为更好。再次，条件刺激与无条件刺激的联结是否新颖、独特也会影响条件反应的有效性。从这一意义上，经典性条件反射原理可能更适合于运用在新产品上。最后，消费者在信息接受过程中的加工程度也会调节经典性条件反射的效果。经典性条件反射被认为主要适用于低消费者介入的情况，当消费者对信息或传播中的事件介入程度很高，进行大量的信息加工时，条件反射效果可能被削弱。

3）刺激的泛化与辨别

在巴甫洛夫的实验中，当狗学会对一个高音产生唾液分泌反应以后，一个稍低一点的音调也会诱发它的唾液分泌反应，这种条件反应自动扩展到条件刺激以外的其他刺激上的现象，叫做刺激泛化。如果让这条狗听音高较高的音调，它仍然会泛化刺激而流口水。不管是比原来的音调高或低，狗都会做出条件反射。但与原刺激的差别越大，条件反射减低的范围就越大。因此，刺激的泛化是指消费者对某种特定刺激所做的反应会扩大到其他相似刺激的反应中。换句话说，当消费者在某一刺激处境中学到了某一反应后，一旦出现其他类似的刺激，他会做出同样或类似的反应。所以，市场上出现很多“山寨”品牌，这些品牌总能利用视觉上或听觉上的与名牌的相似性来引起消费者的相似的反应，如康师傅的山寨牌“康帅傅”“廉师傅”，五粮液的山寨版“丑粮液”等。当消费者看到这些在视觉上极为相似的产品品牌之后，产生了刺激的泛化，认为“康帅傅”就是康师傅，“丑粮液”就是五粮液，形成了“好”的反应，因而产生了购买。

刺激泛化原理在市场营销中有着广泛的运用。一是刺激泛化在商标策略上的运用。喜欢喝“茅台”酒的人可能对“茅台醇”也产生好感，喜欢穿“百丽”鞋的人可能对“百丽艾丽斯”也产生好感。大量山寨产品的出现都是影射或模仿著名的商标，使消费者将自己的品牌与某名牌商标联系在一起。另外，买“农夫山泉”的无意或有意地买到了“农大山泉”，买“芬达”的无意中又买到了“芳达”，“蓝带啤酒”与“蓝带集团”的啤酒让消费者真假难辨，误认为是一种，都是因为消费者对某名牌的好感直接或间接地影射到其他相似商标品牌中。二是刺激泛化在包装策略上的运用。一个企业在某种产品上获得成功后，在新推出的产品上采用与成功产品类似的包装，以此使新产品能更易被消费者理解和接受，也是山寨现象对刺激的泛化的运用。无数新出道的歌手或有一定知名的歌手翻唱别人的歌曲，也一炮而红，就是因为产品在形式、内容和包装上与原唱曲目有一定的相似性，同时又兼具自己的风格，是一种原唱歌曲的颠覆与复制。三是刺激泛化在营销模式上的运用。如果一个企业通过某种营销模式使产品获得了成功，那么这种营销模式就会逐渐被消费者所熟知。而后其他企业就会使用极类似的营销模式推广另一种极为相似的产品。这个过程也是山寨，只不过复制的是模式。“黄金酒，脑白金三代”就是一个例子。黄金搭档、黄金酒就是脑白金营销模式的山寨品。“新装卖老酒，换汤不换药”。第一，从消费者心理上来说，利用的是中国的传统文化“尊老崇古，以孝为先”，也就是说，抓住的是“孝”。脑白金是子女送给母亲和岳母的礼物，而黄金酒就是送给父亲、岳父的礼物，都是孝顺父母。第二，保健定位。无论是改善睡眠的脑白金，钙铁锌硒无一不有的黄金搭档，还是“黄金酒，功能性的保健酒”，都是以保健为定位。第三，礼文化。脑白金喊的是“今年过年不收礼，收礼只收脑白金”，黄金酒吆喝的是“送长辈，黄金酒”，都是传统的“礼”文化的山寨。第四，大面积的广告投放。脑白金广告的狂轰滥炸，黄金搭档广告的铺天盖地，到黄金酒的密集投入，都是这一广告投放模式的复制。第五，色彩包装极为相似。所以，从某种意义上说，黄金酒是卖给了脑白金的消费者。就是因为消费者已经习惯和接受了脑白金的营销模式，在黄金搭档和黄金酒的同样的推广模式下，也就自然而然地接受了。对于企业而言，刺激的泛化是一把双刃剑：一方面可以利用它将购买者形成的关于本企业或产品的一些好的情感和体验传递到新产品上，以此促进新产品的接受和采用；另一方面，品牌或产品不好的信息也会经由刺激的泛化对企业的营销活动产生影响。

由于竞争的加剧，市场上商品种类越来越多，名目繁多，促使消费者产生刺激泛化的可能性越来越高。一些名牌产品的生产者或是新产品的生产者不希望自己的产品淹没在商品大海中，而希望消费者能够慧眼识真金，将它们区别出来，如何才能做到这一点呢？一个最常利用的原理就是刺激辨别（stimulus discrimination）。所谓刺激辨别，是指消费者将某一刺激与另一类似刺激相区分的学习过程，或者说是消费者对相互类似的刺激予以不同反应的学习过程。因此，加强消费者对某种品牌的独特性的注意和了解，并使他们产生辨别的能力就成为企业的主要任务。企业要通过各种办法，努力说服人们，把诸如这个品牌的质量比其他牌号好，与其他品牌有何不同等，告诉消费者，使他们在无形中逐渐限制自己对刺激的反应范围，做出对某种产品购买而对其他产品不买的反应，慢慢树立起对某一特别品牌的喜爱。

对于企业营销人员，特别是那种领导市场新潮流、生产名牌产品、市场占有份额高、在竞争中处于领先地位的主导厂商的经营者来说，刺激辨别的原理提出了以下几种可供思考的启示：首先，为了帮助消费者增加对本企业产品差别化的认识，可以在广告战术上特别指出自然的或人为的品牌差别。其次，为了突出本企业的产品，厂家可在造型、颜色或包装上做出非同一般的独特设计，以增强本产品与其他产品的差别。例如，福州铅笔厂的 501 彩色铅笔采用百种图案混装法，在一箱铅笔里有百种以上的不同图案包装，不仅热销香港，还进入了美国超级市场。这种在外观和包装上的不同风格，使产品具有独特性，容易让消费者产生刺激的辨别，防止刺激泛化的发生。最后，在一般情况下，如果一种产品在某些方面超出现有的产品很多，那么，让消费者辨别其差异进而购买它的机会就多，产品成功的可能性也大。因此，厂家在设计产品，特别是推出新产品时，最好能有突出的新构思、新突破。例如，在食品加工行业，新产品要打入市场必须有其突出的长处，或是食品味道更鲜美，或是使用和开启更方便，或是烧煮的时间更短，等等。

2. 操作性条件反射理论

1）基本原理

操作性条件反射理论是由美国著名心理学家斯金纳（Skinner）提出来的。该理论认为：学习是一种反应概率上的变化，而强化是增强反应概率的手段。如果一个操作或自发反应出现之后，有强化物或强化刺激相尾随，则该反应出现的概率就增加；经由条件作用强化了的反应，如果出现后不再有强化刺激尾随，该反应出现的概率就会减弱，直至不再出现。

斯金纳关于操作性条件反射作用的实验，是在他设计的一种动物实验仪器，即著名的斯金纳箱中进行的。箱内放进一只白鼠或鸽子，并设一杠杆或键，箱子的构造尽可能排除一切外部刺激。动物在箱内可自由活动，当它压杠杆或啄键时，就会有一团食物掉进箱子下方的盘中，动物就能吃到食物。箱外有一装置记录动物的动作。斯金纳的实验与巴甫洛夫的条件反射实验的不同在于：在斯金纳箱中的被试动物可自由活动，而不是被绑在架子上；被试动物的反应不是由已知的某种刺激物引起的，操作性行为（压杠杆或啄键）是获得强化刺激（食物）的手段；反应不是唾液腺活动，而是骨骼肌活动；实验的目的不是揭示大脑皮层活动的规律，而是为了表明刺激与反应的关系，从而有效地控制有机体的行为。

操作性条件反射理论的基本思想实际上很简单，归结到一点就是强化会加强刺激与反应之间的联结。联结学习或刺激与反应之间的学习，在很大程度上取决于对强化物的安排（schedule）。金伯尔（Kimble）发现，如果给予连续强化，即在每次正确反应后就给以强化物，个体对正确反应的学习速度很快。但当强化物不再呈现或中止强化时，正确反应的消退速度也很快。相反，如果强化是间断性的或部分的，即不是对所有正确反应而只是对部分正确反应予以强化时，虽然最初对正确反应的学习速度较慢，但在强化物消失后，行为消退的速度也比较慢。此发现对营销的启示是，给予顾客奖券、奖品或其他促销物品，在短期内就可以增加产品的销售，但当这些手段消失后，销售量可能会马上下降。因此，企业要与顾客保持长期的交换关系，还需采取一些间断性的强化手段。此发现所揭示的原理，对解释产品或品牌形象为什么难以改变的事实也颇有启发意义，因为品牌形象是建立在消费者对品牌的间断性体验的基础上的，是消费者在长期的消费体验中，经过点滴的积累逐步形成的，因此，构成品牌形象的各种联想和象征含义也需要经过很长的时间才可能逐步消退。

操作性条件反射发生的方式主要有以下三种。

正强化（positive reinforcement）：某些事件或结果可以增加特定行为重复发生的频率。例如，如果消费者在购买时得到某种回报，如现金折扣、赠送优惠券等，就会提高未来在同一商店购物的可能性。在这种情况下，这种回报增加了行为重复的概率，因此称之为正强化。正强化是营销人员影响消费者行为的最常使用的手段。一般来说，消费者行为发生后得到的回报量越大，时间越早，那么这种行为就越有可能被强化，消费者就越有可能在未来重复类似的行为。

负强化（negative reinforcement）：当厌恶刺激或不愉快情境出现时，个体做出某种反应，从而避免了厌恶刺激或不愉快情境，则该反应在以后的类似情境中发生的概率便增加。这类强化也被称为逃避条件作用，如看见路上的垃圾后绕道走开，感觉屋内人声嘈杂时暂时离开房间等。

惩罚（punishment）：如果行为发生后，有害的或负面的事件随之而来，这种行为就不会再发生或降低发生的频率。例如，假设你进了一家商场，服务员对你的态度粗鲁，你以后就会不来或少来这家商场。

最后，当不再获得积极的结果时，消退就可能发生。消退就是撤销对原来可以接受的行为的强化，由于一定时期内连续不强化，这种行为将逐渐降低反应频率，以致最终消失。在操作条件作用中，无论是正强化还是负强化，其作用都在于增强某种反应在将来发生的概率，以达到塑造行为的目的。而消退则不然，它是一种无强化的过程，其作用在于降低某种反应在将来发生的概率，以达到消除某种行为的目的。

2）营销运用

操作性条件反射理论特别强调强化物对学习的重要性，由此提醒企业在营销实践中应格外重视产品质量的一致性。强化学习原理还为企业的以下营销活动提供了理论支持：通过发送样品，提供奖券，给予折扣，鼓励消费者对产品的试用；对消费者购买行为给予奖励，如通过发送赠品等强化刺激；进行用户访问，或在用户购买产品后给予信函或其他方式的祝贺；创造好的购物环境，以使购物场所成为一种强化因素；在广告宣传中，强调用户群的卓尔不凡，强调产品使用场合的独特性，以此对消费者行为予以强化。

一般来说，操作性条件反射理论更适合于高介入度的购买情境。因为在高介入度的购买情境下，消费者对购买回报将会有意识地予以评价。以购买西服为例，消费者将西服购买回家后很可能会从象征性和功能性两个方面对购买行为做出评价，在此情形下，强化无疑会在消费者心理上产生重要影响。例如，如果有别人对消费者所买的西服予以赞许，或者在某些场合目睹他人穿同样品牌西服时的风采，均会对消费者起到正面的强化作用。在低介入度的购买情境下，除非产品功效远远低于预期，否则消费者不会对购买作太多的评价。故此，低介入情境下的满意购买虽然对行为也具有强化作用，但相对而言不如高介入情境下作用那么大。

此外操作性条件反射理论对频繁营销（frequency marketing）和消费者行为的塑形也发挥了重要作用。频繁营销是用奖品来激励老顾客，并且奖品随着购物数量的增加而增加。航空业首先使用了这种学习策略，他们在 20 世纪 80 年代就推出了频繁乘机者项目，奖励那些忠实的顾客。这一实践很快就扩大到其他商业领域，从电视购物到快餐店都使用这种策略。行为塑形是调整反射条件、改变某些行为发生的概率的过程。其目的不是取消这些行为，而是要提高行为发生的概率。很多企业都进行了类似于塑形的营销活动，如有的商店设立特价商品或特价柜台来吸引顾客，一旦消费者进入商店，购买非特价商品的概率就会比没有进入商店的概率大得多。塑形过程也可以用于新产品引入阶段。例如，免费试用期的做法可以使消费者更多地接触产品，亲身体验产品的特性；房地产公司为顾客提供免费参观别墅所在地的旅游机会，实际上也是一种塑形战术。

思考：

现在市场上经常流行的“买一赠一”“积分卡消费”等促销手段属于操作性条件反射里的哪一种强化类型？

【资料 1】

斯金纳行为塑造的研究

在斯金纳看来，人和动物并没有两样，在人的各种行为中，哪些行为会得以保持，哪些行为最终会消失，都取决于这些行为的后果，取决于人们做出这些行为之后是受到了奖励还是惩罚。因此，培养人们的行为习惯只需要不断地应用奖励和惩罚来进行控制就足够了。在行为塑造过程中，实验者首先观察被试者的全部行为反应，然后对其中的部分行为反应进行奖励，忽视其中那些实验者不希望保留的行为反应，通过不断的奖励、强化而塑造出一种基本上是全新的行为模式。利用这种方式，斯金纳曾经成功地教会了鸽子打乒乓球，甚至还教会鸽子在一架玩具钢琴上弹一支曲子。

下面，我们以斯金纳教鸽子啄彩色圆盘为例来说明具体的操作过程：在一只斯金纳箱里，在一面箱壁上某个地方嵌上一个与箱壁平齐的彩色小塑料圆盘，训练的目的是让鸽子啄这个彩色圆盘而不是箱壁上的其他任何地方。一开始，只要鸽子在箱子中的任何地方朝盘子这个方向稍微转动身体就给鸽子喂食，这样，多次强化以后，鸽子朝这个方向转动的频率就会提高，到鸽子经常做出这一行为时，我们就提高要求，不再满足于这一行为了。这时候，我们只对鸽子转向圆盘这个方向时才予以强化，给鸽子喂食，由此强化鸽子的行为，等鸽子达到要求后再提高要求。最后，只有当鸽子啄向圆盘时才予以强化，多次强化以后，鸽子就学会了啄圆盘，行为塑造就完成了。

按照这个方法，还可以塑造很多更加复杂的行为反应，马戏团的动物就是用这种方式训练成功的，还有人利用这一方法教会一只兔子捡起一枚硬币含在嘴里，然后扔进一只小猪储蓄罐里；也有人教会了一头猪打开电视，捡起脏衣服扔进一只大篮子里，以及用吸尘器打扫房间。

斯金纳将行为塑造用于人类行为的研究，对一些精神和情感疾病的治疗起到过不小的作用。他认为，通过奖励可以重新塑造精神病人的行为方式。他和两位研究生从20世纪40年代首次开始实验尝试，后来叫做行为矫正法。他们在波士顿附近的州立医院进行实验，如果病人做出合适的行为，如自愿进食、自我修整或者协助整理房间等，就会得到一些奖励，如糖果和香烟，或者得到一些特权，如自由选择进餐地点，与医生交谈、看电视等。

二、认知学习理论

前面介绍的经典性条件反射理论和操作性条件反射理论均着眼于刺激与反应之间的联结，将学习等同于刺激与反应之间关系的获得。个体获得这种刺激–反应关系后，经反复练习和强化就会形成习惯：只要原来的或类似的刺激情境出现，习得的习惯性反应就会自动出现。诚然，在人们的日常生活中，许多简单行为的习得确实如此，诸如走路的姿态、说话的腔调以及书写的字体都是习惯使然。然而，对于人类复杂的学习行为，用S-R 联结或习惯的形成来做出解释则未免过于简单化。例如，小学低年级学生对同一数字的连加可能形成了逐一相加的习惯算法，但在学过乘法后，如遇到同一数字的连加运算则往往不再采用过去的习惯算法，而是采用简捷的乘法运算方法。可见，习惯未必一定支配人的行为。

最早对行为主义学习理论提出反对意见的是完形心理学家，其中以德国心理学家柯勒最为著名。柯勒通过观察黑猩猩在目的受阻的情境中的行为反应，发现黑猩猩在学习解决问题时，并不需要经过尝试与错误的过程，而是通过观察发现情境中各种条件之间的关系，然后才采取行动。柯勒称黑猩猩此种类型的学习为顿悟（insight）。在柯勒看来，顿悟是主体对目标和达到目标之手段之间关系的理解，顿悟学习不必靠练习和经验，只要个体理解到整个情境中各成分之间的相互关系，顿悟就会自然发生。

继柯勒的顿悟学习实验之后，美国心理学家托尔曼（E. C. Tolman）等又以方位学习试验反驳了 S-R 联结理论，并在此基础上发展了学习的认知理论。托尔曼从事的一项最为有名的研究是三路迷津试验（图 5-1）。该试验以白鼠为对象，做认识方位学习的试验。实验分预备练习与正式实验两个阶段。在预备练习阶段，先让白鼠熟悉整个环境，并确定它对自出发点到食物箱三条通道的偏好程度。结果发现，白鼠选择第一条通道的偏好程度最高。在正式实验阶段，先在 *A* 处设阻，结果白鼠迅速从 *A* 处退回，改走第二通路；随后，再在 *B* 处将第二通路阻塞，此时，白鼠才改走路程最远且练习最少的第三通路。实验时，以随机方式在 *A* 处或 *B* 处塞阻，以观察白鼠的反应。结果发现，白鼠能根据受阻情境，随机应变，选择最佳的取食路径。

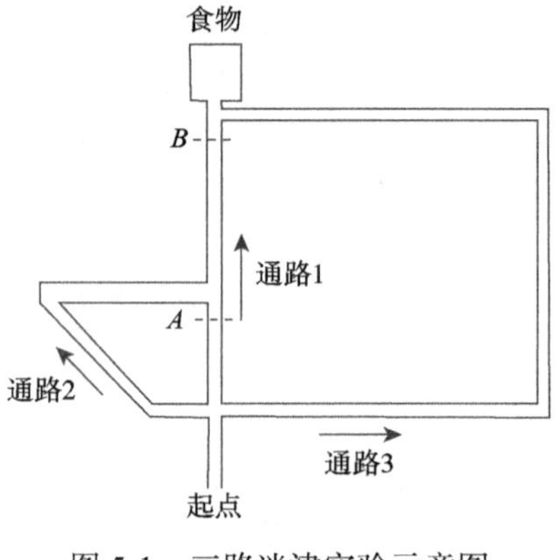

图 5-1　三路迷津实验示意图

托尔曼认为，白鼠在迷津中经过到处游走后，已掌握了整个迷津的认知地图，其随后的行为是根据认知地图和环境变化予以调整，而不是根据过去的习惯行事的。这正如出租车司机在发现塞车严重的情况下会舍弃平时习惯的最直接的路径，而改走预期没有塞车但相对曲折的路径一样。在托尔曼看来，个体的行为并不是由行为结果的奖赏或强化所决定的，而是由个体对目标的期待所引导的。

托尔曼与霍齐克（C. Honzik）于 1930 年所做的关于潜伏学习的试验对行为主义的强化学习原理做了进一步反驳。该项实验发现，在既无正面强化也无负面强化的条件下，学习仍可以采用潜伏的方式发生。关于这一点，现实生活中的很多现象都可以对此提供支持。例如，在接触各种广告的过程中，消费者可能并没有有意识地对广告内容予以学习，在其行为上也未表现出受某则广告影响的迹象，但并不能由此推断消费者没有获得关于此广告的某些知识与信息。也许，当某一天消费者要达成某种目标时，会突然从记忆中提取出源自于该广告的信息，此时，潜伏的学习会通过外显行为表现出来。

迄今为止，关于认知学习的理论有很多，除了上面所介绍的顿悟学习、潜伏学习以外，还有温勒的“场”理论、皮亚杰的“图式论”、布鲁纳的“结构-发现”式学习理论等。这些理论虽然互有差异，但其共同特点是强调心理活动，如思维、联想、推理等在解决问题、适应环境中的作用，认为学习并不是在外界环境支配下被动地形成刺激与反应之间的联结，而是主动地在头脑内部构造定型、形成认知结构；学习是新旧知识同化的过程，即学习者在学习过程中把新信息归入与先前有关的认知结构中去，或是在吸收了新信息之后，使原有认知结构发生某种变化，而认知结构，又在很大程度上支配着人的预期和行为。基于此见解，很多持认知学习观点的学者认为，学习实际上是学习者头脑内部认知结构的变化。

凯里（J. R. Carey）等于 1976 年所做的关于运用正面强化增加珠宝店销售量的实验雄辩地说明了认知因素对消费者行为的决定性影响。在该实验里，研究人员将顾客分成三组：第一组顾客在购买产品后一段时间内收到一个感谢电话；第二组顾客除了收到同样的感谢信息以外，还获得了以 20%优惠折扣价购买店内钻石的机会；第三组顾客也就是控制组的顾客，则没有进行任何接触。结果发现，虽然从年初到实验结束，该商店的累计销售量较上年同期下降了 25%，但实验的这一个月的销售量较上年同月销售量增加了 27%，而且，增加的销售量全部来自于受到强化刺激的两个实验组。尽管实验结束后的第一个月总体销售量有所下降，表明实验的这个月的销售量侵蚀了未来一个月的销售，但在第二个月销售开始恢复并且保持实验前的增长水平。这意味着通过正面强化来增加销售量是成功的。

研究人员发现，仅收到感谢电话的顾客组，实验期间销售量较上年同期增长 70%，而收到感谢信息同时又获得优惠机会的顾客组，销售量较上年同期增长了 30%。后一组顾客收到的强化，就量上而言要大于前一组顾客，而销售增长量反而不及前者，因此，一定存在强化物以外的因素对促进消费者购买起作用。在此案例中，这种强化物以外的因素就是消费者的认知评价。当顾客收到的仅仅是一个感谢电话或者一封感谢信，他可能会认为该珠宝店确实重视顾客、关心顾客；如果除此之外还收到购买优惠券之类的促销传单，顾客则很可能认为珠宝店的行为完全是出于促销的目的，因此顾客对珠宝店的原有看法和评价不会有太多改变，这也是强化物在量上增加了但促销效果反而不如第一实验组情形下那么好的原因。

三、社会学习理论

社会学习理论，又称观察学习理论，主要由美国心理学家班图纳（A. Bandura）所倡导。不少著作将班图纳的社会学习理论归于认知学习理论之下，但从严格意义上讲，班图纳的思想既受认知心理学的影响，又受行为主义心理学的影响，他本人并不能称为认知心理学家。基于此，似乎可以将其社会学习理论视为认知学习理论与行为主义学习理论的某种融合。班图纳的学习理论的一个最显著的特点是强调学习过程中社会条件的作用，下面对他的这一理论作一简要介绍。

班图纳认为，人的许多行为都是通过观察学习而获得的。所谓观察学习或称替代学习，是“经由对他人的行为及其强化性结果的观察，使一个人获得某些新的反应，或使现有的行为反应得到矫正，同时在此过程中观察者并没有外显性的操作示范反应”。观察学习具有以下特点：首先，观察学习并不必然具有外显的行为反应。其次，观察学习并不依赖直接强化，在没有强化作用的情况下，观察学习同样可以发生。再次，观察学习不同于模仿。模仿是指学习者对榜样行为的简单复制，而观察学习则是从他人的行为及其后果中获得信息，它可能包含模仿，也可能不包含模仿。例如，两辆汽车行驶在公路上，前一辆车不小心撞上了路桩，后一辆车急忙转弯，以避免与前面的一辆车碰撞。在这个例子中，后面司机的行为是观察学习的结果，但并不涉及任何模仿的因素。

班图纳指出，观察学习较之于其他类型的学习具有很多优点。首先，通过对榜样行为的观察，可以避免试误学习情况下各种代价昂贵的错误。其次，观察有时是学习很多新行为的最好甚至是唯一手段。例如，通过观察别人如何使用现金取款机，观察者很快就能够自行用现金卡取款。再次，可以缩短行为学习的时间。想象一下，如果人们只有通过亲身经历才能学习，那将要花漫长的时间才能学会使用各式各样的产品。最后，有些试误行为相当危险，如果通过试误学习，会对学习者造成伤害。

在观察学习过程中，观察学习的对象被称为榜样或示范者（model），观察学习的主体称为观察者。需要特别指出的是，榜样或示范者既可以是活生生的人，也可以是以符号形式存在的人和物。只要能成为观察者观察学习的对象，就可以称为榜样。例如，在学习如何使用计算机时，有关计算机的使用手册或用户指南就是观察学习中所指的榜样。

观察学习的过程包括注意、保持、复制和动机过程。注意过程：观察者首先注意和知觉榜样情景的各个方面。榜样和观察者的几个特征决定了观察学习的程度：观察者比较容易观察那些与他们自身相似的或者被认为是优秀的、热门的和有力的榜样。有依赖性的、自我概念低的或焦虑的观察者更容易产生模仿行为。保持过程：个体储存他们所看到的感觉表象，并且使用言语编码记住这些信息。复制过程：个体要想将符号表征转换成适当的行为，首先要选择和组织反应要素，然后在信息反馈的基础上精炼自己的反应，即自我观察和矫正反馈。动机过程：产生了积极的诱因，如示范行为预期能导致有价值的结果，或经由观察所获得的行为能提高行为满意感，此时，这些行为才会由潜伏状态转化为行动。

有许多因素可以提高现场模仿学习的发生率，其中最主要的因素有以下几个方面。

（1）模特个性。模特的个性能够影响观察者的模仿行为。一般地说，有能力的模特比较容易引起别人的注意，而那些缺乏魅力的模特比较容易被人忽视。同时，那些被认为成功的或可靠的模特的影响比那些不成功的或不可靠的模特更有影响力。此外，模特的地位和能力对决定模特是否成功也很重要。另外，观察者与模特之间的共性也能影响观察者的行为。因此，在商业广告中应使用与目标市场人群相似的模特。例如，在雇用和分配销售人员时尽量选择与顾客相似的推销员。

（2）观察者的个性。观察者的个性不同，模特对他们施加影响的程度也不同。例如，如果观察者依赖性强，缺乏自信心和自尊心，并且因模仿此行为而多次受到嘉奖，那么这些人比较容易接受成功的模特行为。但是，有洞察力和自信心的观察者只对他们认为够格的模特展示的高级行为感兴趣。

（3）对模特行为后果的认识。在模仿学习中，观察者并不直接经历其后果，它的优势在于他们可以得知有效购买和使用行为，避免不好的效果。因此，对模特行为所能带来的好的结果认识得越充分，就越能激发观察者的类似行为。

第三节　记忆与遗忘

一、记忆系统与机制

记忆是过去经验在人脑中的反映。凡是人们感知过的事物、体验过的情感以及练习过的动作，都可以以映像的形式保留在人的头脑中，在必要的时候又可把它们再现出来，这个过程就是记忆。记忆既不同于感觉，又不同于知觉。感觉和知觉反映的是当前作用于感觉器官的事物，离开当前的客观事物，感觉和知觉均不复存在。记忆总是指向过去，它出现在感觉和知觉之后，是人脑对过去经历过的事物的反映。

记忆是一个复杂的心理过程，它包括识记、保持、再认或回忆三个基本环节。识记是记忆的开端，它是主体识别和记住事物，从而积累知识和经验的过程。保持是巩固已获得的知识和经验的过程。再认或回忆是主体从头脑中提取知识和经验的过程：凡是经验过的事物再度出现时，能把它认出来称为再认；凡是经验过的事物不在面前，能把它重新回想起来，则称回忆或再现。从信息加工的观点看，记忆就是对输入信息的编码、贮存和提取的过程。其中，对信息的编码相当于识记过程，信息的存贮相当于保持过程，信息的提取则相当于再认或回忆过程。记忆过程中的三个环节是相互联系和相互制约的，没有识记就谈不上对经验的保持，没有识记和保持，就不可能有对经验过的事物的再认或回忆。

虽然从理论上讲，消费者的记忆容量很大，对信息保持的时间也可以很长，但在现代市场条件下，消费者接触的信息实在太多，能够进入其记忆并被长期保持的实际上只有很小的一部分。正因为如此，企业才需要对消费者的记忆予以特别的重视。一方面，要了解消费者的记忆机制，即信息是如何进入消费者的长时记忆，有哪些因素影响消费者的记忆，进入消费者记忆中的信息是如何贮存和提取的；另一方面，要了解已经进入消费者长时记忆的信息为什么和在什么条件下可能被遗忘，企业在防止或阻止消费者遗忘方面能否有所作为。

1. 记忆的系统

人的记忆系统不仅包括短时记忆和长时记忆，而且还包括感觉记忆。如图 5-2 所示，外部信息首先进入感觉记忆系统，信息在感觉记忆系统保持的时间极其短暂，通常在 1 秒钟左右。其中，一部分信息受到特别注意进入短时记忆系统，若信息给人的刺激极为强烈、深刻，也可能直接进入长时记忆系统；那些没有受到注意的信息则很快变弱直至消失。短时记忆中的信息一部分来自于感觉记忆，另一部分则取自于长时记忆。短时记忆的信息保持时间一般不超过 1 分钟，受到干扰就会消失。短时记忆中的信息一部分经复述进入长时记忆，另一部分则被遗忘。

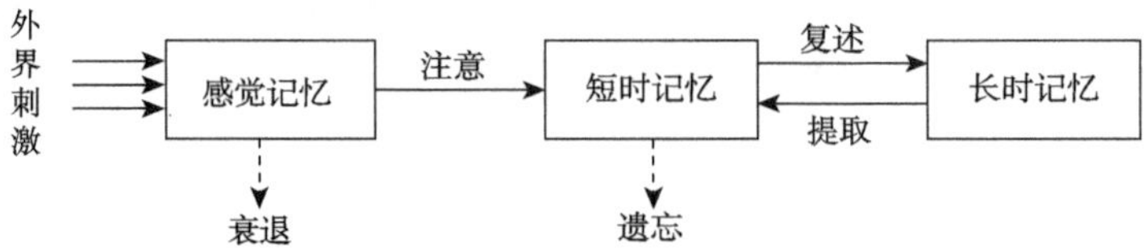

图 5-2　记忆系统模式图

2. 感觉记忆

感觉记忆，又称瞬时记忆，它是指个体凭视、听、味、嗅等感觉器官，感应到刺激时所引起的短暂记忆，其持续时间往往按几分之一秒计算。感觉记忆只留存在感官层面，如不加注意，转瞬便会消失。乘车经过街道，对街道旁的店铺、标牌、广告和其他景物，除非有注意，否则大多是即看即忘，此类现象即属于感觉记忆。感觉记忆按感觉信息原有形式贮存，它反映的内容是外界刺激的简单复制，尚未经加工和处理，因此，感觉记忆的内容最接近于原来的刺激，如我们走过一家面包店，会闻到店里烘烤面包的香味。这种感觉只持续几秒钟，但足以让这个人决定是否需要到店里去看看。

感觉记忆具有如下特点：具有鲜明的形象性，记忆容量较大，在瞬时能储存大量的信息，进入感受器的信息几乎都被储存；信息保持时间极短，图像记忆（视觉的感觉记忆）的时间为 0.25~1 秒，声像记忆（听觉的感觉记忆）的时间为 2~4 秒；感觉记忆中的一部分信息由于注意而被传送到短时记忆中，并在那里被赋予意义，而没有受到注意部分会很快消失，因此感觉记忆痕迹很容易衰退。

3. 短时记忆

短时记忆是指记忆信息保持的时间在一分钟以内的记忆。例如，我们从电话簿上查一个电话号码，然后立刻就能根据记忆去拨号，但事过之后，再问这个号码是什么，就记不起来了。此类记忆，就是短时记忆。感觉记忆中的信息如果被注意和处理，就会进入短时记忆，而且，这些信息可以保持在一种随时被进一步处理的状态。也就是说，短时记忆中的信息可以自动而迅速地被提取，一旦需要对新输入的信息予以解释，长时记忆中的信息也可带入短时记忆中来。实际上，短时记忆是这样一种即时的信息处理状态：从感觉记忆和长时记忆中获取的信息被带到一起同时处理。短时记忆中的信息经适当处理，一部分会转移到长时记忆系统，另一部分则会被遗忘。

短时记忆的容量是有限的。1956 年，美国心理学家米勒提出，短时记忆的容量大体上分为七个信息块（information chunk）。所谓信息块，实际上就是可以方便地为个体进行信息处理的信息单位，它可以是一个数字、一个字母，也可以是一个单词、词组，或是一个短语。一个信息块所包含的信息量可大可小，而且并非一成不变。例如，对于熟悉某个品牌的消费者而言，该品牌及其所代表的大量信息，就可以被视为一个信息块。

由于不同消费者对该品牌的熟悉程度不同，并且消费者原有知识与经验存在差异，该品牌所构成的信息块对不同的消费者会有不同的信息量。虽然消费者能够同时处理的信息块的数量非常有限，但是消费者可以将小的信息单元组成大的信息块，以此来扩大每一个信息块的信息含量，也就是说，经过对识记材料的加工和组块，就可以扩大短时记忆的容量。

短时记忆中的信息转入长时记忆需要一定的时间，这一转换时间根据记忆的任务，即单纯地再认该信息还是回忆该信息而有所不同。西蒙（H. A. Simon）认为，如果以后要回忆起来某则信息，需要 5~10 秒才能将该信息块固化在长时记忆系统里；如果仅仅是再认该信息，则转换时间有 2~5 秒就够了。之所以有这样的差别，主要是由于再认只需将某一事物从别的事物中区分开，而不像回忆那样，要对该事物及其信息予以重构。当然，上面所说的转换时间，仅仅是一个大致的估计，而且指的是在有意学习的情况下，而不是无意学习和被动学习时的情况。

短时记忆中的信息，保持时间较短，除非我们积极地复述和试图记住，否则信息将很快消失。短时记忆的这一特点很好地解释了我们在听某人介绍他的名字，或者听一遍广告中的品牌名称后，几分钟之内便忘了。当然，如果通过内部语言形式默默地复述，就可以使即将消失的微弱信息重新强化，变得清晰、稳定，并最终进入长时记忆。可以说，复述是使短时记忆的信息进入长时记忆的关键。关于复述这一记环节，在随后的章节中还将做进一步讨论。

4. 长时记忆

长时记忆是指记忆信息保持在 1 分钟以上，直到数年乃至终生的记忆。人们日常生活中随时表现出的动作、技能、语言、文字、态度、观念，以至有组织有系统的知识等，均属长时记忆。长时记忆系统被认为是语意和视听信息的永久贮存所。各种事件、物体、处理规则、事物的属性、感觉方式、背景资料等，均可贮存在长时记忆中。与短时记忆相比，长时记忆的容量是相当大的，甚至被认为是无限的。不仅如此，长时记忆中的信息是以类似于网络结构的方式有组织地贮存的。科林斯（A. M. Collins）和奎利恩（M. R. Quillian）于 1969 年提出了一个语意记忆的层次网络模型。其基本思想是将各种概念按一定层次组成一个网络，以此表明各种概念的属性及不同概念之间的相互联系。除了层次网络模型以外，还有集合论模型、特征比较模型、人的联想记忆模型等，这些模型实际上都可视为网络模型的变种。在网络模型中，经由新概念与贮存在记忆中的旧概念的联结，或通过增加与已存概念的联结通道，新信息被融入网络中。同时，经由一个概念，可以激活并联系上下左右各相关概念，并在此基础上做出推论。这样的推论允许我们对新的信息做出反应并验证新获信息是否与我们所知道的相一致。

5. 记忆过程的几个环节

（1）复述（rehearsal）。个体在内心对进入短时记忆的信息或刺激予以默诵或作进一步加工努力，称为复述。复述具有两大功能：一是保持信息在短时记忆中被激活，二是将短时记忆中的信息转移到长时记忆中。

（2）编码（encoding）。复述直接影响短时记忆中的信息是否进入长时记忆，对记忆具有重要作用，同样不容忽视的是信息的编码，因为后者很大程度上决定着转换的时间，以及信息在记忆中的存放位置。在复述过程中，消费者可以简单地对刺激物重复默记，以此将刺激物与长期记忆中已经存在的信息建立联系。当消费者建立起了这种联系和对信息编码日益娴熟，存贮速度就会加快。信息的编码决定了它如何在记忆中再现。一般而言，如果新获取的信息与记忆中已经存在的信息有联系的话，那么这种信息更有希望被保存，如品牌名称与产品类别的物理属性相联系（如咖啡伴侣奶盅或抽水马桶清洁剂），或品牌名称容易形象化（如汰渍洗衣粉或福特野马汽车），这样的品牌名称比抽象的品牌名称更容易记忆。

（3）贮存（storage）。贮存是指将已编码的信息留存在记忆中，必要时供检索之用。信息经编码加工之后，在头脑中贮存，这种贮存虽然是有秩序、分层次的，但不能理解为像存放在保险柜里的文件一样一成不变。随着时间的推移和经验的影响，贮存在头脑中的信息在质和量上均会发生变化。从质的方面看，贮存在记忆中的内容会比原来识记的内容更简略、更概括，一些不太重要的细节趋于消失，而主要内容及显著特征则被保持；同时，原识记内容中的某些特点会更加生动、突出甚至扭曲。

（4）提取（retrieval）。提取是指将信息从长时记忆中抽取出来的过程。对于熟悉的事物，提取几乎是自动的和无意识的。例如，当问及现在市面上有哪些牌号的电视机时，消费者可能会脱口而出，说出如“长虹”“康佳”“索尼”等多种牌号。对于有些事物或情境，如去年的元旦你在干什么，恐怕很难立刻回忆出来，往往需要经过复杂的搜集过程，甚至借助于各种外部线索和辅助工具，才能完成回忆任务。

二、遗忘与遗忘的原因

遗忘是对识记过的内容不能再认和回忆，或者表现为错误的再认和回忆。从信息加工的角度看，遗忘就是信息提取不出来，或提取出现错误。最早对遗忘现象进行实验研究的是德国心理学家艾宾浩斯（H. Ebbinghaus）。艾宾浩斯以自己为被试对象，以无意义音节作为记忆材料，用时间节省法计算识记效果。艾宾浩斯曲线（图 5-3）表明了遗忘变量与时间变量之间的关系：遗忘进程不是均衡的，在识记的最初一段时间遗忘很快，以后逐渐缓慢，过了一段时间后，几乎不再遗忘。可以说，遗忘的发展历程是先快后慢，呈负加速型。艾宾浩斯遗忘曲线提示消费者在通过企业的各种营销活动学习产品信息时，在学习之初对产品信息遗忘的量是最多的，在之后的几天里遗忘的量会逐渐减少。因此，对于希望消费者能长久记忆产品信息的企业，在营销之初，进行高密度的各类营销活动轰炸能促进消费者较好地识记。但在消费者识记后，营销活动一旦停滞，消费者对相关信息的遗忘速度也会很快，这样企业前期的营销活动所带来的收益将大受影响。可见，如想长期建立品牌知名度，在短期营销轰炸让消费者识记产品信息后，仍需要在较长的时间内有规律性地间隔做各类营销活动，以达到强化消费者记忆的目的，维持消费者的记忆。

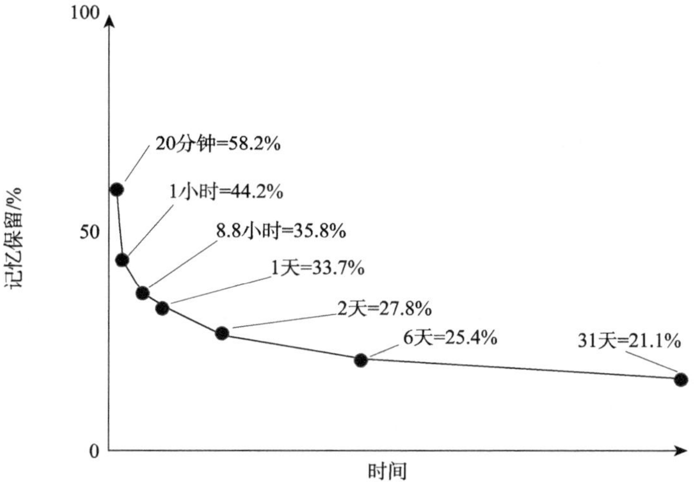

图 5-3　艾宾浩斯遗忘曲线

除了时间以外，识记材料对消费者的意义与作用、识记材料的性质、识记材料的数量、标识材料的系列位置、学习的程度、学习时的情绪均会对遗忘的进程产生影响。下面将对这些因素分别予以讨论。

1. 影响遗忘的因素

（1）识记材料对消费者的意义与作用。凡不能引起消费者兴趣，不符合消费者需要，对消费者购买活动没有太多价值的材料或信息，往往遗忘得快，相反，则遗忘得较慢。同是看有关计算机的宣传材料，准备购置计算机的消费者与从未想到要购置的消费者，两者对所记信息的保持时间将存在明显差别。

（2）识记材料的性质。一般来说，熟练的动作遗忘得最慢。贝尔（Bell）发现，一项技能在一年后只遗忘了 29%，而且稍加练习即能恢复。同时，有意义的材料较无意义的材料，形象和突出的材料较平淡、缺乏形象性的材料遗忘得慢。莱斯托夫效应（restoff effect）实际上从一个侧面反映了学习材料的独特性对记忆和遗忘的影响。所谓莱斯托夫效应，就是指在一系列类似或具有同质性的学习项目中，最具有独特性的项目最易获得保持和被记忆住。对于广告主来说，要使广告内容被消费者记住，并长期保持，广告主题、情境、图像等应当具有独特性或显著性，否则，广告内容可能很快被遗忘。广告中经常运用对比、新异性、新奇性、色彩变化、特殊规模等表现手法，目的就是突出宣传材料的显著性。

（3）识记材料的数量。识记材料数量越大，识记后遗忘得就越多。试验表明，识记 5 个材料的保持率为 100%，10 个材料的保持率为 70%，100 个材料的保持率为 25%。

（4）识记材料的系列位置。一般而言，系列性材料开始部分最容易记住，其次是末尾部分，中间偏后的内容则容易遗忘。之所以如此，是因为前后学习材料相互在干扰，前面学习的材料受后面学习材料的干扰，后面学习的材料受前面材料的干扰，中间材料受前、后两部分学习材料的干扰，所以更难记住，也更容易遗忘。

（5）学习的程度。一般来说，学习强度越高，遗忘越少。过度学习达 150%时，记忆效果最佳。低于或超过这个限度，记忆的效果都将下降。所谓过度学习，是指一种学习材料在达到恰好能背诵时仍继续学习的状况。

（6）学习时的情绪。心情愉快之时习得的材料，保持时间更长，而焦虑、沮丧、紧张时所学习的内容更易于遗忘。美国学者斯鲁尔（T. Srull）通过将被试者置于过去的某些经历中，激起了三种情绪状态，即积极的情绪、消极的情绪和中性的情绪。然后，向被试者呈现一则关于“马自达”跑车的印刷广告，并要求被试者在阅读该广告时形成对该跑车的整体印象。48 小时后，这些被试者被要求对这种跑车做出评价，结果发现，阅读广告之时处于积极情绪状态的被试者对该跑车的评价最高，其次是处于中性情绪状态的被试者，而处于消极情绪状态的被试者对该跑车的评价最低。由此说明，信息获取时的情绪状态，对信息如何编码具有直接影响。

2. 遗忘的原因

对于遗忘的原因，有种种解释，影响较大的有三种学说，即痕迹衰退说、干扰抑制说、压抑说。

1）痕迹衰退说

这种学说认为，遗忘是由于记忆痕迹得不到强化而逐渐减弱，以致最后消退而造成的。20 世纪 20 年代，完形心理学派的学者们最初提出记忆痕迹的概念。他们认为，学习时的神经活动，会在大脑中留下各种痕迹，即记忆痕迹。如果学习后一直保持练习，已有的记忆痕迹将得到强化，反之，如果学习后长期不再练习，既有的记忆痕迹将随时间的流逝而衰退。痕迹衰退说强调的是生理机制对记忆痕迹的影响，这一解释虽然合乎一般常识，而且能说明很多遗忘现象，但未必符合所有事实和进行普遍推广。因为人的有些经历，即使是在几十年以后，仍然历历在目，并不随时间流逝而淡忘。

虽然记忆的痕迹衰退说没有得到普遍的推广，但这其中的一些内涵还是值得营销工作者思考的。痕迹衰退说提示消费者在学习了相关产品信息后，如果长久得不到相应的强化，那么曾经的记忆痕迹就会衰减乃至消失。因此，企业在经过大量营销宣传，让消费者习得了产品相关信息后，还需要通过各类营销活动去强化消费者的记忆痕迹。

2）干扰抑制说

该学说认为，遗忘是由于记忆材料之间的干扰，产生相互抑制，使所需要的材料不能被提取。为这一学说提供有力支持证据的是前摄抑制和倒摄抑制。所谓前摄抑制是指先学习的材料对后学习的材料所产生的干扰作用。安德伍德（Underwood）发现，在学习字表以前有过大量练习的人，24 小时后，所学会的字表只记住 25%；以前没有做这种练习的人，能记住同一字表的 70%，由此说明前摄抑制的存在。所谓倒摄抑制，是指新学习的材料对原来学习的材料的提取所产生的干扰与抑制作用。1990 年，德国学者穆勒（Muller）和皮尔杜克（Pilzecker）首先发现倒摄抑制。他们的观察发现，被试者在识记无意义音节之后，经过 6 分钟休息，可以回忆起 50%的音节；如在间隔时间内从事其他活动，只能回忆起 26%。

有研究表明排列在一起的各个材料之间的内容越相近，干扰抑制的作用就越大。研究发现，竞争品广告以及由同一公司提供的其他产品广告，均会对实验中的品牌及其信息的记忆产生抑制作用。而且，当竞争品信息与实验中的品牌信息越接近，干扰和抑制作用也越大。所以企业在营销宣传中一定要注意设计的独特性，应考虑与竞争品牌的产品相区分，力求避免与竞争品的营销活动相雷同，致使消费者产生记忆的干扰抑制，消减营销宣传的效果。

3）压抑说

这一学说认为，遗忘既不是由痕迹的消退所造成的，也不是记忆材料之间的干扰所造成的，而是由于人们对某些经验的压抑使然。压抑引起的遗忘，是由某种动机所引起的，故它又称为动机性遗忘。这一理论，出自于弗洛伊德的精神分析说。弗洛伊德认为，回忆痛苦经验将使人回到不愉快的过去，为避免痛苦感受在记忆中复现，人们常常对这些感受和经验加以压抑，使之不出现在意识之中，由此引起遗忘。戈德伯格（M. Goldberg）和戈恩（G. Gorn）曾做过一项试验，证实了人的情绪状态对记忆的信息有着重要的影响。在试验中，一些被试看喜剧类电视片，另一些被试看悲剧类电视片，两则电视片中均插播同一内容的广告。结果发现，看喜剧片的被试者较看悲剧片的被试者能更多地回忆起广告的内容。

营销人员应能正确认识到情绪与记忆的这一密切关系，在实际营销工作中要注意两个方面：其一，在营销工作中营销人员要主动营造一种积极的、喜气的气氛，使消费者在接触接收有关企业产品与服务信息时，产生一种愉快的或积极的情绪，这一情绪将有利于消费者对营销信息的记忆；其二，营销人员要时刻关注产品及与产品相关的各类信息出现的场合，要避免使产品及产品相关的各类信息出现在消极的场合中，使之与消费者的痛苦感受联系在一起。这种连接的建立会使消费者因要避免回忆过去的痛苦，而不愿意接触与痛苦相关的产品，并对与该产品相关的一切信息进行主动性的遗忘。

【思考题】

1. 什么情况下经典性条件反射原理最适合运用于产品的促销上？哪些因素限制了经典性条件反射广告的有效性？
2. 运用认知学习原理分析认知因素对消费者行为的影响？
3. 刺激的泛化原理和辨别原理在营销中有何运用？
4. 记忆在消费者购买过程中有何作用？

【实践练习】

为一个产品设计一次校园推广活动，要求：使用经典性条件反射理论、操作性条件反射理论和模仿学习理论三个理论的知识。

第六章　消费者的个性、自我和生活方式

【学习目标】

- 了解个性含义及理论。
- 理解品牌个性的价值。
- 了解自我的内涵及对消费者行为的影响。
- 了解生活方式的类别。
- 认识和了解生活方式对营销活动的意义。

第一节　消费者的个性

消费者在购买活动中所表现出来的千差万别的行为，主要是由于消费者有着不同的个性心理。个性是人们在一定的生理素质的基础上，在一定的社会历史条件下，通过社会实践活动形成和发展起来的。

一、个性与个性理论

1. 个性的含义及特点

个性（在西方又称人格）一词源于拉丁语 persona，它有两个含义：一方面，原指演员在舞台上所戴的假面具，后引申为一个人在生命舞台上所扮演的角色；另一方面，指能独立思考，具有独特行为特征的人。由于个性结构较为复杂，因此，许多心理学者从自己研究的角度提出个性的定义。西方人格心理学家奥尔波特曾综述过几十个不同的定义。例如，美国心理学家吴伟士认为："人格是个体行为的全部品质。"美国人格心理学家卡特尔认为："人格是一种倾向，可借以预测一个人在给定的环境中的所作所为，它是与个体的外显与内隐行为联系在一起的。"

这里介绍一个比较综合性的概念：个性是个人在适应环境的过程中所表现出来的系统的、独特的反应方式。它是由个人在其遗传、环境、成熟、学习等因素交互作用下形成的，并具有很大的稳定性。首先，这个定义强调了个性是人对环境做出的一种反应，而这种反应在不同的人之间是不同的，带有浓重的个人色彩；其次，这种独特

的反应方式具有系统性、完整性和稳定性；最后，个性的形成主要受四种因素的影响，即遗传、环境、成熟、学习。婴儿出生后只是一个个体，并没有形成自己的个性，尚未成长为一个社会的人，所以，称他们为“未成人”。随其成长，他的内部世界在丰富着、发展着、完善着，最后成长为一个从事社会实践活动的独立的个体，成长为完全的、现实的、具体的社会成员，形成了全面整体的个人、持久统一的自我，这时他便具备了自己的个性。

研究个性必须探讨它的特性及表现，这样才能把个性心理与其他心理现象区别开来。个性具有以下几方面的特点。

1）自然性与社会性

人的个性是在先天的自然素质基础上，通过后天的学习、教育与环境的作用逐渐形成的。因此，个性首先具有自然性，人们与生俱来的感知器官、运动器官、神经系统和大脑在结构上与机能上的一系列特点，是个性形成的物质基础与前提条件。但人的个性并非单纯自然的产物，它总是要深深地打上社会的烙印。初生的婴儿作为一个自然的实体，还谈不上有个性。

个性又是在个体生活过程中逐渐形成的，在很大程度上受社会文化、教育教养内容和方式的塑造。可以说，每个人的人格都打上了他所处的社会的烙印，即个性社会化结果。正如马克思所说：“‘特殊的人格’的本质不是人的胡子、血液、抽象的肉体本性，而是人的社会特质。”

2）稳定性与可塑性

个性的稳定性是指个体的个人特征具有跨时间和空间的一致性。个体生活中暂时的偶然表现的心理特征，不能认为是一个人的个性特征。例如，一个人在某种场合表现出对他人冷淡、缺乏关心，不能以此认为这个人具有自私、冷酷的个性特征。只有一贯的、在绝大多数情况下都得以表现的心理现象才是个性的反映。

尽管如此，个性或人格绝不是一成不变的。因为现实生活非常复杂，随着社会现实和生活条件、教育条件的变化，年龄的增长，主观的努力，等等，个性也可能发生某种程度的改变。特别是在生活中经历过重大事件或挫折，往往会在个性上留下深刻的烙印，从而影响个性的变化，这就是个性的塑造。当然，个性的变化比较缓慢，不可能立竿见影。

3）独特性与共同性

个性的独特性是指人与人之间的心理和行为是各不相同的。因为构成个性的各种因素在每个人身上的侧重点和组合方式是不同的，如在认识、情感、意志、能力、气质、性格等方面反映出每个人独特的一面，有人知觉事物细致、全面，善于分析；有的人知觉事物较粗略，善于概括；有的人感情较丰富、细腻，而有的人情感较冷淡、麻木；等等。就如同世界上很难找到两片完全相同的叶子一样，也很难找到两个个性完全相同的人。

强调个性的独特性，并不排除个体的共同性。个体的共同性是指某一群体、某个阶级或某个民族在一定的群体环境、生活环境中形成的共同的、典型的心理特点。正是个性具有的独特性和共同性才组成了一个人复杂的心理面貌。

2. 个性理论

有关个性的理论很多，这里主要介绍在消费者行为和个性的关系研究中起着比较重要作用的几种理论。

1）卡特尔人格理论

美国心理学家卡特尔根据自己的研究，确定人格包含十六种根源特质。人格特质理论认为，特质是决定个体行为的基本特性，是人格的有效组成元素，也是测评人格常用的基本单位。

于是卡特尔把十六种因素在某种情况下可能产生的表现编成十六组，每组包括十几个问题的试卷，每个问题有三个答案，供被试者选择。然后根据被试者得分进行统计处理，找出被试者的人格特质。这就是卡特尔的“十六种人格因素测验”（简称 16PF），也可以称之为“卡特尔十六种人格因素量表”或“卡特尔十六项个性因素测验”，是世界公认的最具权威的个性测验方法，在临床医学中被广泛应用于心理障碍、行为障碍、心身疾病的个性特征的研究，对人才选拔和培养也很有参考价值。卡特尔的十六种人格因素特质是：乐群性、聪慧性、情绪稳定性、好强性、兴奋性、有恒性、敢为性、敏感性、怀疑性、幻想性、世故性、忧虑性、激进性、独立性、自律性、紧张性。

卡特尔将人格特质区分为表面特质和根源特质。表面特质是指外部行为能直接观察到的特质，不会随时间的改变而改变。根源特质是内在的决定表面特质的最基本的人格特质，是那些稳定的作为人格结构的基本因素的特质。根源特质需要通过严格的科学方法才能获得。

特质理论的许多研究结论对营销具有启发意义。例如，一项对吸烟行为的研究发现，那些吸烟较多的人对异性的爱、攻击性及成就评价较高，而对秩序和服从评价较低。同时，吸烟多的人更有可能追逐权力和竞争力，而且更有可能受到与性有关的主题和符号的影响。他们并不像非吸烟者那样具有强迫性和顺从性。因为这种对权力和竞争力的强调，万宝路牛仔成为最成功的香烟广告也就不足为奇了。

2）精神分析理论

在所有的人格理论中，内容最为复杂而且影响最大的是弗洛伊德创立的精神分析理论（也称心理分析理论）。弗洛伊德的心理分析理论不仅对心理学本身产生了巨大的影响，甚至可以说，20 世纪人类文化的每个方面，几乎都受到精神分析理论的影响。正因为精神分析理论的影响太大，同时也由于该理论本身的局限性，引起了很多学者们的批评与研究，并形成了所谓新精神分析学派。所以，后人把精神分析理论分为经典的（即弗洛伊德的）精神分析理论与新精神分析理论两种。

弗洛伊德的人格理论，主要可以分为两大主题：人格结构与人格发展。这里主要介绍弗洛伊德的人格结构。

在弗洛伊德看来，人格是一个整体，在这个整体之内包括彼此关联且相互作用的三个部分，分别称为本我、自我和超我。由于这三个部分的交互作用而产生的内驱力，支配了个人所有的行为。

（1）本我。本我是人格结构中最原始的部分，是遗传下来的本能。本我之内包含着一些生物性的或本能性的冲动（最原始的动机），其中又以本能的冲动为主，这些动机就是推动个人行为的原始动力。弗洛伊德把这种原始动力称作“力比多”。外在的或内在的刺激都有可能促使力比多增加，而力比多增加时就会增加个人的紧张与不安。为了降低紧张，本我要求立即满足需求以发泄原始的冲动。所以本我是受“快乐原则”支配的，由本我支配的行为不受社会规范、道德标准的约束，甚至由本我支配的一切都是潜意识的。

（2）自我。自我是个体在与环境的接触中由本我发展而来的。在本我阶段因为个体的原始冲动需要获得满足，就必须与周围的现实世界相接触，从而形成自我适应现实环境的作用。例如，因为饥饿而使本我有原始性的求食冲动，但是哪里有食物以及如何取得食物等现实问题，必须靠自我与现实接触才能解决。因此，人格的自我部分是受“现实原则”支配的。自我介于本我和超我之间，它的主要功能有以下几方面：一是获得基本需要的满足以维持个体的生存；二是调节本我的原始需要以符合现实环境的条件；三是管制不为超我所接受的冲动；四是调节并解决本我与超我之间的冲突。由此可见，自我是人格结构中的主要部分。

（3）超我。超我是在人格结构中居于管制地位的最高部分，是由于个人在社会化的过程中将社会规范、道德标准、价值判断等内化之后形成的结果。平常所说的良心、良知、理性等，都是超我的功能。本我寻求快乐，自我考虑到现实环境的限制，超我则明察是非善恶。所以，超我是本我与自我的监督者，它的主要功能有：管制社会所不接受的原始冲动；诱导自我使其能以合于社会规范的目标代替较低的现实目标；使个人向理想努力达成完美的人格。

本我、自我、超我三者不是完全独立的，而是彼此交互作用而构成的人格整体。一个正常的人，其人格中的三部分经常是彼此平衡而和谐的。本我的冲动应该有机会在合于现实的条件下，并在社会规范许可的范围内，获得适当的满足。

3）自我论

自我论是20世纪50年代以来发展起来的一种个性理论。这里的“自我”是指个体对自己心理现象的全部经验，它是描述性的，而不是像精神分析学说那样是动力的和解释性的。自我论的主要代表人物有罗杰斯和马斯洛。这里简单介绍一下马斯洛的观点。

马斯洛认为，心理学不应该只偏重研究挫折、冲突、焦虑、仇视等属于异常者的行为，更应该对正常人的欢愉、鼓舞、爱情、幸福等健康生活上的问题加以研究。马斯洛对人类行为持乐观的看法，他认为人类不像动物那样行为方式主要靠本能的支配，人类的行为受环境及社会文化影响而有很大的可变性。

马斯洛的个性理论，主要讨论两方面的问题：一方面讨论人类动机的发展，另一方面讨论自我实现者的个性特征。马斯洛把动机称为需要，又按需要的性质和彼此间的关系，排列为五个层次，其中自我实现的需要是最高层次的需要。

总之，强调以人为本的自我论，将个性心理学的研究带入了一个新的境界。自我论改造了特质论者的支离与精神分析论者的病态观的缺点，它重视整个的人、健康的人，使个性心理学的研究范围扩大，研究的目标更高。

4）人格状态理论

1964年加拿大临床心理医生埃里克·伯恩博士在其专著《人们玩的游戏》一书中，

提出了一种新的人格结构理论。该理论把人格分成三个部分，或者说人格是由三种自我状态构成的，它们分别是儿童自我状态、成人自我状态和父母自我状态。

（1）儿童自我状态。一个人最初形成的自我状态就是儿童自我状态。儿童自我状态由自然的情感、思维和行为构成。一个人按他的儿童自我状态行动时，他想怎么干就怎么干，称为自然儿童自我状态。或者按他小时候所受的训练来行动，称为顺应儿童自我状态。儿童自我状态是一个人的人格中感受挫折、不适当、无依无靠、欢乐等情感的那一部分。此外，儿童自我状态是人格中主管情感和情绪的部分。人们的欲求、需要和欲望大部分也由儿童自我状态掌管。每当一个人感到自己需要什么东西时，他的儿童自我状态就表达了他的愿望。例如，“我还想吃一块糖”或者“我还没玩够”。可见，儿童自我状态表现出来的多是原始的、具有动机或动力性的东西。如果一个人的儿童自我状态疲弱，那么他就是一个缺乏活力的、刻板的人。

（2）成人自我状态。成人自我状态是人格中支配理性思维和信息客观处理的部分。成人自我状态掌管理性的、非感情用事的、较客观的行为。当一个人成人自我状态起主导作用时，他待人接物比较冷静，处事谨慎，尊重别人。这种状态支配下的人说话办事逻辑性强，喜欢探究为什么、怎么样等。

（3）父母自我状态是人们通过模仿自己的父母或其他在心目中具有父母一样权威的人物而获得的态度和行为方式。父母自我状态提供一个人有关观点、是非、怎么办等方面的信息，以权威和优越感为标志，是一个“照章办事”的行为决策者，通常以居高临下的方式表现出来。父母自我状态具有两面性：一方面是慈母式的，如同情、安慰；另一方面是严父式的，如批评、命令。父母自我状态告诉人们应该怎么样，也帮助人们分清功过是非。

在一个心理健康的人身上，这三种自我状态处于协调、平衡的关系中，三者都在发挥作用。在不同的情境中，有时是他的儿童自我状态起主导作用，有时是他的成人自我状态起主导作用，而有时是他的父母自我状态在支配着他的行为。具体是哪种自我状态起主导作用，要视当时的具体情况而定。

二、消费者的个性

关于个性类型的划分有两种方式：一种是基于纯心理学理论研究的成果，如内倾或外倾、男性气质或女性气质、内控型或外控型、自尊或自卑等；另一种是从应用的角度而划分的个性类型。

1. 基于纯心理学理论划分的个性类型

基于纯心理学理论来划分的人格类型主要有以下几种。

1）内倾和外倾

最早在心理学领域内规范化地使用内倾和外倾这一概念的是心理学家荣格。他认为人在与周围世界发生联系时，人的心灵一般有两种指向：一种是指向个体内在世界，称为内倾；另一种是指向外部环境，称为外倾。具有内倾性格特点的人一般比较沉静、富于想象、爱思考、退缩、害羞、敏感、防御型强；而外倾者则爱交际、好外出、坦率、随和、轻信、易于适应环境。内倾和外倾实际上是个连续体，而不是各自独立的两个极端。大多数人处于内倾和外倾这一连续体中的某一位置上，绝对内倾或外倾的人并不多见。管理者一般认为不同的工作岗位对人格特征有相应的要求，通常不会有人挑选一个内倾的人担当推销员的工作。

2）内控型和外控型

内控型的人，是那种坚定地认为自己是自己命运的主宰，只有自己才能控制自己的命运的一类人。这种人独立性强，不容易受外界影响而改变自己的行为。这种人如果碰到了好事，则认为是自己努力的结果。如果遇到倒霉事，也只怪自己，认为是自己造成的。因而这种人从不怨天尤人。

外控型的人则相反。他认为一切事情都是命运主宰的，自己只是处于被动地位。因此，无论成功还是失败，他们总认为是外力的结果。例如，面对一次升迁机会，如果没能如愿，内控型的人会认为自己还不合格，可能是自己工作干得不太出色或资历不够；而外控型的人则可能会骂领导，认为是领导不公正。研究表明，外控型的人相对于内控型的人对工作更不满意，对工作环境更为疏远，对工作的投入程度更低，缺勤率更高。同样对自己所处的环境不满意，内控者倾向于离职，而不是继续留在这里工作。

3）自卑型和自尊型

把人分为自卑、自尊两大类型也是一种心理学的基本观点。所谓自卑，就是认为自己软弱、无能，对自己评价较低；自尊则是自视较高，认为自己了不起，对自己的能力估计较高。

一般情况下人们有时会有自卑感，这并不表明这个人有问题或不正常，相反它会构成一种追求卓越的力量，促使人做出更大的努力，最终获得成功并因此而产生优越感。但是如果过于自卑，就可能摧垮一个人，导致整日唉声叹气，最终一事无成。

有时人们为了掩饰自卑心理以求得心理平衡，会显得很高傲的样子，表现出强烈的自尊，但这种高傲假象很容易被识破。因为这种高自尊的人会比较敏感、脆弱，而且攻击性较强，一有机会就会贬低别人以抬高自己，这种人通常不会有所作为，只是小心翼翼地把自己笼罩在高傲的幻象中，欺骗自己以求自安，这样的人是组织中事端的制造者之一。

恰当的自尊是必要的，它是维护个人心理的统整性，保持心理健康的重要前提。但一个人优越感过强、自视太高就可能变成一个专横跋扈、自吹自擂、傲慢无礼、爱贬低别人的人。这样的人在组织中与他人合作时容易发生问题。

4）马基雅维利主义

马基雅维利（Machiavellianism），16世纪意大利人，著有关于如何获得和操弄权术的专著。信奉高马基雅维利主义的人重视实效，保持情感的距离，相信结果能替手段辩护，人与人之间没有什么信义可言。“只要行得通，就采用”。

高马基雅维利主义者更愿意操纵别人，赢得的利益更多，更难被他人说服，却更多地说服别人。高马基雅维利主义者在以下几种条件下工作成效显著：①当他们与别人面对面直接交往时；②当情境中要求的规则与限制最少，并有即兴发挥的自由时；③情绪卷入与获得成功无关时。

马基雅维利主义者的人格特点：①更相信自己；②心理稳定性好；③临危不乱；④当他们拥有自主权利时更富有创造性。例如，更多地使用欺骗手段，招法多且新，能从操纵中获得更多的满足。

“成者王侯败者寇”就是我们中国式高马基雅维利主义者的行为原则，“不饮盗泉之水，不受嗟来之食”则是低马基雅维利主义者的宣言。中国的传统文化褒扬后者，而贬抑前者。

2. 消费者的个性类型

根据消费者在购买活动中的表现，可以把消费者划分为以下几种类型。

1）D 型顾客

D 型顾客（demanding customer），又称要求型顾客，无疑是那种畅言无忌的顾客。当他们遇到他们想要的东西，便会马上买下来。但某种服务在他看来如果不到位，或者是他遇到什么问题，他会马上同你争吵。这种顾客是比较好战、容易惹麻烦的顾客。

研究表明，18%的顾客属于这种类型。他们总是在驱使他人，注重事情的结果，而且希望别人也如此。他们不注重细节，而且非常容易烦躁。如果就某个技术故障做长篇的解释，他们连听第二句的耐心都没有。他们不在意事情的原委，而只注重事情的结果，而且他们要什么，就要马上得到。

如何辨认 D 型顾客呢？D 型顾客的爱好、言谈溢于言表。他们对自己的身份很敏感。购买商品时他们要最好的。他们的服装时尚，而且价格很高。他们常富有竞争力，而且希望获胜。他们不喜欢细节，很愿意读经营方面的书。

由于具有 D 型特征的人把自己视为宇宙的中心，他们总是占据很大的空间，步履轻快，行为果敢，走在路上会把没有用的东西踢开。如果 D 型人执行某种任务正朝你走来，赶快闪开，否则你会被撞到一边。对 D 型人来说，他们的任务或正在做的事情是唯一重要的东西，至少他们是这么认为的。他们总是把身体的重心放在前腿，以便随时冲出去，执行任务。

如果你正在为一个 D 型顾客服务，握手时一定要有力，眼睛正视着他，身体稍微靠前（但要保持应有的距离）。要知道他们不愿意与软弱的人打交道，他们愿意与了解他们的坚强、自信的人打交道。因此，在与他们接触时一定要把这一点表现出来。与 D 型顾客讲话时，要直截了当，语调要洪亮、清楚、自信、直接，步履节奏要快，行动要雷厉风行，仿佛正在采取措施和行动。

成功与 D 型顾客交往的词语有快、马上、现在、今天、利益、底线、取胜、结果。表 6-1 列举了与 D 型顾客交往时应做的和不应做的。

表 6-1　与 D 型顾客交往时应做的和不应做的

应做的	不应做的
清楚、具体、击中实质	漫不经心，浪费时间
有所准备、安排有序	没有组织，丢三落四
抓住问题，不跑题	闲聊、传谣
提供的事实有逻辑性	模糊不清，漏洞百出
问具体问题办事	带有个人色彩
给出选择	替他们做决定

2）I 型顾客

I 型顾客（influential customer），又称影响型顾客，非常健谈。他们有一种与人交往并得到肯定的强烈愿望。因此他们非常乐观，说话有说服力，有鼓舞性，对人非常信任。他们的谈话非常热情，脸上总是带着微笑，当然他们希望对方也这样。

如何辨认 I 型顾客？I 型性格的人脸上总是露着微笑，非常健谈，也非常注重外表。I 型性格的人喜欢读写人的杂志，喜欢事情正在进行时的气氛。I 型性格的人很容易辨认，走路时他们会停下与人打招呼，喜欢观察所有的事情。如果他们走路时撞到你身上，那是因为他们的注意力正集中在其他的人和事情上。I 型性格的人总是迟到，谈话总是跑题，不是因为他们心不在焉，而是因为他们更喜欢的是交往，而不是谈话的主题。他们打电话时喋喋不休，热情洋溢。

I 型顾客喜欢有感染力的手势，他讲话时你要面带微笑，离他近些，使他感到你对他的接受。由于 I 型顾客讲话富有表情，同他们讲话时也要富有表情，这样他们才会注意听你讲话。你的声调应该显示出你的友好、热情、精力充沛、有说服力，讲话时有高低变化，语言要富有色彩，讲话时节奏要快，并多用手势。

成功地与 I 型顾客交往的词语有乐趣、我觉得、你看起来非常漂亮、最现代的、承认、最新的、太棒了、太好了。表 6-2 列举了与 I 型顾客交往时应做的和不应做的。

表 6-2　与 I 型顾客交往时应做的和不应做的

应做的	不应做的
让他们畅谈自己的想法	做事太恪守方式
谈论人及他们的目标	讲话太简短，不爱讲话
询问他们的看法	注重事实、数据
告诉你的观点	不做决定
提供证明	讲话时显得高人一等
刺激他们的冒险欲望	陷入谈话的圈套，花太多的时间交谈

3）S 型顾客

S 型顾客（steady customer），又称稳定型顾客，很能包容。即使是商品有问题而使他感到很不方便，他也不会用抱怨的方式来麻烦你。S 型顾客有耐心、随和、有逻辑性和条理性。他讨厌变化，因为他不想让什么事打断他的最初生活秩序。在为 S 型顾客服务时，一定要让他有稳定感。

40%的顾客属于 S 型顾客。S 型性格的人总是能努力地工作，甚至是做别人的工作。事实上，即使 S 型顾客不真正购买商品，他也会为其他顾客考虑。

如何辨认 S 型顾客？他们性格随和，衣着随便，购物时喜欢去自己熟悉、觉得可靠的地方。如果不是你把事情搞砸，或是伤了他们的感情，他们很有可能成为你终身的客户。

因为 S 型顾客随和，不喜欢变化，站在他们面前时应该身体靠后，身体放松，手势的幅度要小，要创造一种安静的气氛。

如何与 S 型顾客交谈？要创造一种安静的气氛，你讲话的语调应该温和、镇定、安静，音调要低，语速要慢，行动要有节奏，就像对待一个婴儿那样温柔体贴。

成功地与 S 型顾客交往的词有考虑一下、别急、信任、保证、诺言、安全、可靠、保守、稳定、让我帮助你。表 6-3 列举了与 S 型顾客交往时应做的和不应做的。

表 6-3　与 S 型顾客交往时应做的和不应做的

应做的	不应做的
用个人的评论开始谈话	单刀直入进入实质
表现出对他们的真诚	简单地摆事实
耐心倾听，要有反应	要求尽快答复
提出你的观点时要有逻辑性	威胁或要求
随便、非正式地提出建议	鲁莽、速度太快
避免伤害他们的感情	打断他们
对他们做出保证	把他们的接收误认为满意
给他们时间思考	强迫迅速做出决定

4）C 型顾客

C 型顾客（compliant customer），又称恭顺型顾客，是完美主义者，他们希望一切都是精确的、有条理的、准确无误的。他们天性认真，做事讲究谋略。要想使 C 型顾客满意，你必须掌握所有的事实、数据、数字。他们做事严格认真、一丝不苟。C 型顾客严格遵守规定，如果你在政策和做法上稍有偏误，他们马上就会让你知道。14%的顾客属于 C 型。

如何辨认 C 型顾客？C 型顾客的脸上总是面无表情，你不知道他们在想什么。他们性格保守，这从他们的衣着就能看出。他们喜欢自己动手。

如果路上有什么东西挡道，C 型性格的人极不情愿将它们搬走，最后只有经过各种分析、推理和权衡后，他们才可能将东西搬走。站着时，他们喜欢把双臂抱在胸前，一只手放在下巴处好像在思考。事实上他们也总是在思考问题。

与 C 型顾客交往时不要有任何身体接触，也不要离他太近，只要站在对面，让他能看见你。站立时身体重心要放在脚后跟。眼睛对视，少用或不用手势。

与 C 型顾客交谈时你的语调一定要控制，不要起伏太大，对过分的反应会起疑心。讲话时要直接而简洁，语速要慢，行动也要慢，并且显出是经过深思熟虑后采取的行动。

与 C 型顾客交谈时的词汇有证据、证明、保证、没有、保险、研究表明、数据表明、没有责任、这些都是事实信息、分析、思考一下。表 6-4 列举了与 C 型顾客交往时应做的和不应做的。

表 6-4　与 C 型顾客交往时应做的和不应做的

应做的	不应做的
有所准备	没有组织，乱七八糟
考虑问题的所有方面	强迫他们迅速做出决定
具体说明你所能做的事情	模糊不清
树立时间观念	许诺太多
引用名人的数字和事实	太重感情
给他们时间做出决定	出其不意
留给他们空间	身体接触

三、品牌个性

当品牌定位中加入消费者的人格要素，品牌也就有了其个性特征。品牌个性在品牌定位的成果，也就是品牌定位的终极目标。只有为品牌确立起一个生动的人格形象，品牌才会像一个熟人一样走进消费者的生活，走进消费者的内心世界。

1. 品牌个性的内涵

创建品牌个性是品牌定位策略中最有效的营销手段之一。心理学认为，个性是由各种属性整合而成的相对稳定的独特的心理模式。“蕴蓄于中，行诸于外”这句中国的古话能很好地概括出个性的内涵，即个性就是人的表里的统一体。就像人的个性一样，品牌个性是在品牌传播的过程中，赋予品牌的一种心理特征，形成品牌的核心价值，它是特定品牌使用者个性的类化，代表了其品牌忠实拥护者的人格特征，是其关系利益人心中的情感附加值和特定的生活价值观。

一般而言，消费者会选择与其个性特征、生活方式与价值观念相一致的品牌，因为这样的品牌更容易引发消费者产生出品牌联想。一个与消费者个性格格不入的品牌，无论其产品质量多么优异，消费者对该品牌的感知也是十分困难的。例如，一个喜欢刺激、激情和冒险的消费者对强调安全、舒适和宁静的汽车品牌很难形成高的质量感知和强的品牌联想。因此，创立品牌个性的关键就是要使品牌的功能性和象征性能够获得消费者的感知和认同。

一个品牌在市场上被消费者接受的过程，是从外在标志，到品牌形象，再到品牌个性的不断深化的过程。品牌个性是品牌定位的最高层面。品牌个性比品牌形象更深入一层。形象使目标客户群对品牌产品产生认同，个性却可以形成消费者对品牌的崇拜。例如，德芙巧克力“牛奶香浓，丝般感受”，品牌个性在于那个“丝般感受”的味觉承诺所带给消费者的心理认知。把巧克力细腻滑润的感觉用丝绸来形容，意境高远，不仅使用华丽的语言表现出德芙巧克力口味的纯正，更加凸显出德芙巧克力所代表的高雅的个性。

品牌个性其实质就是消费者个性的延伸，因此，消费者的人格因素对品牌个性的定位是至关重要的。只有准确把握目标市场中消费者的行为特征，品牌个性的定位才能得以进行。可见，品牌的人格化反映了消费者对品牌的核心看法，是品牌的功能主义和象征主义的有机结合体，是基于产品和消费者两大要素的品牌定位的终极结果。一旦品牌人格与消费人格相融合，就会形成稳定长久的消费习惯与消费忠诚，最终形成品牌消费文化。

尽管与消费人格一样，每一种品牌个性都是独特的，但是每一种品牌个性必须要能够代表一类消费人群的共同特质，而非消费者的个人特质。在进行代表消费人群共同特质的品牌个性定位时，企业必须要对目标市场的消费人格进行深入调查和研究。即只有提炼出具有广泛代表性的品牌个性，品牌产品才能够得到广大消费者的心理认同。

可见，正是品牌个性具有了人格化的属性特征，才使得品牌具有了独特性和不可模仿性的特点，从而构成了品牌的核心竞争力。同时，品牌个性还具有持续性和稳定性的特点，能够给企业带来长期的竞争优势。任何一个想在激烈竞争的市场中生存的品牌，都必须遵守市场的游戏规则，尽可能地创造出让竞争者难以模仿的，给予消费者与众不同的感觉的个性化品牌。只有致力于创造个性化品牌的企业，才能在创新、提升品牌档次、推出新产品、维护市场份额和拓展新兴市场上取得更大的成功。独特的品牌个性才是产品生存的根基，才可以培育出众多的品牌忠诚者。

2. 品牌个性的要素

品牌个性的要素和消费人格要素是密切相关的，品牌人性化已经成为许多知名企业的营销策略。例如，天堂调味公司是美国处于领导地位的专业茶叶制造企业，其在公司的品牌定位广告中成功塑造了“咖啡先生”品牌形象，当向消费者提到“咖啡先生”的时候，人们就会立即联想到“咖啡先生”是一个人，其具有“可信赖、友好、高效率、智慧、成功”的人格特征。这说明为了实现更好的传播沟通效果，应该将品牌人格化，把品牌塑造成一个具有真实人格特征的“人”，有利于消费者对品牌的认知和联想，即思考“如果这个品牌是一个人，它应该是什么样子……”（找出其价值观、外观、行为、声音等特征）。

品牌特征还可以通过塑造品牌性别进行个性定位。例如，上述的“咖啡先生”就被赋予了男性的性别。性别作为品牌个性定位的一部分，其与现实市场中不同性别消费者的消费行为和消费态度之间极大的差异性密切相关。我们常会在广告中发现，运动鞋往往是由男体育明星来做广告代言，而沐浴露则是由女娱乐明星来做广告代言。

品牌的颜色有时候也与某些人格特质相联系。例如，可口可乐与红色相联系，其代表着成功、激动；百事可乐则与蓝色相联系，其蕴含着激情、运动等人格特征；IBM 公司则一直以黑色为其产品的主色调，代表着精密细致、高新技术的人格形象。一般而言，不同的颜色代表着不同的人格特征，而颜色的人格联想在不同的国家和地区以及不同的文化背景下是不相同的，因此，全球化企业通常会在不同的国家和地区推出不同颜色的产品以引发消费者的品牌联想。

此外，同一公司的同一品牌在不同的环境下，也会致力于塑造不同的品牌个性。例如，一家开在上海南京路上的大型商场相比华联、联华或农工商等连锁店明显具有更高贵的个性；开在居民小区中的超市一走进去就会看到大米、鸡蛋、油盐酱醋等商品，为顾客创造了一种家庭感；而开在中央商务区的同一品牌连锁超市的货架上摆放的则是报纸、面包、饮料等，给人以一种快节奏的音乐感。可见，通过不同的品牌风格展示，就能很好地抓住不同生活状态下消费者的心理变化，迎合不同生活状态下消费者的心理变化和个性变化，从而使消费者产生认同感。

3. 品牌个性的建立

品牌个性对使用品牌产品的消费者来说是一种情感附加值，就像我们会因为身边某一朋友（或某一品牌）具有理性、宁静淡定的特质，而将这个人（或品牌）与沉稳、内敛或成熟的情感联系起来。另外，购买某些品牌的消费行为会带有与其相联系的感受和感情。例如，喝喜力啤酒表达了一种豁达——“Green Your Heart”；戴“金利来”领带产生成功人士的自信；Debeers 钻石代表着爱情和坚贞，正如其广告表达的“钻石恒久远，一颗永流传”；等等。

在品牌个性的建立过程中，企业一定要对目标市场消费者的人格特质进行深入的研究，因为品牌个性的价值在于品牌个性给消费者建立起了一种联想，从而激发起消费者的情感共鸣。品牌个性使得品牌产品与目标消费者的联系更加紧密，因为消费者的个性会驱使其习惯性地使用与其个性相同或相仿的品牌产品，当其生活环境中缺乏这一品牌产品时，消费者就会觉着好像少了一个家庭成员。换言之，品牌个性使得品牌产品成为消费者的感情寄托，从而形成了消费者的品牌忠诚。

品牌个性可以激发起消费者强烈的情感共鸣，这一效应直接构成了消费者的购买动力，也反映出消费者自身的人格特征。每个人都有其独特的人格特征，并以其不同的价值观作为其生活中心；一个人可能高度追求对工作的成就，另一个也许更关心家庭、亲人和自由。具有独特个性的品牌，可以塑造出一种品牌的“人格特征”，与某一持有特定价值观消费者的人格特征建立强有力的联系，并强烈吸引那些认为该价值观很重要的消费者。因此，品牌可以通过塑造成特定的人格形象去满足消费者的人格需求，具体可以分为以下五种。

（1）忠实朋友。任何人都会感到孤独，需要向人倾诉，品牌就可以担当这样的角色，如果一个人长期使用某一品牌产品就会形成这样的关系，即品牌成为其忠实的朋友，成为其倾诉的对象，成为其生活环境中不可或缺的一员。品牌不仅可以成为个人的朋友，也可以成为家庭的朋友，餐桌上的一瓶可口可乐就宛如家庭中不可或缺的一个成员。

（2）社会归属。尽管每一个人都是独一无二的，但是人的社会性使得其渴望自己拥有一定的社会角色，渴望在社会中寻求归属感。这种社会归属感既可以是真实的，也可以是虚拟的，品牌的选择恰恰可以为消费者提供虚拟的社会归属感。例如，百事可乐为人们提供了“年轻的一代、激情的一代”的社会归属感。

（3）传统怀旧。品牌有时能给消费者以传统习俗的体验、童年怀旧的记忆，这也是品牌成功的一个重要方面。一旦品牌定位于老字号的传统，如果辅之以广告宣传，那么给消费者所带来的心理冲击是巨大的。还记得那个经典的黑芝麻糊的广告吗？“一股浓香，一缕温情”，为南方黑芝麻糊营造出一个“温馨怀旧”的氛围。当人们在看这则广告时，会不知不觉的被其引入一个南方的小镇，小时候熟悉的味道，对于童年的记忆，深深地感染了每一位观众。当人们在超市看到南方黑芝麻糊时，可能就会回忆起自己年少时的美好时光。

（4）体验梦想。在残酷的现实生活中，我们每个人都会有许多想做却没有能力完成的梦想。品牌可以带给消费者以实现梦想的体验，这也就是为何许多品牌都由名人代言的原因。例如，由迈克尔·乔丹所代言的耐克运动鞋就可以给许多篮球爱好者一种梦想成真的感觉。

（5）时尚潮流。每个人都渴望自己与时尚潮流同步。品牌的时尚潮流性给消费者带来的内心体验是巨大的，这使得他们更加有自信心，从而使其虚荣心获得满足。

此外，品牌个性定位要简约，因为品牌的个性越强，品牌的适用范围就越窄，并且品牌的个性也不能一味地追求新奇独特，而是要建立在消费者可以接受的心理基础之上。

例如，“海尔”使人们立即联想到活泼可爱的海尔兄弟，体会到“真诚到永远”；“麦当劳”总令人联系起“罗纳尔德·麦当劳”的特色：以年轻人或小孩为主的顾客群，开心的感受、优质的服务、金黄色的拱门标志、快节奏的生活方式乃至炸马铃薯的气味；万宝路香烟则体现出西部牛仔的豪放形象。品牌个性定位是一个长期的系统工程，它是企业品牌定位战略实践的最终成果。因此，品牌个性定位不能急功近利，既要营造好品牌的短期形象，更要维护好品牌的长期形象。

第二节　自我与消费者行为

一、自我

1. 理解自我概念

“自我”这一概念起源于心理学。1890 年，哈佛大学心理学家威廉·詹姆斯（William James, 1842—1910）在《心理学原理》一书中第一次提出了“自我意识”（the consciousness of self）和“自我概念”的概念。之后，不同流派的心理学家对“自我概念”进行了广泛的研究。1902 年，查尔斯·库利（Charles Cooley）提出了“镜像自我”（the looking-glass self）的概念（《人的本性和社会控制》）。1934 年，符号互动学派的创始人米德（Mead）在“社会自我”和“镜像自我”等概念的基础上指出，必须把自我当做整个社会系统和社会过程的组成部分（《心灵、自我与社会》）。20 世纪五六十年代，卡尔·罗杰斯（Carl ·R. Rogers）的人本主义思想兴起，其人格理论的核心即“自我概念”。罗杰斯指出，自我概念是对“我是谁”以及“我看起来像什么”的主观知觉。1977 年，认知心理学家马库斯（Markus）提出了“自我图式（self-schema）”理论，即形成自我的认知结构。每个人有一个单一的、整合的自我概念，自我概念可以被视为关于一个人特征的所有特殊图式的集合体。1986~1987 年，马库斯又进一步提出了“可能的自我”（possible selves）与“动态的自我”（the working self-concept）概念。

在消费者行为学领域，1982 年，约瑟夫·瑟吉（M. Joseph Sirgy）在期刊《消费者研究杂志》（*Journal of Consumer Research*）上的论文开始将自我作为理解消费者的新工具，使消费者行为研究进入了新的阶段。瑟吉提出了以下几个自我概念在消费者行为研究中的理论关注点。

首先，消费者自我概念与社会心理因素之间的关系，主要包括通过测量与产品相对应的自我概念来区分消费者的社会阶层。

其次，产品形象和自我形象的一致性。研究各类品牌或产品所投射出的消费者自我概念或自我形象，用自我形象一致性理论预测消费行为，并延伸至自我概念与品牌行为的关系研究。

再次，从消费者自我及行为结果投射品牌形象，主要包括消费者的自我实现与品牌形象认知的相关。

最后，自我概念对消费者行为的直接影响，以及消费者行为对自我概念的影响。

所罗门定义自我概念是一个人所持有的对自身特征的认识和评价。霍金斯定义自我概念为个人将自身作为对象的所有思想和情感的总和，是对自己的感知和情感。布莱斯则指出，自我意识具有如下四个特点：①它是习得的，而不是天生；②它是稳定而持久的，自我感觉可能会改变，而意识不会变化；③它是有目的的，即它内含着一个理由和目的；④自我意识对每个人都是独特的，并且会促进个人主义；

2. 多重自我

对于自我概念，心理学家、社会学家、营销学者等，都进行了大量的研究，试图从多个维度揭示自我概念的本质。

以“私人自我—社会自我”和“实际自我—理想自我”作为两个维度，自我概念可以划分为四种基本类别：①实际自我（actual self-concept），即我现在是什么样子；②理想自我（ideal self-concept），即我想成为什么样子；③私人自我（private self-concept），即我对自己怎么想或我想对自己怎样；④社会自我（social self-concept），即别人怎样看我或我希望别人怎样看我。具体的解释如表 6-5 所示。

表 6-5　不同的自我形象

不同取向	说明
实际自我	是真实的、客观的自我，就像别人看我们一样。这种定义还有一个问题，因为别人永远也不会知道完整的故事，这意味着真实的自我，可能并不是呈现给世界的那个我
私人自我	是主观的自我，就像我们看自己那样。私人自我很可能与实际自我有明显的差异，但从某种程度上来说，它是由来自其他人的反馈而逐渐调整的
理想自我	是所希望的自我，它与马斯洛所确定的自我实现是相互联系的。这个自我通常是在个人试图填补自我形象和理想自我之间的鸿沟时发挥作用
社会自我	别人眼中的自我，和我们认为别人如何看待我们。这并不总是与人们实际上如何看待我们相吻合，因为我们不能读懂精神。来自他人的反馈，会受到礼貌或者他人态度的主观性的限制。因此，我们不可能总意识到其他人对我们的真实想法

此外，霍金斯认为根据地区文化背景的差异，自我又衍生发展为依存型自我（interdependent self-concept）和独立型自我（independent self-concept）。

（1）依存型自我。具有这种自我意识的人，倾向于信奉人们相互联系、相互依存的信念，强调家庭、文化、职业和社会联系，倾向于服从，以社会为中心，注重整体协调和协同，以社会角色、家庭关系和所处群体，甚至包括种族和国家群体的共同性来决定自己的生活。依存型自我概念的构建主要基于亚洲地区的集体主义文化背景。

（2）独立型自我。具有这种自我意识的人认为个人生来就是独立的，强调个人的目标、特征、成就和愿望，倾向于个性化、利己主义、自我独立，在生活中追求自己做过什么，拥有什么，自己具有能与别人相区别的特征。独立型自我概念的构建主要基于西方个人主义的文化观念。

1967 年，沙沃森提出了自我概念多维度层次理论模型，代表了自我概念走向多元化。20 世纪 80 年代后，伯恩斯提出了自我概念结构图，把自我概念分为物质自我、社会自我与心理自我（侧重于情绪）。

3. 延伸的自我

贝尔克在研究自我的发展中提出了延伸的自我（extended self）概念，他认为，延伸的自我由自我和拥有物两部分构成，人们倾向于根据拥有物来界定自我，某些拥有物不仅是自我概念的外在显示，也同时构成自我概念的一个有机部分。除了身体之外，许多东西都可以看成是自我的外延部分。例如，高档的品牌、汽车、房子，甚至是团队标志、文身等，都是延伸自我的一种典型方式。延伸的自我概念强调我们就是我们所拥有的。如果丧失了那些关键的拥有物，我们将丧失自我或成为不同的自我。

延伸自我的概念与符号互动论（symbolic interactionism）有关，自我完成的符号理论（symbolic self-completion theory）认为自我定义不完整的人倾向于通过获取以及展示相关的符号来完善这一身份，如青春期的男孩可能会使用汽车和香烟等有男子气概的产品，以显示其正在形成的男性魅力。这些物品在身份不确定时期起到了社会辅助的作用。

自我强化理论（individual self-enhancement）把消费和消费者的自我概念联系起来，认为个体趋向于消费具有象征意义的商品来强化自我概念。商品的购买、展示和使用可以传递象征意义。

这种社会学传统的观点主张人们存在于一个符号的环境中，通过释义这些符号来赋予任何的情境或物体以意义。这在形成自我与其他人的关系中起到了很大的作用。

符号互动论对自我的观点表明，我们每个人都有多种自我。并且，我们需要不同系的产品，来支持我们扮演的每个角色。

基于符号互动学派的环境自我形象理论（situational self-image）认为，环境自我形象是希望他人拥有的自我的意义。这种在特定环境下的形象包括个体希望他人与自己相联系的态度、知觉和感情。个体选择表达自我的哪个方面，取决于特定的环境。一旦个体选择了在一定社会环境中要表达的自我方面，他就会寻找这一自我方面的表达方式。因此，那些重复购买率比较高，比较引人注目的产品，或者特点比较突出的品牌，可以被消费者用来在特定环境下表达自我形象。环境自我形象理论表明消费者的自我概念是一个动态的过程，对于一个品牌的消费，在一种环境下可能是与自我形象高度一致的；到了另一种环境里，却可能完全不同。

4. 数字化自我

所罗门在他的《消费者行为学（第 11 版）》中提出了数字化自我（digital self）的新概念。在个人的印象管理中，我们会选择性地将一些个人线索呈现在他人面前。在数字虚拟世界中，这个选择的过程更加显著。我们可以通过“后期制作”之类的工具去建立我们的形象。这些免费或低价的应用使得每个普通人都可以按其意愿戏剧性地改变自己的在线形象。管理数字形象的能力和艺术改变了游戏规则，它为延伸自我增加了一个全新的滤镜。这导致我们还需要考虑线上身份的表达，也就是数字化自我的存在。社交媒体的专家们用社交足迹或是生命轨迹等词语来描述这种全新形式的数字化自我。社交足迹是一个消费者在使用了特定的数字空间后留下的印记。而他的数字生命轨迹，是其在不同平台上的数字生活的轨迹。

二、自我概念与消费行为

自我概念是个体对自身一切的知觉、了解和感受的总和。每个人都会逐步形成关于自身的看法，如是丑是美、是胖是瘦、是能力一般还是能力出众等。自我概念回答的是“我是谁”和“我是什么样的人”一类问题，它是个体自身体验和外部环境综合作用的结果。一般认为，消费者将选择那些与其自我概念相一致的产品与服务，避免选择与其自我概念相抵触的产品和服务。正是在这个意义上，研究消费者的自我概念对企业特别重要。

1. 自我概念的测量

测量自我概念的常用方法是语义差别法。美国学者马赫塔发展了一种既可衡量自我概念又可测量产品形象的语义差别量表，如表 6-6 所示。该量表由 15 组两极形容词构成，每组形容词均被用来描述被评价对象。消费者或被访问者可在七级量表上表明看法，反映两极形容词中的某一极在多大程度上刻画了被评价的个人、产品或品牌。例如，形容词的一极是“令人愉快的”，与之相对应的另一极是“令人不愉快的”，消费者越是在靠近前面一极的这端，表明被评价对象越令人愉悦，反之则令人不悦；如果消费者在量表的中间位置做记号，则表明被评价对象既非令人愉快也非令人不快。在营销实践中，企业应设法使产品代言人的形象、产品或品牌形象与目标受众的自我概念相匹配。

表 6-6 测量自我概念和产品形象的马赫塔量表

粗糙的	——	——	——	——	——	——	——	精细的
激动的	——	——	——	——	——	——	——	沉稳的
不舒服的	——	——	——	——	——	——	——	舒服的
主宰的	——	——	——	——	——	——	——	驯从的
节约的	——	——	——	——	——	——	——	奢侈的
令人愉快的	——	——	——	——	——	——	——	令人不快的
当代的	——	——	——	——	——	——	——	非当代的
有序的	——	——	——	——	——	——	——	无序的
理性的	——	——	——	——	——	——	——	情绪化的
年轻的	——	——	——	——	——	——	——	成熟的
正式的	——	——	——	——	——	——	——	非正式的
正统的	——	——	——	——	——	——	——	自由的
复杂的	——	——	——	——	——	——	——	简单的
暗淡的	——	——	——	——	——	——	——	绚丽的
谦虚的	——	——	——	——	——	——	——	自负的

2. 自我概念的运用

企业往往通过品牌的定位与消费者的自我概念之间建立心理连接，并通过信息传递不断强化品牌的形象。大量事实表明消费者会倾向购买与自我概念相一致的品牌，如图 6-1 所示。

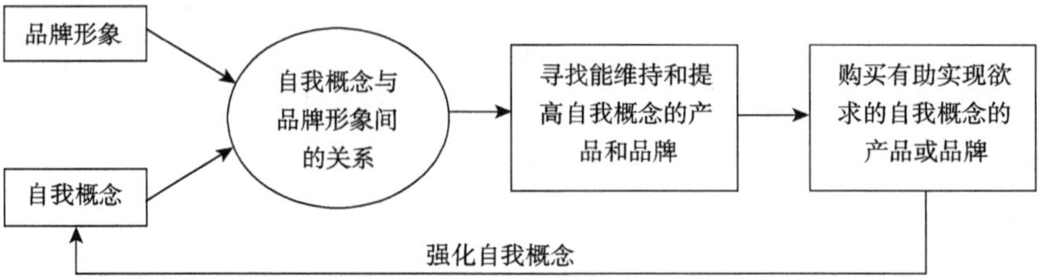

图 6-1　消费者的自我概念

第三节　生活方式与消费者行为

一、生活方式的含义

生活方式又称为生活形态，它源于社会学。从经济学角度看，生活方式代表了所选择的收入分配方式，包括在不同产品和服务中的相对分配，以及在这些品类里所进行的特定选择。生活方式简单地说就是人如何生活，它是个体在成长过程中，在与社会诸因素交互作用下表现出来的活动、兴趣和态度模式。个体和家庭均有生活方式，家庭生活方式部分地由家庭成员的个人生活方式所决定，反过来，个人生活方式也受家庭生活方式的影响。

生活方式与个性、自我概念既有联系又有区别。一方面，生活方式在很大程度上受个性、自我概念的影响。一个具有保守、拘谨性格，或者把自己看做一位传统、严谨家庭主妇的消费者，其生活方式不大可能太多地包容诸如登山、跳伞、丛林探险之类的活动。另一方面，生活方式关心的是人们如何生活、如何花费、如何消磨时间等外显行为，而个性、自我概念则侧重于从内部来描述个体，它更多地反映个体思维、情感和知觉特征。

生活方式受许多因素的影响，除了人口统计、文化、亚文化、社会阶层等因素外，还受人们所处社会、经济等环境因素的影响。因此，具有相似社会、经济、文化背景的消费者，可能在基于生活方式的具体消费活动中表现出一定的共同之处，但由于各种消费者个体变量的影响，个体之间仍然会出现大量的、明显的差异。也就是说，消费者往往会把一些个性化的东西带进某一类型的生活方式之中。举例来说，一个“典型”的大学生，可能会穿和他的同学相似的衣服，住在同一栋公寓，喜欢相同品牌的方便食品，但仍会单独加入足球俱乐部，从事集邮，或者参加一些个人的社交活动，这就可能使他与众不同。

二、生活方式的测量

不同的人有不同的生活方式。即使社会阶层和职业都相同的人，他们的生活方式也可能不同。影响生活方式的因素除了社会阶层和职业外，还有动机、情绪、价值观、家庭生命周期、文化和亚文化以及过去的经历等。生活方式可以用量化的方式进行测量并描述，早期对生活方式的测量集中于消费者个人的活动，如消费者的行为、兴趣、看法等。

对生活方式的测量，首先要有大量的被试者（即被调查者），然后使用统计技术将这些被试者分组。分组一般是以态度、价值观或活动和兴趣为依据的，有时也可以人口统计因素为依据。其他的如媒体使用模式或使用频率等通常用作参考。

1. AIO 量表

AIO 方法属于心理描述法，它是目前用来测度生活方式的最常用的一种方法，其基本思想是通过消费者的活动（activity）、兴趣（interest）、意见（opinion）来描述消费者的生活方式。AIO 量表（如表 6-7 所示）由三个部分组成：第一部分是有关活动方面的问题，如消费者从事哪些活动，购买哪些产品，如何分配时间，等等；第二部分是有关兴趣方面的问题，如消费者有什么偏好，对哪些事物特别关心；第三部分是意见方面的问题，如对世界和地方事务、人生、道德、经济发展等方面的看法和感受。其内涵简单概述为：活动表明个人如何利用可用的时间，其中也涉及如何支配金钱；兴趣表明通过努力地持续参与而被激发起的兴致及兴奋程度；意见的形成源于消费者对他们认为正确事物的重要性的衡量。

表 6-7　AIO 生活方式量表维度

活动	兴趣	意见	人口统计特征
工作	家庭	自我	年龄
爱好	住所	社会事件	受教育程度
社会活动	工作	政治	收入
度假	交际	商业	职业
文娱活动	娱乐	经济	家庭人口
俱乐部会员活动	时尚	教育	居住环境
社交	食物	产品	地理位置
购物	媒介	未来	城市大小
运动	成就	文化	家庭生命周期

此外，在进行正式的问卷调查时，问卷中一般还会涉及人口统计特征方面的问题。人口统计数据使营销者能够描述谁去购买了，而问卷数据则可以了解他们为什么去购买。因此，通过这种调查和分析，企业就可以大致地描绘出使用产品的行为和方式彼此相近的消费者的轮廓。

AIO 问卷表中具体设计哪些项目并没有一个一成不变的标准，应视研究目的和研究所涉及的领域及其性质来决定。一般来说，AIO 问卷中的问题可以分为具体问题和一般性问题两种类型。前者与特定产品相结合，测试消费者在某一产品领域的购买、消费情况；后者与具体产品或产品领域无关，意在探测人群中各种流行的生活方式。两种类型的问题均有各自的价值。具体性问题提供关于消费者如何看待某种产品的信息，使营销者了解消费者喜欢产品的哪些方面、不喜欢哪些方面和希望从中获得哪些利益，从而有助于企业改进产品和提高服务水平。一般性问题提供的信息为营销者勾勒出目标市场上消费者的一般生活特征，从而有助于企业从中发现市场机会和据此拟定有关营销策略。表 6-8 列举了 AIO 问卷中的一些典型问题。

表 6-8 AIO 问卷中的一些典型问题示例

活动方面问题	何种户外活动你每月至少参加两次？
	你一年通常读几本书？
	你一个月去几次购物中心？
	你是否曾经到国外旅行？
	你参加了多少个俱乐部？
兴趣方面问题	你对什么更感兴趣？运动、电影还是工作？
	你是否喜欢尝试新的事物？
	出人头地对你是否很重要？
	星期六下午你更愿意陪母亲逛街还是一个人外出钓鱼？
意见方面问题（回答同意或不同意）	俄国人就像我们一样
	对于是否流产，妇女拥有自由选择权力
	教育工作者的工资太高
	我们必须做好应对核战争的准备

不管采用什么类型的 AIO 问卷，调查获得相关数据后，都要进行心理描述分析。进行心理描述分析的第一步是确定哪一种生活方式产生了对某种特别产品的需求。第二步是在找出谁（具有某种生活方式的消费者）在使用这种产品后，根据 20/80 原则（即帕累托原则），区分出谁是重度、中度和轻度的使用者。企业的主要营销目标就是那些重度的使用者。第三步是在辨认出重度使用者后，考虑如何将自己的品牌与他们建立联系。这一步要分析重度使用者使用该产品的理由，即弄清他们所重视的产品或服务的利益。根据他们所追求的产品利益的不同，还可以对市场进行进一步的细分。例如，厂家最初发现购买走路穿的鞋的消费者，主要是那些鞋磨损得厉害的慢跑者时，感到十分惊讶。后来的心理描述研究表明，走路的人有好几种，有走路去上班的，有走路休闲的。这使得制鞋企业瞄准了不同的细分市场，如足乐推出了走路舒适的鞋，耐克则推出了保健型的鞋。

2. VALS 生活方式分类系统

迄今，最受推崇的关于生活方式的研究是斯坦福国际研究所（Stanford Research Institute International，SRI）于 1978 年做的价值观与生活方式（values and life styles，VALS）项目，即 VALS 系统或 VALS 生活方式分类系统。VALS 的理论基础是马斯洛需要层次理论和社会学家戴维·瑞斯曼关于内在驱动者和外在驱动者的划分。内在驱动者指从个性表达和个人品位上来判断价值的人，外在驱动者指受他人行为和反应影响而动摇决策的人。据此，VALS 系统将美国成年人的生活方式分为 9 种类型。类别一：需求驱动型。这类消费者的购买活动是被需求而不是偏好所驱动，他们可进一步分成求生者（survivor）和维持者（sustainer），前者生活在社会的底层，是社会处境最困难的群体。类别二：外部引导型。该类消费者可分成归属者（belonger）、竞争者（emulator）

和成就者（achiever）3 种类型。他们是大多数产品的消费主体，非常在意别人的评价，紧跟时代潮流。类别三：内部引导型。这类消费者的生活更多地被个人需要、内心的情感体验而不是外界的价值观所支配。他们可进一步分为我行我素者（I-am-me）、体验者（experiential）、社会良知者（socially conscious）、综合者（integrated）。

但是，由于三分之二的人口被划分在其中的两种类型里，加上 VALS 系统过多地依赖人口统计数据，因此其运用价值受到影响。基于此，SRI 于 1989 年引进了被称为 VALS2 的新系统。下面对新的 VALS2 系统作简要介绍。

VALS2 根据两个层面将美国消费者分成 8 个细分市场。第一个层面是资源的多寡，第二个层面是自我取向。消费者资源不仅包括财务或物质资源，而且包括心理和体力方面的资源。自我取向则被分成 3 个类型：①原则取向。持原则取向的人主要是依信念和原则行事，而不是依情感或获得认可的愿望做出选择。②地位或身份取向。持这种取向的人很大程度上受他人的言行、态度的影响。③行动取向。持这一取向的人热心社会活动，积极参加体能性活动，喜欢冒险，寻求多样化。具体来说这 8 个细分市场分别是如下。

（1）现代者（actualizers）：乐于赶时髦，善于接受新产品、新技术、新的分销方式。不相信广告。阅读大量的出版物。轻度电视观看者。占 8%的美国人口。他们具有最大的资源，具有高度自信、高收入和高的受教育水平。他们可以融入所有的自我导向之中。他们利用自己的财富来显示他们个人的格调、品味和特点。他们具有广泛的兴趣。

（2）实现者（fulfilleds）：对名望不太感兴趣，喜欢教育和公共事务，阅读广泛。占 12%的美国人口，也是以原则为导向。处于这个细分市场中的人是成熟的、负责任的、接受过较好的教育、知道较多的信息并且年龄较大（他们中 50%的人已经在 50 岁以上）。他们乐于跟家庭在一起，具有高的收入，在他们的消费中更加面向价值观念。

（3）成就者（achievers）：被昂贵的产品所吸引，主要瞄准产品的种类。中度电视观看者，阅读商务、新闻和自助出版物。占 10%的美国人口，以地位为导向。他们具有多的资源。他们关心他们的工作和家庭，并努力在工作上有所成功。他们在政治上较为保守，尊重执政当局。

（4）享乐者（experiencers）：追随时髦和风尚，在社交活动上花费较多的可支配收入。购买行为较为冲动。注意广告。听摇滚乐。占 11%的美国人口，也是面向行为的一个细分市场。他们年轻，精力充沛。他们花费大量的时间在身体锻炼和社交活动上。他们不吝惜在衣服、快餐和音乐上的花费。略低于 20%的人已经完成了大学教育（无学位），但他们正在努力获得一个大学的学位。他们喜欢新产品，与其他细分市场相比，具有更大的冒险性。

（5）信任者（believers）：购买美国制造的产品，偏好变化较慢。寻求廉价商品。重度电视观看者。阅读有关退休、家庭、花园和感兴趣的杂志。占 17%的美国人口，是以原则为导向，具有适度资源的人。他们是 VALS2 的细分市场中最大的细分市场。他们受教育的程度很低，他们的信仰被传统的道德观念深深束缚着。他们中的三分之一以上的人已经退休。

（6）奋斗者（strivers）：注重形象，有限的灵活收入，但能够保持信用卡平衡。花销主要在服装和个人保健产品上。与阅读相比，更喜欢观看电视。占 14%的美国人口，是以地位为导向。他们具有蓝领背景，并且努力超过他们认为比他们更成功的人。

（7）休闲者（makers）：逛商店是为了体现舒服、耐性和价值观。不被奢侈所动。仅购买基本的东西，听收音机。阅读汽车、家用机械、垂钓和户外杂志。占 12%的美国人口，是面向行为的一个细分市场。他们相对年轻，并且在价值观上易于满足。他们对物质财富或世界事件不感兴趣。他们主要关心家庭、工作和身心娱乐。

（8）挣扎者（strugglers）：忠实品牌，使用赠券，观察销售。相信广告。经常观看电视。阅读小型报和女性杂志。占 16%的美国人口，在所有细分市场中是收入最低、资源最少的人。因为他们主要是为生存而战，所以他们并没有任何的自我导向。

3. 中国消费者生活形态模型：China-VALS

2002 年，中国新生代市场检测机构宣布在中国消费者细分市场的分群深度研究上取得重大成果。基于美国、日本业界的领先消费者生活形态分类研究模型 VALS，通过 1997 年以来在中国内地进行的关于居民媒体接触习惯和产品、品牌消费习惯的连续调查积累的大量翔实的数据，新生代市场检测机构对中国的消费者进行了心理层面上的分析，建立了适应中国市场大众时代的经济态势下中国消费者生活形态模型——China-VALS。

这一模型把中国消费者按消费心理因素分为 14 种族群。其中理智事业族、经济头脑族、工作成就族、经济时尚族、求实稳健族、消费节省族 6 种族群为积极形态派，占整体的 40.54%；平稳现实派包括工作坚实族、平稳小康族、现实生活族 3 种族群，占 19.05%。

最大族群为随社会流族。从整体分析，包括积极形态派和求进务实派的 11 种族群占中国消费者整体的 80%以上，反映中国消费者普遍持有积极、务实的消费心态。而 14 类消费者在消费者总量的比例大多都在 6%~8%，分布均匀，其中随社会流族（13.95%）、经济时尚族（8.54%）在 14 类消费者中所占比例最大。而以随社会流族、经济时尚族为代表的随社会流族、经济时尚族、平稳小康族、工作成就族、平稳求进族、工作坚实族占整体的 47.9%，共同构成位于社会中层的中国消费者人群。这与中国整个社会发展态势以及典型消费形态吻合，也验证了 China-VALS 模型的准确与精准。

新生代市场监测机构的专家还根据 97 条有关生活形态测试的语句获得的数据进行分析，深入消费者生活形态和消费心理层面上综合消费者的分层（以教育程度、职业、收入等为标准），“画”出了 14 类消费者的心理“肖像”。例如，理智事业族事业成就欲望强，饮食生活超脱社会水平，男性占 7 成；而随社会流族个人主观性较弱，易受他人影响，男女比例、年龄分布较均匀，工作倾向也不明显。而不同族类的人在消费的行为上也有显著的不同：理智事业族高收入倾向明显；随社会流族习惯“货比三家”。新生代市场监测机构这种对中国消费者 14 族群的划分方法，很大程度上改善了市场细分的效果，以这种市场细分为基础，该公司还可以从消费者的产品及品牌消费习惯、媒体接触习惯、人口统计变量等多个角度针对具体的某一族群进行详细的分析。

【资料1】

中国数字化消费者生活方式

埃森哲咨询公司在其2014年的数字化消费者调查报告中，根据数字化消费者的不同需求和消费特征，将中国的数字化消费者分为七个群体。

（1）“游戏玩客”。“游戏玩客”是热衷电子游戏、关注高科技电子产品的年青一代，并且大都拥有中高收入。他们更关注数字产品的性能，对宽带、数据流量的要求较高，也更愿意为电视增值服务付费。相较于其他群体，“游戏玩客”偏好通过互联网广告及社交媒体获取产品信息，网购频率也更高。

（2）“影音潮人”。与“游戏玩客”类似，“影音潮人”同样以中高收入的年轻人为主，但使用终端的主要功能则是看视频和听音乐。他们更重视数字产品的个性与操作体验，对手机套餐流量和宽带速度关注度较高。此外，“影音潮人”也拥有较高的网购频率，线下购物则偏好品牌旗舰店和专卖店。

（3）“炫酷草根”。“炫酷草根”以居住在三线城市的中青年为主，他们大都收入较低但关注娱乐和科技产品、向往高品质消费。这类群体对数字产品的性能、外观等均有一定要求，但受限于收入水平，往往选择2 000元以下的偏中低端机型；选择电信套餐时较关注上网速度和资费。值得注意的是，“炫酷草根”的信息获取渠道和其他群体有很大不同，他们受店内销售人员的影响较大。78%的被访者有网购经历，线下购物喜欢去潮流小店。

（4）“顾家丽人”。这类消费群体是指精打细算、追求性价比，并关注家庭子女的年轻主妇们，以中低收入者和三线城市居民为主。她们购买手机时最看重外观，价格偏低；选择电信资费套餐时较关注语音资费，而不愿为电视增值服务付费。在做消费决策时，“顾家丽人”受人际传播的影响较大，新兴媒体对她们的影响相对有限。68%的顾家丽人有网购经历，不过频率较低，线下购物喜欢去便利店或中小超市。

（5）“商旅精英”。他们是追求品牌和卓越服务、关注商务功能与效率的中高收入一族，年龄多介于25岁至45岁之间，以男性为主。其消费特点是漫游多、话费高。购买手机（终端）时最看重商务功能，并且也愿意为电视增值服务付费。“商旅精英”主要通过垂直类网站、社交媒体、平面媒体和运营商实体店获取产品信息。

（6）“务实工薪”。这一群体是需求简单、关注基本商务性能的普通上班族，主要分布在一、二线城市。他们在选择手机资费套餐时更关注本地和漫游通话时长；购买手机（终端）时看重基本的商务功能，较少追求外观的时尚和新潮。72%的“务实工薪”有过网购经历，频率相对较低。

（7）“勤俭中年”。“勤俭中年”是谨慎、传统、顾家，并追求实用和低价的一个群体，三线城市居民和中低收入者是其“主力”。选择手机套餐时，他们优先考虑的是本地通话时长和免费短信数量。购买手机（终端）时更信赖熟人、销售人员和传统广告，并较为关注产品的声音效果和质量，大多使用价格较低的非智能机。一半以上没有过网购经历，线下购物喜欢去小商品市场及农贸市场。

三、生活方式与市场营销

了解消费者的生活方式，对市场营销人员是很有价值的。

首先，根据对消费者生活方式的了解，可以预测消费者的行为。例如，一个有“绿色”价值观的人喜欢热爱大自然的生活方式，换句话说，这个人将更喜欢去购买自行车而不是汽车，更喜欢成为一个素食者而不是吃大鱼大肉的人。因此，通过了解一个人的基本生活方式，就能够对他的购买行为、购买产品的类型和对这个人最具有吸引力的宣传做出预测。例如，两类海外旅游者：“变革与震撼世界者”与“恋家者”，前者总是积极地参与变革他们所生活的世界，如积极介入社会和政治事务、积极参与体育活动、听音乐会、喜欢乘飞机到海外旅游等。而“恋家者”即使住在“变革与震撼世界者”的隔壁，其收入、文化水平和职业也都差不多，却有着完全不同的生活方式。家对他们有着较重要的意义，他们花许多钱购置家具，还花费很多时间修缮、油漆和粉刷房屋，对汽车很感兴趣，爱看电视，爱读报纸。总之，通过对这两类人的生活方式的了解，我们就可以清楚地看出他们的购买或消费倾向。例如，我们可以预测前者要比后者更愿意旅游，或者更愿意到国外去旅游。

其次，了解消费者的生活方式，有助于选择目标消费者，进行恰当的市场定位，如瑞士帝琴手表是定位于高速运动中精确计时的手表，因此这家手表商的全球广告口号是“压力之下，毫不屈服”，并赞助了澳门汽车大奖赛、香港赛马等。然而并非所有的亚洲国家或地区的消费者都有这种精确与运动的生活方式，这家手表商发现中国的企业家没有其他亚洲人那么爱好体育，感觉到它的国际广告活动对中国人来说可能太体育化，于是这家手表商专门为中国制作了广告，淡化了体育感，表达也更为直接。

【思考题】

1. 消费者的个性有什么特征？
2. 自我概念有哪几种类型？营销者如何运用自我概念进行营销？
3. 生活方式与个性有什么区别和联系？
4. 有哪些方法可以测量生活方式？

【实践练习】

1. 挑选两个品牌，分别找出两三个它们曾经用过的或正在用的品牌代言人，分析代言人的个性特点与品牌特点之间的关系。

2. 设计一份旨在识别学习特别用功者和一般用功者（包括不太用功者）差别的 AIO 问卷。

第七章　消费者的态度

【学习目标】

- 掌握态度的含义、特点和构成。
- 了解态度形成的理论。
- 了解态度测量的方法。
- 掌握影响态度改变的因素和方法。

消费者在了解、接触和消费企业所提供的产品与服务的过程中，会对这些产品、服务以至提供这些产品、服务的企业形成某种态度。这种态度不仅决定着消费者如何看待企业及其提供的产品与服务，而且在很大程度上影响消费者的购买行为。

第一节　态 度 概 述

消费者是否买某个产品，在很大程度上依赖于他对该产品的态度。因此，营销者将很多精力放在找出消费者对某产品有什么样的态度，并寻求在适当的情况下改变那些态度上。

一、态度的含义及特点

态度一词最早指身体姿势或身体位置，意指一个人的物理准备状态。后来，态度演变为心理状态的术语，特指对一个特定客体的反应准备。目前，学术界对态度概念的理解虽然没有达成一致，但绝大多数人都同意，态度包含认知、情感和行为三种成分。它决定着人们在现实生活中注意什么样的对象，决定着人们怎样加工有关对象的信息，决定着人们对有关对象的体验，也决定着人们对有关对象进行反应的行为倾向。因此，我们将态度定义为：态度是指个人对某一对象所持有的评价与行为倾向。态度的对象是多方面的，其中有人、事件、物、团体、制度以及代表具体事物的观念等。

通过态度来预测行为，是人们最初研究态度，并将它置于重要位置的原因。但是，近几十年来的大量研究表明，人的行为与态度之间的关系是非常复杂的，很多行为都取决于多种因素的综合作用，而不是简单地为态度所左右。不过，态度一经产生，它确实会对人们的行为产生影响。

人们的态度一旦形成，就通常具备以下几个特点。

（1）对象性。态度必须指向一定的对象，若没有对象，就谈不上什么态度。态度是针对某一对象产生的，具有主体与客体的相对关系。人们做任何事情，都会形成某种态度，在谈到某一态度时，就提出了态度的对象，如对某个商品的印象如何，对商品的价格有何感觉，对服务员有什么样的看法等，没有对象的态度是不存在的。

（2）习得性。态度是通过学习获得的，不是生来就有的。态度不是本能行为，虽然本能行为也有倾向性，但这是不学就会的；而所有的态度都不是遗传来的，而是后天获得的。例如，消费者对某商场的态度，或者是他自己在购物的过程中通过亲身体验得来的，或者是通过广告宣传、其他客人的评价等形成的。

（3）内隐性。态度是一种内在结构。一个人究竟具有什么样的态度，别人只能从他的外显的行为中加以推测。例如，一个员工在业余时间里总是抱着各种专业书在看，那么就可以从他的行为中来推测他对学习是抱着积极的态度。

（4）稳定性与可变性。态度的稳定性是指态度形成后保持相当长的时间不变。态度是个性的有机组成部分，它使人在行为反应上表现出一定的规律性。例如，某消费者在某商场购买商品后，感觉良好，从而形成了对这家商场的肯定的态度，以后当他再想购物时，很可能还选择这家商场，这也就是人们常说的"回头客"。回头客的多少，既反映了商场服务质量的高低与商品本身是否物有所值，也反映出了客人态度的稳定与否。当然，态度并非一成不变，在各种主客观因素发生变化时，态度也会随之改变。就以上例来说，如果消费者在这家商场受到营业员不太礼貌的接待或发现这家商场的商品价格太高或质量不好，他就会改变原来对这家商场的积极肯定的态度，而产生消极、不满的情绪，他可能从此不再光顾这家商场。

二、态度的功能

人们为什么会有态度？态度有用吗？态度起着什么样的心理作用？心理学家丹尼尔·凯兹认为，人们之所以会持有某种态度，是因为这种态度具备一定的功能。例如，有些态度总结了大量信息并使事情简单化，从而使人们能更快、更容易地做出决策；有些态度表达人们的品质、性格和对其他人的偏爱情况，因此别人会以此知道如何更加有效地同他们交往；有些态度支撑着人们的自信，有助于他们对自己感觉更好；还有些态度有助于人们获得即时汇报，避免受到惩罚。根据上述分析，他提出了态度的四种功能。

（1）知识功能。态度是消费者寻求清楚和次序的驱动力，能帮助消费者组织他们日常接触的大量信息，并对这些信息进行排序，忽略不相关的信息。对于任何一个人来说，如果他知道他喜欢什么和不喜欢什么，做决定就变得容易了。例如，某个对音响感兴趣的人，可能阅读这方面的杂志，参观展览，并与朋友们讨论，从而知道最新的产品是什么。

（2）价值表达功能。态度能表达消费者的自我形象和他现存的价值观，特别是对高度参与的产品。例如，广告常常暗示使用或购买某一特定的产品将会增强自我意识或成就感等。

（3）自我防卫功能。人们持有某种态度是为了保护他的自尊，这里态度保护个人，使之不受焦虑和恐吓的威胁。例如，消费者购买许多产品，如漱口水，可避免产生焦虑的状态。

（4）效用功能。人们持有特定的品牌态度部分是因为品牌的效用。人们用过的产品曾经帮助过他时，他对该产品的态度就倾向于赞同。例如，一个人可能对一个特定的酒吧形成一种特定的态度，是因为他在那里可以遇到朋友，并且啤酒很好喝。

总之，态度具有不同的功能，而且同一个态度对象，起作用的功能可能不同，最终会影响人们对该态度对象的整体评估。例如，两个对某品牌的口香糖同样喜欢的人，依据他们的态度是反映了效用功能（这种口香糖会使我的口腔清新）还是自我防卫功能（这种口香糖能避免我口腔中的异味），在他们的态度的性质上会有明显的不同。在营销实践中，如果试图用该口香糖避免不好的口腔气味来影响效用性消费者，或者试图用该口香糖能清新口腔去影响自我防卫导向的消费者，都不能取得预期的效果。

可见，了解态度的这些功能，就可以帮助我们解释为什么有些态度很难改变，也解释了为什么不同的消费者对同一事物或品牌会有不同的态度。例如，互联网，有的人对它持有正面的态度，因为它能使人增加知识（知识功能）、迅速快捷地找到所需要的信息（效用功能），具有网上聊天的虚拟性（自我防卫功能）等；当然也有很多人对互联网持有偏见，特别是对青少年上网玩游戏或犯罪分子利用网络实施诈骗等（效用功能与自我防卫功能）。

与此相似，有人会对来自印度的软件更青睐，因为他们认为这些软件比美国的便宜（效用功能）。这就是人们头脑中的“思维定势”。

思考：

那些在公共场合使用的惹人注目或引人注意的产品（如服装、汽车）经常与哪种功能的态度联系在一起？

三、态度的构成

1. 态度的成分

前面将态度看成是对事物的总体评价，也可以说是人们对某一事物的总体感觉，但是人们为什么会有这样的感觉以及是什么促使人们形成相应的态度却不得而知。

心理学家认为态度的背后有三个层面：认知成分、情感成分和行为成分。

（1）认知成分。态度的认知成分是指对人、事物的认识、理解和评价，即通常所说的信念或想法。它是态度形成的基础。研究表明，人们对一定态度对象的认知具有一定的组织性，它在头脑中构成一种既定的模式，表现出态度的倾向性。因此，态度的认知成分与一般的事实认知不同，甚至通常还带有偏见性。

（2）情感成分。态度的情感成分即一个人对某事物的感觉，或在某事物激发下的情绪。它是指个人对一定事物的喜欢或厌恶、尊敬或蔑视、同情或冷淡。通常，人们对自己喜欢的事物会抱有好感，持积极的态度，而对自己反感的事物则持消极的态度。人们对一定事物的情感反应强度决定其态度的强度。

（3）行为成分。态度的行为成分是指个体对态度对象的反应倾向，具体可表现为表达态度的言语和行为。现实消费活动中，消费者的一些行为表现，如是否购买某一品牌的商品，对某种商品是否产生惠顾动机，是否愿意经常光顾某家商店等就是其对某种品牌的商品或某家商店的态度的行为反应。

2. *态度的层次*

态度的上述三种成分之间有没有关系？如果有的话，是一种什么样的关系？在特定的条件下，人们是先思考再行动还是先行动再思考？这就涉及态度的层次问题。所谓态度层次，就是指这三种成分之间的发生顺序。

（1）高度参与层次。所谓消费者参与，就是指消费者对某一商品或服务的关心或感兴趣程度，即某事物对消费者的重要程度。消费者在高度参与时，会在积极地搜集信息过程中发现品牌信念，在此基础上评估品牌，形成明确的品牌态度，做出相应的购买决策。也就是说，消费者首先有想法，然后产生感觉，最后才付诸行动。对于这个层次的消费者，营销人员应当通过广告大力宣传产品的属性和利益以影响消费者的信念。

（2）低度参与层次。消费者在低度参与时，不会积极地搜集和处理信息，也没有强烈的品牌偏好，而是根据被动接受的或有限的信息做出购买决策，产生购买行为，品牌评估可能在随后才发生并且很微弱，或者根本没有发生，即购买了产品却没有形成品牌态度（品牌评估）。也就是说，消费者行动在先，然后产生感觉，最后才形成想法。对于低度参与消费者，品牌态度对行为没有明显的影响，或者说品牌态度的作用在缩小，因为明确的态度在购买之前并没有出现。但是消费者在第一次购买后所产生的微弱的品牌评估仍然有可能影响其将来的购买行为。如果对所购产品不满意，以后购买的可能性就减少。可见，在低度参与层次下，由于强调通过重复简单的信息来发展出与产品属性或产品利益相关的信念，营销人员应该重视商场中的店面广告与展示，或者是将产品与广告放在人潮密集的地方，以引起消费者的注意。

（3）经验学习层次。经验学习层次也称情绪性层次，是指消费者并未事先了解品牌的属性和利益，而是根据自己的情感或想象来对产品做出整体评估，并据此采取购买行动，随后才形成对该品牌属性和利益的认识。也就是说，消费者先有感觉，然后产生行动，最后再思考。在经验层次中，消费者对产品的形象和符号等象征意义最为敏感，会持续不断地搜集此类信息。经验层次表明，当某品牌被消费者感知为富有象征意义和愉悦精神的产品时，认知过程就不是形成态度的中心了，营销人员可以直接影响消费者的品牌评估或情感过程而不必影响其品牌信念，可以运用符号和形象激发其对产品的积极情感。

（4）行为学习层次。行为学习层次是指因为环境或情境的因素促使消费者在未来形成情感与信念之前，就先采取了行动。因此，在行为学习层次中，行为最先出现，接着根据该行为形成信念，最后才是情感。例如，某消费者在过生日时收到朋友送的某一品牌的化妆品，她用了一段时间后感觉很适合她的皮肤，因此对该品牌的化妆品产生了好感。从营销的角度看，可以通过样品赠送、免费品尝等方法，使消费者能有机会接触到产品。

3. 态度成分的一致性

态度的三种成分之间一般是协调一致的。例如，某消费者在选购商品过程中，如果他认为大型商场服务优，物美价廉，所处位置方便，他就会对大型商场比较满意，产生喜欢、愉快的情感，从而经常到大型商场购物。因此，态度的三种成分之间的相互一致性，对研究消费者的态度与行为关系是非常重要的。营销人员可以通过提供信息和产品形象塑造等活动影响消费者的认知过程和情感过程，进而影响消费者的购买行为，因为态度的三个成分之间是具有一致性的。

态度的一致性主要和两个因素有关：态度的价值性与强度。态度的价值性是指认知、情感与行为成分的正面性或负面性。为了维持一致性原则，正面的认知会伴随正面的情感，而负面的认知则会伴随负面的情感。高强度的认知伴随着高强度的情感，而低强度的认知则会伴随着低强度的情感。

四、态度与行为的关系

1. 态度与行为

态度属于行为的指导和动力系统，对消费者的行为有很直接、重要的影响。有关态度与行为之间的关系的探讨几乎和态度本身的研究历史一样长远。大多数学者对态度和行为之间的关系基本上持肯定的意见，认为一个人的态度决定了他的行为，即前面论述的态度与行为的一致性。例如，某个人觉得不该发展烟草工业，他就不可能抽烟。

研究也表明，态度的三个成分之间也可能存在着不一致的现象。在通常情况下，当态度的三种成分出现冲突的时候，情感成分起主要作用。例如，我认为某人不错，可我不太喜欢他，所以不想或很少和他打交道。但是，在消费者的实际购买行为中，由于受到种种因素的影响，消费者的认知、情感和行动之间常常表现出很复杂的关系。换句话说，消费者对产品有正面的认知（信念）和情感不一定导致实际的购买，对产品有负面认知（信念）和情感也不一定不购买。

研究表明，以下因素能够导致态度和实际行为之间的差异。

（1）消费者的需要或动机。一种积极的态度要有一种明确的需要或动机才能转变为具体的行为。如果消费者不需要一台汽车或他已经有一台虽然不太喜欢但仍然可以使用的汽车，就不太会再买一台新的奔驰汽车，虽然他对奔驰汽车有高度的正面评价。

（2）消费者的购买能力。积极的信念和情感转化为动机要有购买能力作为支撑，如果消费者没有能力购买奔驰汽车，他就只能买一台不太喜欢但价钱便宜的汽车。

（3）消费者品牌信念和情感的强度以及新信息的影响。如果消费者所建立的品牌信念和情感并不强烈，或者又获得了新的信息，最初的态度就可能发生改变。

（4）缺乏直接的产品经验。研究发现，当消费者有直接的产品经验时，他们的态度就更可能与随后的行为有关。缺乏产品经验可能会导致较弱的态度倾向，并和行为无关。

（5）变化的市场条件。市场条件的变化会影响到消费者的行为和态度之间的不一致。例如，竞争品牌的特价促销可能会诱发消费者去购买一个不太喜欢的品牌：购买不到喜欢的品牌也可能会导致消费者去买一个不太喜欢的品牌，而实际上态度却没有发生变化。

（6）消费者对未来的预期。这是指消费者对产品未来发展趋势的预期以及对自己未来收入状况的预期等。例如，消费者预计不远的将来会有更好的物美价廉的汽车出现，或者预计自己未来的收入会大幅度减少，现在就不会花费高价购买高档汽车。

2. 消费偏好

态度即便不能完全预测人们的实际行为，却可以很好地预测人们的消费偏好。所谓消费偏好，是指人们趋向于购买某类商品或到某类商场购物的心理倾向。消费偏好与消费行为直接相关，这也就是还要探讨消费偏好的原因。态度是形成偏好的基础，心理学研究表明，态度至少有两个特征对偏好的形成具有重要影响。

第一是态度的强度。一般来说，态度强度越大，态度就越稳定，改变起来也就越困难。人们对某一对象的态度强度与态度对象的突出属性有关，而态度对象的突出属性对人的重要程度是因人而异的。任何事物都有许许多多的属性（形状、外观、价格等），人们对事物的认知是针对事物的具体属性而言的。不仅如此，对于同一个人来说，随着他的需要或目标的改变，其态度对象的突出属性也会发生变化。因此，人们有时并不是为了产品或服务本身才出钱去购买，而是因为这些产品或服务能够给人们提供某种收获。

第二是态度的复杂性。态度的复杂性是指人们对态度对象所掌握的信息量和信息种类的多少，它反映了人们对态度对象的认知水平。人们对态度对象所掌握的信息量和信息种类越多，所形成的态度就越复杂。例如，对于某个特定航空公司的态度就可能很简单，除了起飞时间、直达服务及其他时间方面的便利外，人们往往觉得相互竞争的大航空公司之间差别很小，然而对整个航空旅行的态度则比对个别航空公司的态度要复杂得多。对航空旅行的态度涉及速度、方便程度、节约时间、费用、身份、声望、空中服务、行李携带等多方面的问题。

一般来说，复杂的态度比简单的态度更难以改变。例如，对旅行支票的态度属于简单态度。如果一位旅行者对旅行支票持否定态度，因为他并不认为这些旅行支票真的有用，那么只要向他指出一个人离家在外时丢失钱包是多么不方便，他就会改变这种态度。然而，一个对出国旅游持否定态度的人，要改变他的态度倾向就非常难。即使他相信别人所说的出国旅行的费用很合理，他可能仍然会坚持自己的否定态度，理由是文化环境陌生、饮食或传统不同等。要改变他对出国旅游的否定态度，必须改变整个态度中的许多成分。可见，态度越复杂，就越难以改变。

第二节　态度形成的理论

人的态度不是生来就有的，而是在一定的社会环境中形成的。刚出生的婴儿，无所谓态度，在其发育成长过程中不断接触周围事物，从而在大脑中形成了各种印象、看法，获得了相应的情绪体验，就逐渐形成了对事物的态度。接下来介绍几个有关态度形成的理论。

一、凯尔曼的阶段论

心理学家凯尔曼提出态度形成有三种阶段，即服从、同化、内化。

（1）服从阶段。人为了获得物质与精神的报酬或避免惩罚而采取的表面顺从行为称为服从。服从阶段的行为不是个体真心愿意的行为，而是一时的顺应环境要求的行为。其目的在于获得奖赏、赞扬、被他人承认，或者为了避免惩罚、受到损失等。当环境中奖励或惩罚的可能性消失时，服从阶段的行为和态度就会马上消失。服从行为和态度，在日常生活中非常普遍。例如，学校规定刚入学的大学生出早操，有些学生由于没有早起的习惯，刚开始觉得非常别扭，甚至觉得学校真是多此一举，可是学校的规定必须执行，否则就要受到惩罚，无奈只能出早操，这种不愿早起又不得不早起的行为，就是服从行为。

（2）同化阶段。这一阶段的特点是个体不是被迫而是自愿地接受他人的观点、信念，使自己的态度与他人的要求一致。同化阶段的态度不同于服从阶段的态度，它不是在环境的压力下形成或转变的，而是出于个体的自觉或自愿，如一个人想加入某个有吸引力的社会团体，他就会承认该团体的章程，愿意以该团体的规范约束自己的行为，接受团体对他的要求和指导，并以该团体一份子的态度对待工作与生活。还以大学生出早操为例，某学生坚持了一段时间以后，由于出早操给他的身体和精神都带来了好处，即使不出操不给任何惩罚，他也会主动遵守学校的这一规定。

（3）内化阶段。内化阶段是指人们从内心深处真正相信并接受他人的观点而彻底转变自己的态度，并自觉地指导自己的思想和行动的阶段。在这一阶段，个体把那些新思想、新观点纳入了自己的价值体系，以新态度取代旧态度。一个人的态度只有到了内化阶段，才会稳固，才真正成为个人的内在心理特征。

态度的形成从服从阶段再到内化阶段，是一个复杂的心理过程。当然，并不是所有的人对所有事物的态度都要完全经历这个过程。人们对一些事物的态度的形成可能经历了整个过程，但对另一些事物可能只停留在服从或同化阶段。

二、认知平衡理论

认知平衡理论的创始人是美国社会心理学家弗里茨·海德。这个理论认为，认知的平衡是这样一种情境：被认知的对象和情感平静地共同存在着，因此，不论对认知组织的变化还是情感表现的变化都没有压力。而一旦失去这种平衡，就会产生紧张和恢复平衡的力量。认知平衡理论用 P-O-X 模型来说明其原理。P 是认知主体，O 是认知客体，X 是与 P、O 有关系的某种情境、事件观念或第三个人。P、O、X 这三者具有情感和态度上的联系，态度可以是肯定的，也可以是否定的。认知结构中三者关系既可以是平衡的，也可以是不平衡的。但三者关系均为肯定，或两方为否定，一方为肯定时，是平衡状态，否则就是不平衡状态。不平衡状态就会产生心理紧张，造成恢复平衡的心理压力，从而导致态度改变、求得平衡。

平衡理论对我们理解态度的形成与变化过程提供了启迪，但是，这一理论也存在局限性。如图 7-1 所示，几种关系中，只有正负体验的方向指标，而无强度指标，因而不能说明 P 在不平衡状态时，何以会对其中的一方而不是另一方改变态度以恢复认知的平衡。另外，两个人对一件事有不同意见，可能会产生心里不快或影响双方态度，但不至于一定产生引起态度发生变化的不平衡和由此影响双方之间的友谊。小的分歧和意见、看法的不一致在人与人之间是司空见惯的，也是很容易被遗忘的。

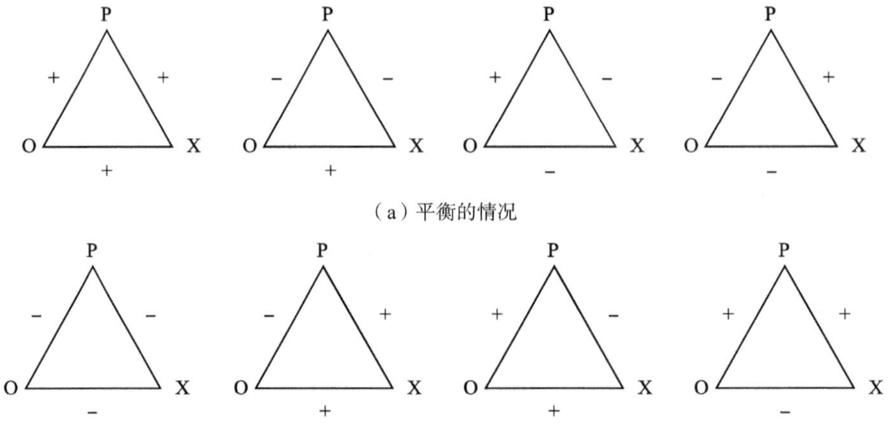

（a）平衡的情况

（b）不平衡的情况

图 7-1　P-O-X 模型

三、认知失调理论

认知失调理论是美国社会心理学家费斯廷格提出的。这一理论的基本出发点是，人们在观点、态度、行为之间具有一种一致或平衡的取向，即两个认知元素之间要达到一致的趋向。所谓认知元素，是指一个人对自身、对自己的行为及环境所了解的事情。费斯廷格认为，每种认知结构都是由诸多基本的认知元素构成的，而认知结构的状态也就自然取决于这些基本的认知元素相互间的关系。他将这种关系分为三种可能性：①协调，此时两种元素的含义一致；②不相干，此时两种元素的含义互不牵连；③不协调，此时两种元素的含义彼此矛盾。

费斯廷格认为，作为心理上的不适，不协调的存在将推动人们去努力减少不协调，并力求达到协调一致的目的。减少不协调的具体途径有三条：其一，改变其中的一个认知，使之与自己持有的其他认知相一致。例如，认识到“吸烟有害健康”，而自己又有吸烟的嗜好，此时可把前者改为“有许多吸烟的人身体仍很健康”，这样，两个认知之间便协调一致了。其二，改变行为，使行为与其他认知相一致。例如，由吸烟到戒烟。

其三，在不改变原来两个认知因素的条件下，增加新的认知，如插入“抽烟可以提高工作效率，个人安危是次要的”等辩解理由，减轻不协调压力。

【资料1】

认知失调实验

费斯廷格认为，在一般情况下，人们的态度与行为是一致的，如你和你喜欢的人一起郊游或不理睬与你有过节的另一个人。但有时候态度与行为也会出现不一致，如尽管你很不喜欢你的上司夸夸其谈，但为了怕他报复你而恭维他。在现实社会中，不一致的、相互矛盾的事物处处可见，但外部的不一致并不一定导致内部的不一致，因为人可以把这些不一致的事物理性化，而达到心理或认知的一致。但是倘若人不能达到这一点，也就达不到认知的一致性，心理上就会产生痛苦的体验。那么当这种不一致出现时会怎样呢?

实验目的：考察当个体的态度与行为不一致时，即产生认知失调（cognitive dissonance）时个体的反应。

实验假设：报酬越少的被试其认知失调程度越高，态度改变越大。

自变量：报酬（20美元、1美元、0美元）。

因变量：被试者对任务的喜爱程度。

被试者：60名大学生。

实验过程：将被试者分三个组进行，每组20人。①控制组，没有任何报酬。②1美元报酬组。③20美元报酬组。他们让被试者做两项极为无聊的工作：第一项工作是绕线，第二项工作在木板上摆弄48根小木棍，每项进行30分钟。之后告诉被试者说这项研究的真正目的是想验证完成该工作的绩效如何受他人预先对此工作评价的影响。实验者还给被试者说由于人手不够，希望被试者能够提供帮助，具体任务就是告诉下一个进来的人这项工作很有意思（撒谎）。实验结束后主试询问了被试者对这些任务的喜欢程度。

实验结果：得到报酬1美元的报告的喜欢程度最高，平均估值为0.35，得20美元报酬的平均估值为−0.05，控制组为−0.45。没得到报酬的被试真实地表达了自己的想法，不喜欢这个任务，得到20美元高报酬的被试者态度改变得较少，还是表达了不喜欢该任务，得到1美元的态度改变最大，撒谎说喜欢该任务。

在这项研究中，费斯廷格和卡尔斯密斯认为撒谎的被试者可以通过两种方法减少认知失调：一是增加第三个认知以使态度与行为之间的不一致性减少；二是改变他们对工作的态度。给1美元的被试者之所以态度改变大，是因为他们感受到的认知失调高，而给20美元的被试者用高的报酬来解释自己的撒谎行为，高的报酬成了解释反态度行为的正当理由（sufficient justification），相当于增加了一个新的认知用来解释态度与行为之间的不一致性，因此不太需要改变态度。1美元太少，不能成为反态度行为的正当理由，而是不当理由（insuficient justification）。

四、多属性态度模型

多属性态度模型有很多种不同的表达形式，其中马丁·菲什宾（Martin Fishbein）的模型影响最大。菲什宾理论的主要观点是，人们对显著信念的评价能引发他们对事物的整体态度。简单地说，人们趋向喜欢有“好的属性”的对象，趋向不喜欢“坏的属性”的对象。在菲什宾多属性模型中，对对象的整体态度由两个因素构成：显著信念与对象的联系程度以及对显著信念的评价。

对于大多数事物，我们都有一些信念。例如，我们也许相信并认为健怡可乐：几乎不含热量；含有咖啡因；相对来说贵一些；是一家大公司生产的。我们关于这种品牌饮料的所有信念构成了我们对健怡可乐的认知。这里需要指明的是，信念不必是正确的或真实的，只要消费者相信就行。

人们对任何的产品、品牌或事物都可以形成许多信念。但是由于人们的认知能力是有限的，不可能在头脑里存储关于某一事物的所有信念，所以只有很少一部分信念被激活然后被有意识地考虑到。那些被激活的信念称为显著信念。只有对对象的显著信念才能形成人们对对象的态度，并进而产生相应的行为。因此，了解消费者态度的关键是弄清显著信念。

人们对产品或品牌的信念（尤其是显著信念）之所以能预测人们的态度和行为，是因为许多关于产品属性的信念本身具有评价性质。“防止蛀牙”“可靠的表现”“吸引人的式样”等通常被视为正面信念。一个产品或品牌与越多的正面信念相联系，每种信念的正面程度越高，则人们的态度就越积极，就越可能导致人们的购买行为。

多属性态度模型说明了人们通过结合对产品显著信念的评价和信念的强度，从而形成对该产品的整体的态度。

消费者的购买行为有时可能很复杂。在运用显著信念和多属性态度模型来分析消费者的行为时，营销人员要把握以下两个方面。

第一，消费者对产品或品牌的信念的强度受到他们过去经历的影响。而且，消费者在实际使用某产品后对该产品的属性或结果的信念的强度会趋于更高，而仅仅是通过广告宣传或与营销人员交谈而成的信念强度就要低得多。这是因为建立在亲身经历基础上的信念更容易被激活，从而对人的态度和行为产生更大的影响。因此，营销人员可以通过分发免费样品或出售便宜的小包装试用品来增加消费者的实际接触，从而最大限度地把潜在顾客转化为现实顾客。

第二，一般来说，有关一个对象的显著信念的数量不会超过九个。如果一个消费者解释和整合信息的能力有限，那么他对许多对象所能得到的显著信念就会更少。而且，对显著信念的评价按每个显著信念的强度成比例地对对象的心理和行为产生影响。因此，积极属性强的信念将比同等积极属性较弱的信念对对象的态度产生更大的影响。同理，消极的信念评价按照它的信念强度“权重”成比例地影响对对象的心理和行为，减少对对象的态度的积极性质。可见，对同一产品来说，由于消费者可能看重的是不同的属性，因而他可能对各属性赋予不同的“权重”，其结果就是不同的消费者对产品或品牌会产生不同的偏爱。

第三节　态度的测量

一、利克特量表法

利克特量表是由利克特（R. Likert）于 1932 年提出的。利克特量表采用肯定和否定两种陈述，要求参加态度测试的被试者对各项陈述在 1~5 的等级量表（五级量表）或者 1~7 的等级量表（七级量表）上自我报告其对该陈述的赞同程度。图 7-2 就是在态度调查中采用的五级和七级利克特态度量表。

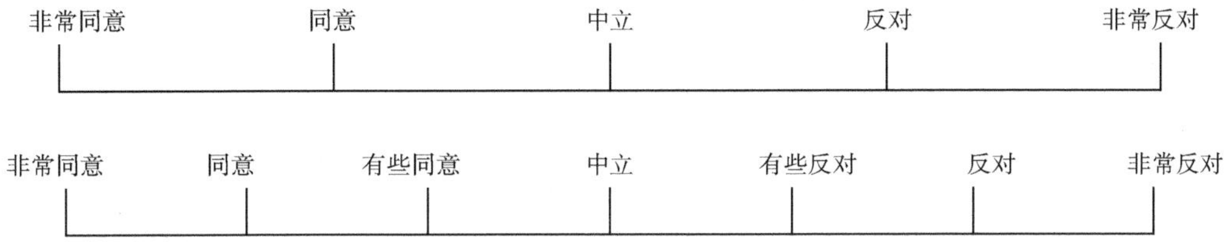

图 7-2　利克特态度量表

在运用利克特量表测量消费者态度时，经常会遇到的一个问题是，如何确定所使用的陈述语句是否合适，即确定这些语句是否确实具有刻画或反映消费者的某一方面态度的潜力和能力。对于这一问题，迄今仍没有找到十全十美的解决办法。但在实际运用中，可以通过计算在某一项目的陈述上得分居于前 25%的被试者的平均得分和在该项目上得分居于后 25%的被试者的平均得分，并对这两部分被试者的平均得分进行比较，以平均得分的差异，作为决定该项目陈述是否合适，是否应保留或删除的判别标准。前述两部分被试者在某一项目上的平均得分差异越大，就表明该项目越能深刻刻画人们在某一方面的态度，因而适合作为量表项目，否则表明其对消费者态度的刻画能力较弱，不宜选作量表项目。

利克特量表操作简便，是目前应用最广泛的态度测量方法之一。较之于瑟斯顿量表，利克特量表的工作量只相当于前者的几分之一甚至几十分之一，而用利克特量表所测得的结果与用瑟斯顿量表所测得的结果相似度达 80%。由此不难解释利克特量表受到普遍欢迎的原因。虽然如此，利克特量表也有自身的局限性。由于采用自我报告法，再加上其自身存在一种将问题简化处理的倾向，运用利克特量表测量较复杂的态度问题时，效果并不十分理想。此外，利克特量表依据直接询问被试者对态度客体的评价来赋予分值，因而在一些敏感问题上，被试者可能会存在顾虑而加以掩饰，由此可能会影响最终的测试效果。

二、语意差别量表法

语义差别量表，又叫语意分析量表，是由奥斯古德（C. E. Osgood）等于 1957 年提出的一种态度测量方法。该量表的基本思想是，对态度的测量应从多个角度，并采用间接的方法进行，直截了当地询问人们对某一主题或相关问题的看法与态度，其结果不一定可靠；人们对某一主题的态度可以通过分析主题概念的语意，确定一些相应的关联词，然后再根据被试者对这些关联词的反应加以确定。例如，我们想了解一个人对他父亲的态度，此时不应直接询问他的感觉，因为直接询问未必能了解他的真实想法，这时可以提出“父亲”这个词，并要求被试者按语意差别量表中的各个评定项目做出选择，由此即可推断出他对父亲的态度。语意差别量表包括三个不同的态度测量维度，即情感或评价维度、力度维度和活动维度。每一维度都由几对反义形容词或两极形容词予以描述。表 7-1 就是奥斯古德等提出的语意差别测量项目表。

表 7-1　语义差别测量项目表

评价量表	好	7	6	5	4	3	2	1	坏
	美	7	6	5	4	3	2	1	丑
	聪明	7	6	5	4	3	2	1	愚蠢
力度量表	大	7	6	5	4	3	2	1	小
	强	7	6	5	4	3	2	1	弱
	重	7	6	5	4	3	2	1	轻
活动量表	快	7	6	5	4	3	2	1	慢
	积极	7	6	5	4	3	2	1	消极
	敏锐	7	6	5	4	3	2	1	迟钝

资料来源：Osgood C E，Suci G J，Tannenbaum P H. The Measurement of Meaning. Urbana：University of Illinois Press，1957

在对不同事物或主题进行态度测量时，用以描述表中各维度的具体项目可以做相应调整，以使量表能更贴切地反映所测主题的特征。具体测定消费者态度时，先给被试者提出一个关于态度对象的关键词，然后要求被试者按自己的想法，在两极形容词之间的 7 个等级上选定一个等级，各系列分值的总和就代表他对所测事物的综合态度。得分越高，表示被试者对所测事物越具有积极和肯定的认识，否则表明被试者对所测事物持有消极和否定的态度。

下面以消费者对 A、B 两家花店的评价来进一步说明语义差别量表的具体使用。图 7-3 中绘出了 100 位消费者对 A、B 两家花店的评价结果的平均值。

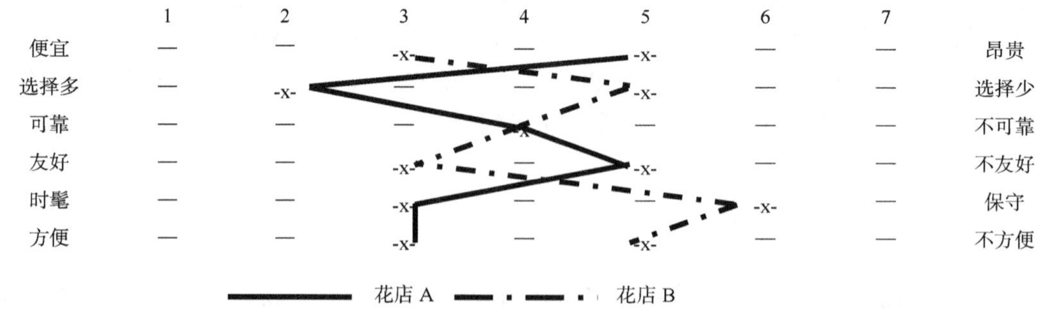

图 7-3　消费对鲜花店态度的语义差别量表

从图 7-3 中可以看出，花店 A 位置较好，布置更新潮，选择余地较大，但价格昂贵，服务态度不是很好；而花店 B 态度较好，价格更亲民，但所处位置不是很理想，购买种类较少，并有较保守的形象。

语意差别量表构造比较简单，适用范围广泛，几乎可以用来测量消费者对任何事物的态度。局限性是，这种态度测量方法并未摆脱被试者自我报告的方式，而且量表中各评价项目的确定仍带有一定的主观性。

第四节 态度的改变

一、影响消费者态度改变的因素

态度的改变有两种情况：一个是方向的改变，另一个是强度的改变。例如，原来不喜欢某家商场，后来变得喜欢了，这是方向的变化；原来对某商场有犹豫不决的态度，后来表示非常愿意到这家商场购物，这就是强度的变化。当然，方向与强度也有关系，从一个极端转变到另一个极端，既是方向的改变，又是强度的改变。

影响消费者态度改变的因素主要有以下几个方面。

1. 消费者本身的因素

消费者的需要、智力水平、性格特点、受教育程度以及社会地位等，都会影响态度的改变。

（1）需要。态度的改变与消费者当时的需要密切相关，如果能最大限度地满足他当时的需要，则容易使其改变态度。

（2）性格特点。从性格上看，凡是依赖性强、暗示性高或比较随和的人容易相信权威、崇拜他人，因而容易改变态度。反之，独立性强、自信心高的人则不容易被他人说服，因而不容易改变态度。

（3）智力水平。就一般而言，智力水平高的人，由于具有较强的判断能力，能准确分析各种观点，不容易受他人左右。反之，智力水平低的人，难以判断是非，常常人云亦云，因而容易改变态度。

（4）自尊心。自尊心强的人，心理防卫能力较强，不容易接受他人的劝告，因而态度改变也比较难。反之，自尊心弱的人则敏感易变。

其他如受教育程度高和社会地位高的人要想改变他们的态度也比较难。

2. 态度的特点

态度的强度、态度的价值性、态度的三种成分之间的关系以及原先的态度与要改变的态度之间距离的大小等都能对消费者态度的改变产生影响。

（1）态度的强度直接影响消费者态度的改变。一般来说，消费者受到的刺激越强烈、越深刻，态度的强度就越大，因而形成的态度越稳固，也越不容易改变。例如，消费者在购买中受到营业员的人身侮辱或在超级市场寄存物品时贵重物品被损或丢失，会使消费者产生强烈的愤怒或不满，因而对某商场或某家超级市场产生强烈的否定情绪。这种态度一经形成就难以改变。

（2）态度形成的因素越复杂，越不容易改变。例如，一个消费者对某商场的否定态度如果只依据一个事实，那么只要证明这个事实是纯偶然因素造成的，消费者的态度就容易改变过来。而如果态度是建立在很多事实的基础上的，那么要改变态度就比较难。

（3）构成态度的三种成分（认知成分、情感成分、行为成分）一致性越强，越不容易改变。如果三者之间直接出现分歧、不一致，则态度的稳定性较差，也就比较容易改变。

（4）态度的价值性也对消费者的态度产生重要影响。态度的价值性是指态度的对象对人的价值和意义的大小。如果态度的对象对消费者的价值很大，那么对他的影响就会很深刻，因而一旦形成某种态度后，就很难改变。反之，态度的对象对消费者的价值小，则他的态度就容易改变。

（5）消费者原先的态度与要改变的态度之间距离的大小。要转变一个人的态度取决于他原来的态度如何，如果两者差距太大，往往不仅难以改变，反而会使之更加坚持原来的态度，甚至持对立的情绪。例如，要让一个恐高症患者或在一次空难中死里逃生的人乘飞机旅行几乎是不可能的事。

3. 外界条件对态度改变的影响

除了消费者和态度本身的特点影响态度的改变以外，一些外界条件也能改变消费者的态度。这些外界条件有以下几点。

（1）信息的作用。从某种意义上说，消费者的态度是他们在接受各种信息的基础上形成的。研究表明，能吸引注意力的、可理解的、可信的和容易记忆的信息具有较大的说服性。此外，信息传播的诉求特征和信息的结构特征也能影响消费者态度的改变。例如，很多广告采用恐怖诉求、幽默诉求、情感诉求等来对消费者产生影响。在信息的结构特征方面，涉及的最基本的一个问题就是单面信息和双面信息。在广告和销售展示中，营销者往往只展现产品好的一面，却一点不涉及产品可能具有的负面特征或某个竞争产品可能具有的优势，这类信息就是单面信息。而双面信息就是同时提供产品好的和不好的方面，是一种反直觉的做法，大多数营销人员都不愿意尝试这种做法。但是，对于改变那些已有的强烈态度，双面信息往往比单面信息更加有效。而且，双面信息对受过较高教育的消费者特别有效。单面信息则在巩固已有态度方面比较有效。当然，产品的类型、环境因素和广告形式都会影响这两种信息的相对有效性。

（2）消费者之间态度的影响。态度具有相互影响的特点。因为消费者之间的意见交流，不会被认为是出于个人的某种利益，也不会被认为是具有劝说其改变态度的目的，因而不存在戒备心理。此外，由于消费者之间角色身份、目的和利益具有相同或相似性，彼此的意见也容易被接受。事实证明，当一个人认为某种意见是来自与他利益一致的一方时，他就乐于接受这种意见，有时甚至主动征询他人的意见，以作为自己的参考。

（3）团体的影响。消费者的态度通常是与其所属团体的要求和期望相一致的，这是因为团体的规范和习惯力量会无形中形成一种压力影响团体内成员的态度。如果个人与所属团体内大多数人的意见相一致，他就会得到有力的支持；否则，就会感受到来自团体的压力。例如，虽然某消费者很想买一部苹果手机，但由于他所在团体的人们都买了安卓手机，所以他也就打消了买苹果手机的念头，而去买了安卓手机。这就是所谓的群体压力下的“从众行为”。

（4）企业形象对消费者态度的影响。一般情况下，具有良好形象的生产企业推出的产品容易得到消费者的信赖和喜欢，这是大量市场销售实践所证明的。因为消费者一般深信名牌产品是不会让他们失望的。而商品经销企业在销售生产企业产品的过程中所表现出的经营思想、经营艺术、服务质量、服务水平及商业信誉等在某种程度上也体现了商品经销企业的形象。

二、改变消费者态度的策略

说服消费者是营销宣传的中心目标。在信息社会，消费者每天都会受到各种商品信息的轰炸，并逐步掌握了不少策略以维持已形成的消费态度。不过，即使消费者的态度固若金汤，还是可以通过很多方法突破消费者的这种“保护机制”。在营销实践中，改变消费者态度的策略有很多，这里主要介绍以下几种。

1. 改变态度的基本动机功能

改变基本动机功能是指通过使态度的某一功能特别突出，从而来调整消费者的态度。如前所述，态度的基本功能有使用功能、自我防卫功能、价值表达功能和知识功能。消费者对同一产品的喜爱，可能是基于不同的理由，因此，可以通过改变态度的基本功能来改变消费者的态度。例如，斯沃琪（Swatch）手表借着新奇和有创意的外形设计，而将手表由原先以计时为主要功能转变成以传达个人风格和具有收藏的价值为主要功能。因此，斯沃琪手表调整了过去消费者对手表的看法和态度，同时也吸引了那些喜欢价值表达功能的消费者。

2. 改变态度的构成成分

我们知道，态度的构成成分有三个，认知成分、情感成分和行为成分。因此，可以通过改变态度构成中的任一部分，来达到最终改变消费者态度的目的。

1）改变认知成分

改变认知成分即改变消费者对品牌或产品的信念，其具体方法有以下三个。

（1）促使消费者对产品有新的积极的评价。这是最常用的策略。这种策略往往需要产品有新的形态，如标志、包装、颜色、功能等。例如，我国的机绣产品在这方面就取得了较大的成功。我国的机绣品做工精细，针法千变万化，且能表现复杂的图案及色彩，具有其独特的一面，在中东地区已有了较高的地位，市场占有率很高。但在 20 世纪 70 年代末期，在已习惯于使用我国产品的中东地区的市场上，东南亚地区、韩国等成为我们在中东地区机绣产品的有力竞争对手，这个市场有被其他各国逐步瓜分的危险。在进行大量市场调查的基础上，辽宁省工艺品进出口公司对客户们普遍提出的我国产品多年来始终是老面孔，包装陈旧、无吸引力、上不了超级商场货架等问题进行了分析。为了改变这一局面，有关部门及时地设计出了符合当地风格习惯的新包装，其式样、款式、花色都比较新颖独特，又能摆在超级市场的货架上。产品一推出，就得到了这个地区进口商们的一致赞赏，纷纷提出了大量的供货要求，一下子恢复了我国机绣产品一枝独秀的局面。

（2）提高已存在的积极信念的强度。营销人员也可以通过改变消费者已存在的积极信念的强度，来影响消费者的态度。在欧洲，20 世纪 90 年代中期，牛肉的消费下降了 50%以上，这严重打击了牛肉供应商。研究表明，消费者受到鸡肉广告的吸引，认为鸡肉含有更低的胆固醇和卡路里，而原来对牛肉种种健康性的信念被遗忘了。为此，牛肉行业委员会花了数千万元广告费，将牛肉和鸡肉做比较，从而重新唤起并加强了消费者认为牛肉是健康食品的信念，并在短期内使牛肉的消费量有了很大的提高。

（3）降低已存在的消极信念的强度。黄油和蛋黄等食品的属性曾获得很积极的评价，因为它们给食品以丰富和令人满意的味道。但 20 世纪 90 年代后，黄油和蛋黄成为心血管疾病的罪魁祸首，消费者普遍持有负面和消极的看法。克拉夫公司推出它的无脂色拉佐料（蛋白奶油）和蛋黄酱产品系列，打消消费者对高脂、高胆固醇食品的顾虑和消极态度，打开了市场。

2）改变情感成分

营销人员越来越多地试图在不直接影响消费者品牌信念和行为的条件下先影响他们的情感，促使他们对产品产生好感。一旦消费者以后对该类产品产生需要，这些好感会导致购买行为，甚至好感会直接促进购买，使消费者在使用过程中建立对品牌的正面信念。营销人员建立消费者对产品的好感的方法有三种：经典性条件反射、激发对广告本身的情感和增加对品牌的接触。

（1）利用经典性条件反射。企业将消费者喜爱的某种刺激与品牌名称放在一起展示，多次反复就会将该刺激产生的正面情感转移到品牌上来。例如，极限挑战运动能够激发消费者感受力量和毅力的正面情感，如果把极限挑战运动的镜头与某运动饮料的品牌多次在一起播放，就会将消费者对该项运动的喜爱转移到本品牌上来。

（2）激发对广告本身的情感。消费者如果喜爱一则广告，也能导致对产品的正面情感，进而提高购买参与程度，激发有意识的决策过程。使用幽默广告、名人广告、比较广告、情感性广告等都能增加受众对广告的喜爱，这类广告中不一定要含有具体的认知信息。消费者对广告本身的态度（如喜欢或不喜欢）是营销成败的关键。

（3）增加对品牌的接触。研究表明，大量的品牌接触也能增加消费者对品牌的好感。对于低度参与的产品，可以通过广告反复播放提高消费者的喜爱程度，而不必改变消费者最初的认知结构。这里，重复是以情感为基础的营销活动的关键。重复的真正意义是使人们获得积极的熟悉感，从而更倾向于认同和选择。不过，只有适当的重复才可以增加人们的接受性，过分的重复将产生惯性，会使消费者由于厌倦不再注意那些信息。所以，聪明的广告商总是以丰富、变化的广告画面与创意去重复同一主题，而很少以广告的反复播放来获得重复效果。可口可乐就是以独具风格的广告来打开不同国度的市场的。

3）改变行为成分

行为能够直接导致认知和情感的形成。因此，营销人员可以直接引发消费者的行为，然后透过行为来改变消费者的态度。例如，某消费者不喜欢某品牌电扇，认为它是无名小厂生产的，外观粗糙，但是在天热的时候附近商店没有别的品牌电扇出售，或者其他品牌电扇价格太贵，只好买了该品牌电扇，其使用后感到风力很大，也很耐用，就改变了对该品牌电扇的认知和情感。研究显示，试用产品后所形成的态度会更持久和更强烈。

【思考题】

1. 态度的组成成分是什么？
2. 影响购买行为与态度不一致的因素有哪些？
3. 如何测量态度？
4. 如何改变态度？

【实践练习】

为学校附近两家相互竞争的饭店设计消费者态度调查问卷，用语意差别量法测量消费者对饭店的态度并提出改进建议。

第八章　文化与消费者行为

【学习目标】

- 掌握文化和亚文化的含义和特点。
- 了解消费者的文化价值观。
- 了解中国传统文化及对消费者行为的影响。
- 了解跨文化营销活动。

文化的影响如同我们呼吸的空气，无处不在，无时不有。现代企业在营销中必须重视社会文化因素，借助于文化营销，才能适应不同特色的环境，形成自身的独特优势。

第一节　文化概述

一、文化的含义和特点

1. 文化的含义

文化是大家很熟悉的一个词，每个人似乎都可以举个例子告诉你什么是文化，但是要精确地对其界定，则十分不易。在中国古代文献中，文化有“以文教化”的意思，即以文德教化天下。学者梁漱溟认为，文化是一个民族生活的种种方面，包括精神生活方面、物质生活方面和社会生活方面。著名史学家许倬云认为，文化包括三个层面，即思考方式、人际关系、人与自然的关系。国内多数学者认为，文化有广义和狭义之分。广义的文化指人类所创造的物质成果与精神成果的总和；狭义的文化特指人类创造的精神成果，如制度、哲学、宗教、文化、艺术、科学与技术等。也有学者认为，可以从物质层、心物结合层和心理层三个层面来理解文化。所谓物质层，是指经过人类作用的第二自然物，如古人用过的石斧、青铜器，他们建造的窑洞、墓穴；现代人类发明的汽车、飞机等。文化的物质层，反映了人类的技术水平，反映了人类认识和改造自然的能力。心物结合层主要是指人类创造的精神产品，如组织、制度、文学、艺术等。心理层则包括人的价值观、思维方式、审美情趣、宗教情绪、民族精神等。

从消费者行为研究角度，我们关注的是特定文化中社会成员所共同持有的信念、价值观、风俗习惯，以及它们对消费行为的影响。因此，在本书中倾向采用 Schiffman 和 Kanuk 对文化的界定：文化是某个特定社会的大多数成员所习得和共享、用以指导其消费行为的信念、价值观和习俗的总和。信念是将某些事物或观念作为“真实”或“真理”加以接受的心理状态，或者说相信某事为真的一种状态。例如，如果一个人相信“一分钱一分货”的话，他更可能根据商品的价格来判断其质量。价值观是关于某种行为或行为结果是好的和值得肯定与期待的持久信念。文化价值也是一种信念，但与一般的信念相比，它具有如下特点：数量上相对较少；它为文化上适宜的行为提供指导；具有持久性或不容易改变；与特定事物或情境无关（例如，如果你有一种集体主义的价值观，那么你会在几乎所有情境下，都表现出以集体为重的倾向）；为某一社会的成员普遍接受。习俗则是为一种文化所接受、所允许或受鼓励的外显行为模式。在我国除夕夜，全家吃团圆饭，放鞭炮，家长给小孩压岁钱，就是一种文化习俗。

文化为人类所创造，但一旦形成反过来会对我们的行为产生制约和影响。这种制约和影响可以说是无时不有、无处不在。在炎热的夏天你为什么不像在寝室那样穿背心和短裤衩出现在教室？为什么晚上睡在床上而不是地板上？为什么用筷子而不是用手去抓饭或抓菜？我们的文化对你为什么要这样行为早已做出了“规定”，你会不假思索的按这些“规定”来行动。大多数情况下，人们是在毫无意识的状态下做出与文化规定相一致的行为，不如此，反而会觉得不自然、不习惯。通常，文化不会对人们应当做什么、不应当做什么给出具体、详细的规定，而只是对行为的合适性划分出一个大致的“边界”或“疆域”。这种“边界”或“疆域”的划定，主要取决于我们下面要提到的文化价值观。文化价值观为人们提供关于是非、好坏、对错的判断标准，当与同一文化下的其他人交往时，由于我们享有类似的文化价值观，此时往往感受不到文化的存在。只有处在异质文化下，由于强烈的对比，我们才会意识到文化尤其是文化价值观对自身行为的影响有多么深远和广泛。

2. 文化的特点

1）文化的习得性

不同于性别、肤色、头发等生物遗传特征，我们所拥有的信念、价值观和习俗并非与生俱来，而是后天习得的。中国人说中文、用筷子、过农历新年、具有强烈的“家”的意识，这些都是文化传承的结果，是后天学习的产物。如果一个人出生在法国，他可能说法语、用刀叉、用法国的习俗过节，用法国人的方式行动和思考。人从出生之日起，开始接受所在文化的浸染和熏陶。当一个人来到这个世界上，所看到的、听到的和接触到的，都是打上了某种文化烙印的环境。在这种环境下成长，慢慢学会以与周围人类类似的方式思考、行动和赋予事物以意义。当你看到父亲总是早出晚归，在外劳作，而母亲更多地教你唱歌、识字、默默承担家务，实际上正在学习夫妻角色分工；当父亲严厉地告诉你，应当把碗里的饭吃干净时，你在学习一种行为规范。

人类学家用“濡化”（enculturation）这一概念来表示整个文化学习过程，社会学里用“社会化”（socialization）表达类似的意思。“濡化”或文化学习在有的情况下是很正式的、能被我们意识到的，但更多情况下是非正式的、自动的和潜移默化的。在学校学习中国历史、学习数学，是一种正式的文化学习，而通过谚语、神话、传说、艺术品和戏剧等，同样可以促成文化的传承。后一种文化学习，往往以“润物细无声”的方式进行，更不容易被人意识和觉察到。

2）文化的群体性

文化的群体性也称文化的共享性，它是指特定的信念、价值观和行为实践必须为一个社会的大多数成员所共享。我们平时说文化是一个社会的黏合剂，能把彼此各异的社会成员紧密联合在一起，也是着眼于文化的群体性。当谈论蒙古文化时，我们指的是为蒙古这个民族所创造，并为该民族的大多数成员所共享的精神与物质财富。说华为具有“狼性文化”时，是指华为这个企业具有某种“进取性”或进攻性，而这应当在该企业大多数成员的身上或其行动中表现出来。如果一种行为、一种思想不为群体内的他人所知，或只是某个人的奇思异想，那么它们很难成为文化的一部分。

一个社会内部，有很多的机构承担文化传递工作，从而使文化共享成为现实。首先最重要的是家庭，它将文化的基本价值观和风俗以言传身教的方式，传授给家庭成员，即社会成员。家庭教会我们很多与消费相关的技能与观念，如金钱的含义、价格与品质之间的关系、购买品味的确立、对促销信息的合适的反应方式等。其次是学校，学校传授学习技能、历史、爱国情操等，培养我们如何承担未来的社会角色。在西方，教会是一个重要的文化传递机构，它教会人们关于上帝、关于伦理、关于生命意义的很多概念和知识。在当代，不容忽视的文化传递机构是大众传媒。大众传媒不仅给我们有关产品和服务的信息，同时也传授我们很多文化的内容，如如何出席宴会，如何招待客人，如何装饰自己的房间从而使自己更有品味，等等。总之，大众传媒在强化某些传统价值观的同时，又在创造和扩散新的趣味、习惯和风尚，并促成群体成员的共享和一致。

3）文化的复合性

文化的复合性是指任何文化都是由很多元素和现象所组成的一个整体。蒙古文化不仅包括了蒙古语、蒙古包、蒙古服饰、蒙古歌舞，也包括蒙古人喝奶茶的方式、蒙古人的思维模式等很多方面。同样，日本文化不仅指和服、日语、功夫茶，也包括“忠君”的观念、“团队精神”等各种内容。

4）文化的符号性

文化的符号性，指的是任何文化都建立在一定符号体系之上。文化符号的形式多种多样，服饰、旗帜、建筑、宗教、偶像等皆可构成文化符号。星条旗、可口可乐、好莱坞是美国文化的象征，而故宫、长城、太极、针灸是中华文化的象征。构成一种文化最重要的符号是语言，语言使文化得以延续。有了语言，知识可以积累，前人的经验、智慧可以为后人分享。“语言是人们能交流其内心想法，表达从前从未表达的观点，将经验上升成抽象的概念和层次。宗教、哲学、道德、文学、科学、技术和无数其他人类知识和信念领域，包括我们学习、运用这些知识的能力，都依赖语言这一符号体系”。

文化是人类所创造的，但在不同的国家、不同的民族，“文化物品”具有其特定的象征或含义。西方人忌讳“13”，日本人忌讳“4”和“9”。在我国被认为代表吉祥、喜庆、长寿的孔雀、仙鹤等动物图案在一些西方国家被列于忌用之列。文化物品及其意义能为同一群体的成员所识别、所理解，使同一文化下的人们能够共享文化遗产，能够在交往中“心领神会”，并由此使之与别的文化下的人区别开来。

5）文化的动态性

文化不是一成不变的，而是不断发展和演化的。变化最快的是物质层面的文化，看看 20 或 30 年前我们吃穿住行的情况，再看看现在的情况就一清二楚了。20 世纪 80 年代前，市场物质还很匮乏，很多耐用消费品需要凭票供应。人们住的空间很狭小，城市大多数家庭的人均居住面积不足 10 平方米。为了节省费用，那时招待朋友通常是在自己家里，很少去餐馆。现在，随着时代的变化和收入水平的提高，物质条件可以说是大大改善了，城市里很多家庭已拥有了宽敞的住房、各种现代化家电设备，甚至不少家庭还拥有了私人轿车，这在以前是根本无法想象的。

文化中变化最慢甚至难以变化的是那些深层的心理因素，包括某些核心信念和价值观。每年春节前广州、北京、上海等地的火车站人山人海，人们为回家团聚而造成一票难求的场面，就可以感受到“家”的观念在国人心目中是何等的根深蒂固。各种宗教在世界范围内的传播，并没有造成世界文化的同质化，也从另一个侧面说明，文化确有一些代代相传的因素是很难改变的。中华文化能够延绵不断，部分也与文化深层的这种超稳固性有关。

从前面的讨论中可以看出，文化中的某些方面变化较快，另一些方面则变化相对较慢。但从总体上看，它是动态变化的。造成文化变化的原因，应当说是多方面的。人口的增长、技术的变化、外来文化的影响、内部文化价值观念自身的调节都可能造成文化的变动。企业应密切关注文化的变动，以及由此带来的市场机会和威胁。

二、亚文化

亚文化（subculture）又称集体文化或副文化，指与主文化相对应的那些非主流的、局部的文化现象，指在主文化或综合文化的背景下，属于某一区域或某个集体所特有的观念和生活方式。一种亚文化不仅包含着与主文化相通的价值与观念，也有属于自己的独特的价值与观念。亚文化是一个相对的概念，是总体文化的次属文化。一个文化区的文化对全民族文化来说是亚文化，而对文化区内的各社区和群体文化来说则是总体文化，而后者是亚文化。研究亚文化对深入了解社会结构和社会生化具有重大意义。亚文化是在都市中处于非中心或者处于边缘地位的人，共同创造与享有的特殊文化，而且它是相对于主流文化而言的。一般来看，这些文化极少被专业出版物、媒体与展示单位所介绍，甚至也不为专业的文化学者所重视。在国外的历史上，著名的爵士乐和摇滚乐都曾经是亚文化，但随着专业人士与文化学者的不断介入，它们到后来都成了正规文化的一部分。昨天的亚文化可能就是今天的主流文化，今天的亚文化可能就是明天的主流文化。这也表明，所谓正规文化总是在吸收亚文化的过程中发展起来的。亚文化在某种程度上相比社会文化更为重要，因为在消费者的购买活动中，它更能影响和决定消费者的行为倾向。目前，国内外营销学者普遍接受按民族、宗教、种族和地理划分亚文化的分类标准。

1. 民族亚文化

不同的民族都各有其独特的风俗习惯和文化传统。我国民族虽然由于社会文化的直接影响而带有共同的中华民族文化烙印，但是各民族还都保持着自己传统的宗教信仰、消费习俗、审美意识和生活方式。例如，朝鲜族人喜食狗肉、辣椒，喜欢穿色彩鲜艳的衣服，群体感强，男子的地位比较突出；蒙古族人则习惯穿蒙袍，住帐篷，吃牛、羊肉，喝烈性酒，而奶茶对他们而言是生活中不可缺少的美味饮品。由此可见，民族亚文化对消费行为的影响是巨大的、深远的，也是营销者所不容忽视的。

2. 宗教亚文化

不同的宗教群体，具有不同的文化倾向、习俗和禁忌，如我国有佛教、道教、伊斯兰教、基督教等，这些宗教的信仰者都有各自的信仰、生活方式和消费习惯。宗教能影响人们的行为，也能影响人们的价值观。对一个社会或群体有着深远影响的宗教会给其成员的态度和行为留下深刻的印迹。例如，日本、韩国、新加坡之所以被称为“后儒教社会”，就是因为儒教关于成就和工作、家庭和国家的态度成为这些国家和地区经济迅速发展的主要动因之一。可见，宗教因素对企业营销有着重要意义。例如，虽然宗教禁忌会限制一部分产品的需求，但是却会促进对替代产品的需求。伊斯兰教徒对含酒精饮料的禁忌，使碳酸饮料和水果饮料成了畅销品；牛奶制品在佛教徒中很受欢迎，因为他们之中很多人都是素食主义者。又如，宗教还意味着与某一特定宗教节假日相联系的高消费期（如基督教的圣诞节、复活节，伊斯兰教的开斋节等）。对企业而言，宗教节假日是销售商品的良好时机，伴随一个重要节假日的，往往是一个销售旺季。

思考：

你了解哪些宗教的宗教文化？与消费有什么关系？

3. 种族亚文化

白种人、黄种人、黑种人都各有其独特的文化传统和生活态度。他们即使生活在同一国家甚至同一城市，也会有自己独特的需求偏好和购买习惯。例如，在美国，黑人文化和黑人市场对企业营销者而言就是绝对不容忽视的。黑人消费者是美国增长最快的细分市场之一，总人口超过 3 000 万人。其在美国中心城市人口中占 20%以上，在美国南部人口中也占近 20%，在华盛顿特区、底特律、新奥尔良、洛杉矶、亚特兰大等城市人口中更高达 40%以上。黑种人具有与白种人不同的人口统计特征，他们在所购买的产品和品牌、购买行为、支付价格、选择的媒体等诸方面都有着显著的差异性。就购买的产品来看，美国黑人在服装和家具上的支出比例相比美国白人要均匀得多。白人在医疗服务、食物和交通上的花费更多。黑人所购买的相册数量是白人的两倍，对橘子汁、大米、软饮料和速食土豆的消费量也要高得多。

4. 地理亚文化

由于自然地理状况和社会经济发展的历史差异人们的消费习俗和消费特点也不同。

例如，中国著名的川菜、鲁菜、京菜等八大菜系，因风格各异而自成一派，就是因地域不同而形成的。长期形成的地域习惯一般比较稳定。我国北方人由于气候寒冷，因而就有冬天吃酸菜和火锅的习惯，几乎家家都备有火锅、砂锅；南方人则由于气候炎热，养成了吃泡菜、熏肉、腊肠的习惯。同是面食，北方人喜欢吃饺子，南方人喜欢吃包子，西北人则却喜欢吃饼和馍。又如中东地区，由于那里气候干燥，容易出汗，消费者更喜欢气味浓烈、易挥发的香水，但含油脂多的化妆品则无人问津。自然地理环境不但直接决定着一个地区的经济产业和贸易发展格局，而且间接影响着一个地区消费者的生活方式、生活水平、购买力大小和消费结构。

中国文化的形成和延续以及中国文化的异质性等无不与中国独特的地理环境有关。以中国文化的异质性为例，有人认为，北方的高粱、大豆与白面培育了北方人的魁梧与刚健。而南方人吃的是大米，大米养育了南方人的灵巧，于是南方人的个性就较为柔和。总之，每一个人，每一个群体都生活在一个特定的区域内，地域、地理、地缘的特性会给生活在其中的人们烙上深深的印记。

第二节 消费者的文化价值观

价值观是关于理想的最终状态和行为方式的持久信念。它代表着一个社会或群体对理想的最终状态和行为方式的某种共同看法。因此，文化价值观为社会成员提供了关于什么是重要的、什么是正确的以及人们应追求什么最终状态的共同信念。它是人们用于指导其行为、态度和判断的标准，而人们对特定事物的态度一般也是反映和支持他的价值观的。

一、文化价值观及其演变

每一社会或群体都有其居于文化核心地位的价值观。同时，文化价值观有核心价值观与次要价值观之分。文化的核心价值观是指特定的社会或群体在一定历史时期内形成并被人们普遍认同和广泛持有的占主导地位的价值观念。文化的次要价值观则是指特定的社会或群体在一定时期内形成和持有的次要、居于从属地位的价值观念。

文化价值观的另一种区分方法是由心理学家米尔顿·罗克奇（Milton Rokeach）提出的。他把价值观区分为终极价值观（terminal values）和工具性价值观（instrumental values）。终极价值观是人们理想的终极状态，即人们期望最终实现的生活理想。工具性价值观是指人们为达到理想的终极状态所要求的行为和行动。

某一社会或群体的人们所共同持有的某些基本价值观念即核心价值观，具有极强的稳定性，在相当长的时期内通常不会改变。这些价值观念是一个群体所共有的，即使这一群体的成员不断更替，它们也会被延续下去，并且具有较强的抵制变革的惯性。核心价值观一半来自父母，并通过学校、宗教机构或其他社会组织得以强化。例如，大多数中国人恪守的“仁爱孝悌”“精忠爱国”“见利思义”“诚信知报”等信念，延续数千年，迄今未发生大的变化。对于这些核心价值观和信念，任何企业都无法或很难改变，因而应采取的合理策略是努力去适应，并在其经营理念中有所反映，以使企业理念与社会核心价值观念保持一致，否则失败将不可避免。

一个社会或群体的文化中居于从属、次要地位的价值观，则相对容易改变。例如，随着人们的收入和消费水平的提高，消费者越来越注重购买和消费过程中的情感满足，并越来越要求消费的个性化，伴随这种变化的是人们价值观的多元化。对于这些变化，企业必须密切关注并随时做出适应性的反应。以男性护肤美容产品为例，在我国大多数人的心目中，“大男人”本来就有不拘小节、粗犷豪放的特点，一个男人每天用洗面奶洗脸，洗后抹润肤露，这种行为在 20 世纪 50 年代是不可思议的，在 70 年代是不可接受的，在 90 年代是少数潮人所为，但是在 21 世纪，男性护肤品广告铺天盖地，男士洗面奶和护肤品已经成为大多数男性必备的日用品。

二、与消费者行为有关的文化价值观

下面介绍另一种有意义的文化价值观分类，即把文化价值观分为以下三类：有关社会成员间关系的价值观、有关环境的价值观以及有关自我的价值观。这些价值观都是一些极端的情况，在两个极端的价值观之间还存在无数的中间状态。

1. 有关社会成员间关系的价值观

有关人们之间关系的价值观反映的是一个社会关于该社会中个体与群体、个体之间以及群体之间适当关系的看法。这些关系对营销实践有着重要影响。

（1）关于自己与他人关系的价值观：人们对自己与他人之间的关系，是更强调个人利益和自我满足，还是更强调社会利益和满足他人，会表现出不同的价值取向。

（2）关于个人与集体关系的价值观：不同的社会文化在对待个人与集体关系上会有不同的价值取向。有的社会强调的是团队协作和集体行动，并且往往把成功的荣誉和奖励归于集体而不是个人；相反，有的社会强调的是个人成就和个人价值，荣誉和奖励常常被授予个人而不是集体。

（3）关于成人与孩子关系的价值观：家庭活动在多大程度上围绕孩子的需要而不是成人的需要，孩子在家庭决策中扮演什么角色，以及孩子在决策中扮演的哪些角色与自己有关，对这些问题的分析可以发现一个社会在成人与孩子关系上的价值取向。

（4）关于青年人与老年人关系的价值观：不同的社会文化在对待青年人与老年人的价值取向上也可能存在差异。在有的社会，荣誉、地位、重要的社会职务都是属于老年人的；在有的社会，这些则可能是属于青年人的。

（5）关于男性与女性关系的价值观：在拥有不同文化的社会，男性与女性的社会地位可能存在很大差异。在我国，男性和女性的社会地位平等，都有机会担任重要的社会职务；在重要的家庭购买活动中，通常是由夫妻共同做出决定。但在有些国家，仍然存在严重的性别歧视，妇女在社会和家庭中没有重要地位。

（6）关于竞争与协作关系的价值观：不同的社会文化对竞争与协作的态度会有所不同。在一些文化价值观中，人们崇尚竞争，信奉优胜劣汰的自然法则；在另一些文化价值观中，人们则倾向于通过协作取得成功。这一价值观往往能从不同的文化对待比较广告的反应中表现出来。例如，墨西哥和西班牙都禁止做比较广告，我国也是如此；但在美国，比较广告却是被允许的。

（7）关于浪漫主义的价值观：在不同的社会文化背景下，人们可能会有不同的浪漫主义性格。在许多文化中，浪漫的爱情是文学作品中的普遍主题。然而，在另一些社会文化中，婚姻由父母包办，青年人没有恋爱、择偶的自由。美国有一种名为“Listerine”的产品，在泰国做广告时，最初以相爱的男女青年作为画面背景，结果失败了。公司将广告画面改为两个女孩在一起谈论“Listerine”后，销售业绩立即获得了改善。

2. 有关环境的价值观

有关环境的价值观反映的是一个社会关于该社会与其经济、技术以及自然等环境之间关系的看法。这些价值观对消费者行为也具有重要影响，并最终影响企业营销策略的选择及其成败得失。

（1）关于个人成就与家庭背景关系的价值观：一个社会若强调个人成就或家庭出身方面的文化差异，将导致社会把经济、政治和社会机会不平等地给予不同的个人或集团。在一个个人成就取向的社会里，机会、报酬和具有较高荣誉的社会职位会被更多地提供给那些个人表现和成就突出的人。在这样的社会里，任何社会集团都不拥有特权。而在一个重视家庭出身和家庭背景的社会里，个人的机会往往取决于他的家庭、家庭的社会地位及其所属的社会阶层。

（2）关于风险与安全关系的价值观：有的社会文化具有很强的冒险精神，勇于冒险的人会受到社会的普遍尊敬；有的文化则可能具有很强的逃避风险的倾向，认为敢于冒险的人是十分愚蠢的。这一价值观对企业家的培养和社会经济的发展具有重要的影响。不崇尚冒险的社会是难以促进创业以推动社会经济发展的。

（3）关于乐观和悲观关系的价值观：当人们遇到困难和灾难时，是有信心去克服，还是听天由命，会集中反映一个社会持乐观的还是悲观的价值观。在加勒比海地区，人们常会在遇到困难时说句“没有问题”或“没有关系”以宽慰自己。在他们的观念中，难题既然已经存在，担心也没用。墨西哥人则相反，他们大多是一些宿命论者。因此，当墨西哥人购买到不满意的商品或服务时，一般都不会正式地抱怨。

（4）关于自然的价值观：不同文化背景下的人们在对待自然以及人与自然的关系上，可能会有不同的观念和态度。一些人觉得他们受到了自然的奴役，另一些人认为他们与自然之间是和谐的，还有一些人认为他们能够征服和左右自然。中西文化的一个重要区别就是在对待人与自然的关系的价值观和态度上有所不同。

3. 有关自我的价值观

有关自我的价值观反映的是社会各成员的理想生活目标及其实现途径。这些价值观对消费者有重要影响，因而对企业的市场营销也非常重要。例如，在一个及时行乐的社会里，消费信贷有着巨大的市场；而在一个崇尚节俭的社会里，消费信贷的推行将是艰难和缓慢的。

（1）关于动与静的价值观：不同的社会文化会导致人们对待各种活动的态度不同，并且形成不同的“好动”或“好静”倾向。一项对美国妇女和法国妇女的社会活动进行比较的调查发现，法国妇女一般认为“同朋友一起在炉边闲聊度过夜晚是我喜欢的方式”，美国妇女则一般认为自己“喜欢有音乐和谈话”。这种活动上的差异会带来不同的产品或服务需求。由于人们的观念不同，广告的诉求主题也应有所不同。

（2）关于物质与非物质主义的价值观：在不同的社会文化中，人们对物质财富与精神财富的重视程度会存在差异。尽管物质财富是社会存在和发展的基础和前提，但人们对待物质财富的态度却不一样。有的社会奉行极端的物质主义，认为金钱万能。有的社会更加强调非物质的内容，如在某些国家，宗教是至高无上的，当物质利益与宗教信仰发生冲突时，人们会毫不犹豫地选择坚守宗教信仰。

（3）关于工作与休闲关系的价值观：不同的社会文化在对待工作与休闲关系的问题上会有不同的观念和态度。一般地，人们为了获取经济报酬而工作。但是，有的文化使人们倾向于从工作中获得自我满足，有的文化则使人们在基本的经济需求满足后倾向于更多地选择休闲。在企业营销活动中，如果忽视这方面的文化差异，可能会付出巨大的代价。

（4）关于现在与未来关系的价值观：人们是为今天而活还是为明天而活，是更多地为今天着想还是更多地为明天打算，可以集中地体现一个社会在这方面的价值观。这类价值观对企业选择促销和分销策略，对消费者选择储蓄或使用消费信贷，都具有重要的意义。

（5）关于欲望与节制关系的价值观：这一价值观体现在人们的生活态度是倾向于自我放纵、无节制，还是倾向于克制自己、节制欲望等方面。穆斯林文化在此类价值观上是非常保守的，产品、包装、品牌和广告等都必须谨慎处理，以保证符合穆斯林的价值标准。快速成像照相机在阿拉伯国家获得成功的主要原因之一是，阿拉伯人给自己的妻子和女儿照相时不必担心她们的相貌会被照相馆里的陌生人看见。

（6）关于幽默与严肃关系的价值观；社会文化的差异也体现在幽默在多大程度上被接受和欣赏，以及什么才算是幽默等方面。一个社会文化中被视为幽默的东西，在另一个社会文化中可能不会给人以任何幽默感；男人认为幽默，女人不一定认为幽默。成人与儿童在幽默感上也会存在差异。

三、文化价值观与消费者行为

1. 手段-目标链

关于文化价值观对消费者行为的影响，也可以用手段-目标链（means-ends chain，MEC）模型解释，因为手段（产品属性）是获得文化价值观（目标）的方式，而消费目标是联系二者的中间环节（图 8-1）。因此，产品属性是文化价值观的反映。

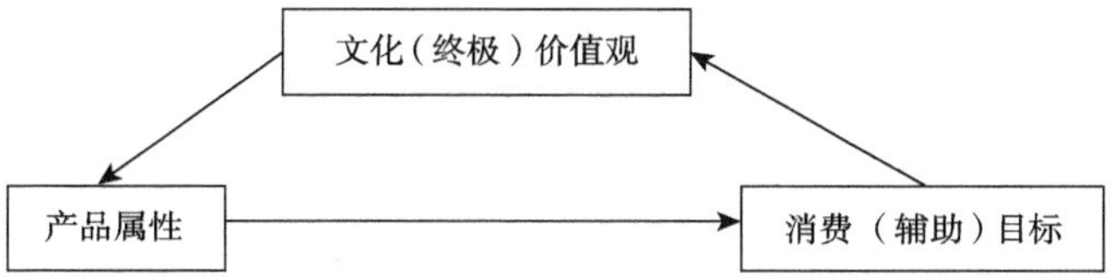

图 8-1　手段–目标链模型

例如，一个期望美好世界（终极价值观）的消费者偏爱那些可生物分解的产品，因为购买一种可生物分解的产品有助于保护环境。其手段–目标链如下所示。

产品属性：可以生物分解；

消费结果：有助于保护环境。

2. 阶梯联系

通过访问消费者，确定产品属性、消费目标和文化价值观之间的联系。从具体产品属性开始进行一系列调查，揭示较为抽象的消费目标和文化价值观的内涵，以帮助消费者建立阶梯联系。例如，消费者喜爱调味品口味重的薯片，调查显示，消费者之所以喜欢这类产品属性，是因为这类薯片会让他每次吃得少些，从而可以达到减肥和显得更苗条的效果（消费者目标）。这是自重自信的价值导向发挥作用的结果（终极价值观）。

营销人员可利用阶梯联系中手段–目标链上的以下三点来制定市场策略。

（1）信息元素：广告中所表现的产品属性，如前文例子中的调味品和口味这两个关键元素。

（2）消费者利益：使用产品后消费者获得的好处。例如，将调味品和口味与控制体重相联系。

（3）杠杆作用点：广告采用试图将产品属性与帮助实现和激活终极价值观联系在一起的方式。广告应表明消费该产品会有助于减肥，从而会更加自重自信。这一点可以通过在广告中展示自信而迷人的消费者形象或被同龄群体更广泛接纳的结果来实现。

第三节　中国传统文化与消费者行为

中国传统文化，是指以汉族为主体的，多民族共同组成的中华民族在漫长的历史发展过程中创造的特殊文化体系。它是以几千年来的小农经济为基础，以宗法家族制度为背景，以儒家伦理道德为核心的传统农业文化、血缘文化与修养文化的统一。中国传统文化源远流长，在这种文化背景下繁衍生息的中华民族，其价值观、思维方式、生活方式、消费观念等都有其独特性。

一、中国传统文化的主要特点

1. 讲究中庸之道

大理学家朱熹认为，中庸就是“不偏之谓中，不易之为庸”。意思是说，在事物的发展过程中，对于实现一定的目的来说，都有一个一定的标准，达到这个标准就可以实现这个目的，否则就不可能实现这个目的。没有达到这个标准称之“不及”，超过这个标准称之“过”。所谓“中庸之为德”，就是要经常遵守一定的标准，既不“过”，也不“不及”，做到不偏不倚。中庸是中国人的一个重要价值观，几千年来一直深刻地影响着我们中华民族的思想和行为。它一方面保证了民族文化发展的稳定性，同时它也反对根本性的变革，鼓励墨守成规。

2. 注重人伦

中国文化以重人伦为特色，即强调伦理关系。我国传统文化的核心，就是以伦理道德为核心的儒家文化，而儒家文化的伦理观念就是从最基本的血缘关系发展而来的。所以，中国传统社会的人际关系都是从夫妇、父子这些核心关系派生出来的。中国人非常看重家庭成员的依存关系，以及在此基础上的家族关系、亲戚关系。

3. 看重面子

外国人学习汉语时，对“面子”一词肯定很费解。的确，与外国人比起来，中国人对自己的形象和“脸面”特别关注，尤其重视通过印象装饰和角色扮演在他人心目中留下一个好的印象，以期获得一个“好名声”。因此，中国人一般比较注重给别人、自己“留面子”，而最怕的大概就是“丢人现眼”。

4. 重义轻利

中国传统文化的特点之一，就是与金钱或物质利益相比，人们更重情义。特别是在二者发生冲突的时候，追求的是舍利而取义。因而中国人最痛恨的是“见利忘义”“忘恩负义”的人，而讲究“滴水之恩当涌泉相报”。中国人的这种重义轻利特点，使得在正常的人际交往和工作中容易感情用事、注重“哥们义气”，并且热衷于互相之间赠送礼品，讲究“礼尚往来”。

二、中国传统文化对消费者行为的影响

因为中国文化具有上述几个基本特点，相应的，中国人的消费心理和消费行为主要表现在以下几个方面。

（1）消费者行为上的大众化。儒家文化的核心就是中庸、忍让、谦和，认为“出头的椽子先烂”“枪打出头鸟”。反映在消费者行为中就是，大众化的商品有一定的市场，消费者行为具有明显的“社会取向”和“他人取向”，以社会上大多数人的一般消费观念来规范自己的消费行为，喜欢随大流、赶潮流。比较明显的例子就是中国人在婚丧嫁娶方面的消费互相攀比、送礼成风。很简单的一个理由就是，别人在这方面都大操大办，如果我不这样做的话，既没面子又吃亏。

（2）人情消费比重大。中国人比较注重人情，强调良好的人际关系的重要性。这种特点对消费行为最直接的影响就是比较重视人情消费，如上面提到的婚丧嫁娶时的互相攀比和送礼，有的人为了面子，甚至不惜举债也要操办或随礼。因此，常常听到这样的

抱怨：这个月光随礼就花了我半个月的工资。这种人情消费不管是在城市还是在农村，都大有愈演愈烈之势。虽然很多人都觉得苦不堪言，但到头来还得“死要面子活受罪”。

（3）消费支出中的重积累和计划性。几千年来，中国人一直崇尚勤俭持家的消费观念，而鄙视奢侈和挥霍，对超前消费也是抱着观望和小心谨慎的态度。因此，中国消费者花钱时较为谨慎，对西方人的贷款买东西更不太感兴趣。在购买商品的种类和功能方面，注重商品的实用性和使用价值，而较少购买用于享受方面的奢侈品。而且，一般都是按计划购买，特别对中老年人来说，更少发生冲动购买和计划外购买。中国人消费行为中的这种重积累和计划性的特点，固然和中国人的消费水平有关，但更重要的还是传统文化的影响，这就是为什么有些人已经很富裕了，可他们还是维持在较低的消费水平上。需要指出的是，在青少年消费者中，他们的消费观念已经有了很大的变化。例如，他们敢于超前消费，敢于标新立异，等等。这也是我国消费者心理和行为的一个新动向。

（4）以家庭为主的购买准则。中国人的家庭观念比较强，因而在消费者行为中往往以家庭为单位来购买商品。无论在购买决策上，还是在购买商品的内容与种类上，都与整个家庭息息相关。一般来说，特别是在大件商品的购买上，都要与家人一起讨论来制定决策并实施购买行为，而且所买的商品，都要尽可能地满足大家的需要（儿童用品除外）。这种以家庭为主的购买准则，反映了家庭在中国人心目中的地位，中国人都比较重视自己在家庭中的责任和义务。

（5）品牌意识比较强。中国人买商品时比较注重商品的品牌，尤其对服装或高档消费品更是如此。这一方面是因为中国人爱面子，名牌商品代表一定的质量和价格，可以满足人们的炫耀心理；另一方面，中国人一般对商品的知识了解得比较少或者根本不愿意去了解，只注重对商品的总体印象，所以购买名牌商品既减少了购买时认识商品性能的麻烦，又减少了购买风险。中国市场上假冒商品的盛行，和很多因素有关，其中也许和人们对名牌的偏爱甚至崇拜而又缺乏商品认识有关。

（6）注重直觉判断的购买决策方式。中国人在思维方法方面常常依靠个人经验和直观外推可以解释的领域，对事物的认识往往采用的是直观外推、类比象征、内省体验、混沌纪录、简洁隐晦的价值观和方法论。因此，中国人购物时常常先要对相关商品获得一个总体的好印象，然后再从其中总体性能上寻找相应的依据，看这个印象是否正确，很少对商品进行细致的或理智的分析。也就是说，中国人购物时常常采用的是大体的和直觉的判断方法，采用的是模糊思维和综合思维。

【资料1】

大学生面子意识与面子消费

面子是指在社会交往过程中他人给予自己的一种良好的社会自我价值的感觉。作为社会成员，我们大多数都有过与面子有关的经历，如脸红、感到尴尬、糟糕、羞愧或是自豪。一方面，我们努力去保住或提高我们的面子；另一方面，当我们在社交中受到打击或嘲笑时，我们努力去防卫或保住面子。丢脸、保住面子以及提高面子是与面子有关的事情中一些重要的部分。因此，面子意识被定义为人们在社交活动中去提高、保持以及避免丢面子的欲望。

中国文化是一个典型的集体主义文化，在中国文化中，个人并不是一个完整的整体。例如，一个中国男人将把自己视为一个儿子、一个兄弟、一个丈夫、一个父亲，而不把他视为自己。由于受儒家思想的影响，传统中国人的自我被视为与他人的一种关系。因此，在中国面子代表的影响力不仅仅是自己，还有他的家人、亲戚、朋友甚至同事，因此，中国人趋向于很强的面子意识。这将会使消费与一个很强的社会关系联系起来，也会影响许多方面——从生理需要到自我实现的需要。

大学生群体消费者的消费心理与行为既存在与少年、中青年和一般社会青年相似的一面，又有自身的独特性特征。首先，消费需求与购买行为具有较强但不完全的自主性和独立性。其次，求实、求廉、求便与求新、求美、求名心理并存。再次，消费行为的从众性和个性化特征并存、冲动性和理智性特征并存。最后，奢俭并举的消费倾向。为了进一步探索性研究面子意识对大学生消费者决策制定方式的影响特点，本研究选取了几个代表性维度："品牌意识和优质高价"，"新颖和时尚意识"，"消遣和享乐主义"，"价格意识和物美价廉意识"以及"由于过多选择而迷惑"特点和"冲动购买"特点，并分别考察面子意识对这几个消费者决策制定行为维度的具体影响特点。各维度标准如表 8-1 所示。

表 8-1　各维度标准

标准	描述
品牌意识和优质高价	对我来说知名的跨国品牌是最好的 更贵的品牌通常是我的选择 价格越高，质量越好 环境优雅的百货公司和专卖店给我提供最好的产品
新颖和时尚意识	我通常有一个或更多的最新流行款式的装备 我以不断变化的潮流保持我的衣柜的时尚性 时尚、有吸引力的款式对我很重要 为了多样化，我在不同的商店购物，而选择不同的品牌
消遣和享乐主义	购物对我来说是一件愉快的活动 购物是享受生活的一部分 花时间购物是值得的 我喜欢购物，只因为它带给我快乐
价格和物美价廉意识	我尽可能大批量地购买价格低的产品 低价格产品通常是我的选择 我仔细寻找金钱的最大价值的购物
冲动型购买倾向	我应该更加仔细地计划我的购物 我会冲动购物 我经常粗心大意地购物，之后却希望没有购买 我不是花很多时间去购物，为了寻找最好交易
面子意识	重要的是别人喜欢什么产品和品牌，我就去买 通常我买产品是因为我朋友买了 品牌是我同别人区分的好方式 知名产品和品牌购物能给我带来尊严感

通过对252位大学生的实证调查，研究得出以下结论。

本研究结果验证了面子意识影响消费者决策行为方式的假设，发现大学生的面子意识对其消费决策制定方式的影响效果是显著的。面子意识对大学生消费决策制定方式的影响效果，表现为它正向影响“品牌意识和优质高价”消费倾向、“冲动购买”消费倾向和“价格和物美价廉意识”消费倾向；同时，面子意识负向影响“消遣和享乐主义”消费倾向，而它对“新颖和时尚意识”消费倾向的影响则不显著。

面子意识显著影响大学生的“冲动购买”决策倾向。原因可能是中国大学生是生活在典型的集体主义环境中，日常的活动都是与同学和朋友同行。这在消费行为中的表现为，为了不丢失面子，显示自我，通常在身边朋友等参照群体的劝诱下发生购买。

研究显示大学生“消遣和享乐主义”消费决策倾向程度不高。在以往研究中，并没有把此项特点作为面子意识的影响范围。但是从本研究中可以看出，虽然大学生的交际消费和娱乐消费权重有所增加，但倾向程度低，在部分学生中显著，在大多数学生中显著性低。这可能是因为大学生受传统文化节俭思想的影响和群体价值规范的限制，又要考虑为自己和家庭经济带来的负担，所以并不把这看成提升面子的手段，甚至有人还会认为这将使他们丢失面子，违反道德规范。

大学生的“新颖和时尚意识”消费决策倾向不稳定，面子意识对其影响不显著。部分大学生表现出对新颖时尚商品的热爱和追捧，认为这种商品会使得他们很有面子，更有自信，而另一部分大学生的关注度并不是很高。这种结果的产生，可能是由于大学生来自不同的经济或生活背景，如城市生源的大学生时尚消费倾向程度可能更大些。大学生这种消费行为与以往的生活环境有关。

本研究还显示了面子意识对消费者“价格和物美价廉意识”消费决策倾向具有正影响。可能解释是：尽管面子意识影响我国大学生的消费决策倾向，但是它并非单独影响，还会有其他影响因素。其他文化特点、社会因素和个体特质因素也会影响大学生消费者决策制定的导向。

资料来源：郑玉香. 我国大学生面子消费决策行为特点的探索性研究. 经济问题探索，2009，（2）：55-60

第四节 跨文化与消费者行为

一、全球化消费的跨文化趋势

在跨文化的背景中，全球化消费表现出以下的趋势。

1. 更追求消费便利性

"时间正在与金钱竞争谁是消费者最想得到的商品"。消费者时间压力越来越大，他们迫切希望能有额外的服务来帮助他们节省时间，甚至不惜为这些额外服务支付报酬。因此，消费者更强调各种节约时间的便捷消费方式。网购和移动终端购物的快速兴起正满足了这种需求。

美国学者阿塞尔指出，对节约时间的便捷方式的关注导致消费的两种趋势：放牧式（grazing）与加油式（refueling）。以消费者的饮食习惯为例说明：所谓放牧式，是指消费者需要在忙碌中吃饭，许多家庭结束了坐下来吃的习惯。在上班的汽车里吃早餐，边走边吃三明治，或者在办公桌上吃午餐。而加油式则指花更少的时间做饭和用餐，微波炉在人们生活中的重要性提高。可以看出，消费者会通过各种手段来寻求便利性并节约时间。

（1）加快步伐，在"快车道"中前进。各类能加快消费者生活"步伐"的产品或服务，都会受到未来消费者的青睐，如能提高阅读速度的快速阅读课程、即时存取的电子银行、速递等节省消费者处理信息及购物时间的服务。许多新消费者不能容忍等待，甚至愿意花钱购买无须等待的优先权，如果企业能在一天 24 小时中随时提供即时的需求满足，那么它就有可能赢得新消费者的忠诚。

（2）提高消费的技术含量，渴望"即时启动"的消费。消费者渴望无论在何时何地都能立即获取快速的服务，而达到这一目的的最有效的手段就是技术。他们日益期盼实时的服务，盼望使用尖端的产品：立即启动的网络、传真机、ATM 取款机、传真机、微波食品、免下车服务、全球联网的速递服务、喷气式飞机等。对新一代人来说，科技意味着改变生活和工作。

（3）消费综合化。消费者更愿意把所需的一切产品和服务集中起来购物，组成一个需求组合（need pools）。这样，超市、商场、邮局、银行、电影院甚至加油站都集合在一起，实现消费者渴望的"一站式"消费体验。

（4）更多地使用社交网络或专家咨询。为了减轻浪费时间的恐惧感，消费者经常会求助于社交网络，听听朋友说有什么事值得看、值得听、值得吃和值得玩的。在借助别人判断之后，如果经历不尽如人意，消费者还可以避免进行自我责备。

2. 更加注重价值导向的理性消费

20 世纪 90 年代以来的全球经济增长放缓及社会动荡导致了一种向更为简朴的生活

发展的趋势。消费者意识到，经济增长并不是没有限度的，因而未来的购买力也要受到限制，维持生活和安全成为大多数消费者的生活主题。

消费者购买要求质量和追求经济性这两种发展趋势相互联合，产生了价值导向（value orientation）。由于个人能力有限，消费者要在各类产品中寻找价值最优的选择。因此，可以看到更多的“交叉购买者”（如挎着LV皮包到家乐福买促销袜子的女士）。这种注重价值导向的理性消费趋势具有以下特点。

（1）为未来“节流”。事实上，并不仅仅是中国人才注重储蓄及为未来打算，即使是在美国这样曾经是提前消费成风的国家，“先买后付钱”的“奢侈的80年代”也已让位于“避免负债”的“紧张的90年代”。在21世纪这一趋势将更为明显，大量不确定因素使人们担心子女教育、自己和年迈父母的保健，以及退休的开销。专家预计，未来的社会中预付卡和借记卡的数量甚至会超过信用卡的数量。

（2）质量与价值并重的“明智”消费。如今的消费者已经非常专业：他们每一次采购都有充分的理由，并且要花出的钱价值最大化。即使是富裕的消费者，他们也会为“猎”到高性价比的商品或服务，从而成为“聪明”的购物者而自豪，因为在某种意义上他们“战胜了”既定的价格体系。在有钱阶层中，消费者为展示自身经济实力的消费也由“招摇”转向“开明”，在更为细小和实用的地方展示自己的财富。例如，他们手上可能不再是金灿灿的劳力士表，而是一款必须轮候五年才能拿到的钢表；他们的浴室里不再有纯金水龙头，取而代之的是可调式不锈钢马桶；他们的家里不再有高档香槟，取而代之的是冰箱里的限量啤酒。

（3）为价值而寻求信息。未来明智的购买者将越来越坚持在更充分了解信息的情况下再做出购买决定，改善购买经历，优化消费价值，希望全面了解产品，不仅包括产品自身的信息，还包括产品对个人和社会的效益。

3. 消费追求更个性化

消费者实现个性化消费的条件越来越充分。消费者会寻找商品间的细微差别，并将这种差别延伸为个人的独特性。弗洛伊德用“对细小差别的沉迷”来描述人们寻求与众不同时所采用的各种方式。例如，宝马M5与同一厂家生产的另一款外形相似的汽车相比，唯一明显的特征就是车后部有一个小的M5徽章标志。对于新消费者来讲，能看出这种差别是非常引以为荣的事情，而能拥有这些物品则更表明了个人的独特品味。

独特性需求的增加意味着消费者会越来越多地参与消费甚至生产的某一过程，提出个性化的要求，甚至亲手营造这种独特性，巩固自身与产品的特殊关系。新消费者希望近距离地置身于生产过程或消费过程中，从而确保他们购买的产品或服务就是他们需要的。2000年前后的一项调查发现，75%的美国成年人想要更为定制化的产品，而且有70%的人愿意为此支付额外的价钱。这种渴望在年轻人中更为强烈：18~24岁年龄层中有85%的人希望产品更为定制化，尤其是在服装、鞋、电子产品和旅游服务等产品领域。Ventuerma. com可以让购物者调配自己的按摩油、护肤霜和淋浴露，而Customatix. com则可让人们设计自己的运动休闲鞋。

【资料 2】

风靡全球的女性 Lush 保养品

Lush 成立至今不超过 10 年，却已极受世界各地女性消费者欢迎——它在英国有 20 家商店，在澳大利亚、巴西、加拿大、克罗地亚、日本、瑞典、新加坡、中国香港和中国台湾都设有商店。这家新型的保养品手工“作坊”以鼓励顾客与产品形成互动关系为特色，顾客踏进 Lush 的那一刻，就可以充分感觉到 Lush 的精神——新鲜、自然、创意。顾客可以从冷冻柜中取出产品触摸嗅闻；有关产品和其他配料的基本信息都写在固定的黑板上，每个标签都标有各种配料的用量，顾客可在消毒间里选择几种混合护肤品做实验，也可在冰凉的沙拉吧中舀自己喜爱的保养面膜。洗发剂和浴室用具都分层摆设在木头制成的展示架上，去污粉从彩色玻璃容器导入摇摆器中，由草本植物制成的“独一无二”的染料和保养品刚刚从气锅中取出来，销售时上面还可能留有余温，顾客可以“按斤论两”地买走。

4. 更加关注自我、寻求身心的健康与满足

消费者更加关注自身及家庭生理与精神上双重健康，不仅追求生理上的健康，更寻求精神上的安宁与平静。随着消费者健康意识的增强，他们更关心饮食习惯对家人的影响，包括食物中的热量和盐量的水平、咖啡因含量以及有无食品添加剂等。这种意识已转为一种消费者购物模式上的变化。消费者对“健康”食品更为敏感，如水果、蔬菜和其他保健食品等。据估计，美国成年人几乎有一半在补充维生素，而且超过 1/3 的成年人食用低热量的食品和饮料；对奶制品的购买也下降了，转向低脂肪的产品如脱脂牛奶和酸奶酪。同时，各种有益身心的休闲运动消费也日益受到欢迎。

二、霍夫斯泰德的文化维度理论

文化维度理论是跨文化理论中最具影响力的理论之一。20 世纪 70 年代末，霍夫斯泰德（Hofsted）在对分布在 40 个国家和地区的 11.6 万名 IBM 员工进行文化价值观分析的基础上，归纳出描述文化差异的四个指标，即个人主义与集体主义（individualism、collectivism）、权利距离（power distance）、回避不确定性（uncertainty avoidance）、刚性或柔性倾向（masculinity or femininity）。

20 世纪 80 年代后期，霍夫斯泰德又重复了十年前的研究，但这次覆盖了更多的国家和地区，总样本数超过了 60 个。这次的研究不仅证实了这四个维度，同时，通过彭迈克（Michael · H. Bond）对中国价值观的调查和研究，霍夫斯泰德也把中国的儒家文化思想应用于跨文化管理，从中归纳出他的文化价值观的第五个维度：长期观或短期观。该研究的结果发表在他 1991 年出版的《组织与文化》一书中，从而进一步丰富和完善了他的文化维度理论。同时，他也对中国（主要是大陆地区）与西方国家的文化维度进行了比较研究。

显然，在霍夫斯泰德的指标中，西方和非西方的差异是很明显的。而同属于一个文

化圈的不同民族，地域文化也会在各个指标上有差异。例如，中日两国的集体主义就有所不同。严格地说，日本人的集体主义是一种团队主义。霍夫斯泰德认为，IBM 是一家跨国公司，在 IBM 工作的员工大都有相似的教育背景和智力水平，个性特征也会比较相似。因此，如果他们对同一问题选择不同的答案，那么所反映的更多的是文化对他们产生的影响。例如，如果一个人对"我总是比我们重要"这个句子非常赞同，而另一个人极不赞同，那么这种不同反映出的就是文化的差异，而非个体的差异。

霍夫斯泰德提出的文化对组织影响的五个维度具体如下。

1. 个人主义与集体主义

个人主义与集体主义即社会是关注个人利益还是关注集体利益。

个人主义和集体主义这一维度也是全球性文化范畴中截然对立的两大文化。霍夫斯泰德在《组织与文化：思维的软件》一书中把个人主义与集体主义定义为："在个人主义的社会中，人际关系松散，人人各自照顾自己和自己的家庭；相反，在集体主义的社会中，人们从一出生开始就与强大而又具有凝聚力的内部集团结合在一起，而这种内部集团又对这些忠诚的成员提供终生的保护。"在霍夫斯泰德对 IBM 的研究中，一个社会的个人主义与集体主义倾向是通过个人主义指数（individualism index）来衡量的。这一指数的数值越大，说明该社会的个人主义倾向越明显，如美国；反之，数值越小，说明该社会的集体主义倾向越明显，如包括日本在内的亚洲大多数国家。霍夫斯泰德认为个人主义和集体主义是同一维度的两极。一种文化不可能既很个人主义又很集体主义。表 8-2 显示了部分国家或地区的个人主义指数。为了说明个人主义和集体主义的价值取向在认知和行为上体现出的差异，霍夫斯泰德列举了两种不同文化在行为上的一些异同，见表 8-3。不难看出，霍夫斯泰德的个人主义和集体主义的研究所涉及的行为取向明显的可以归因于文化差异。个人主义文化价值取向的人常常会因为不了解集体主义文化价值取向的人的交际方式，而难以理解对方，认为对方不尊重他们个人的权利和利益。相反，集体主义价值取向的人也常常会因为个人主义文化价值取向的人过于直截了当而感到不舒服，甚至认为对方过于自私自利，凡事不给人留面子。

表 8-2 部分国家或地区的个人主义指数

排名	国家或地区	指数	结论
1	美国	91	很强的个人主义倾向
2	澳大利亚	90	很强的个人主义倾向
3	英国	89	很强的个人主义倾向
4	加拿大	80	很强的个人主义倾向
5	法国	71	较强的个人主义倾向
6	德国	67	较强的个人主义倾向
7	日本	46	较强的集体主义倾向
8	中国香港	25	较强的集体主义倾向
9	韩国	18	较强的集体主义倾向
10	中国台湾	17	较强的集体主义倾向

表 8-3　两种不同文化在行为上的异同

在集体主义社会中	在个人主义社会中
小孩学会用“我们”来思维	小孩学会用“我”来思维
人们永远保持和睦、避免正面冲突	诚实的人有什么说什么
教育的目的是学会如何做	教育的目的是学会如何学习
文凭为进入上流社会铺平道路	文凭提供经济方面的价值或自尊
老板和员工的关系是道义上的、家庭式的关系	老板和员工的关系是互利的合同关系
管理是对群体的管理	管理是对个人的管理
关系比工作重要	工作比关系重要

2. 权力距离

权力距离即权力在社会或组织中不平等分配的程度。

任何一个社会中都存在着各种各样的不平等现象。霍夫斯泰德的权力距离指的正是人们对权力在社会中不平等的分配状态所能接受的程度。具体地说，“权力距离是指在一个国家的机构和组织中（包括家庭、学校和社区中），掌握权力较少的那部分成员对权力分配不平衡这一现象能够接受的程度”。对这个维度，各个国家由于对权力赋予的意义不完全相同，所以也存在着很大的差异。例如，美国人对权力的看法与阿拉伯国家的人对权力的看法就存在很大的差异。美国人不是很看重权力，他们更注重个人能力的发挥，对权力的追求比阿拉伯国家要逊色不少；阿拉伯国家由于国家体制的关系，注重权力的约束力，由此，阿拉伯国家的机构，不管是政府部门还是企业都多多少少带有权力的色彩。霍夫斯泰德的研究表明，在权力距离不同的国家中，人们的行为方式表现出很大的差异。表 8-4 是基于权力距离的大小而体现出的主要行为差异。

表 8-4　基于权力距离的大小而体现出的主要行为差异

在权力距离小的国家和地区中	在权力距离大的国家和地区中
人们之间的不平等应该减少	人们之间应该存在着不平等
父母和儿女平等相待	父母教育儿女学会服从
教师希望学生发挥主动性	教师自己发挥主动性
教师应该是传授客观真理的专家	教师应该是传授个人智慧的导师
学生与老师平等相处	学生尊重老师
上级向下属征求意见	下级照章办事
工资差别小	工资差别大

3. 回避不确定性

回避不确定性即一个社会为了自己的利益，在受到不确定的事件和模棱两可的环境威胁时是否通过正式的渠道来避免和控制不确定性。

霍夫斯泰德认为，人们抵抗未来这种不确定性的途径主要有三种：科技、法律和宗教。人们用科技来抵抗自然界的不确定性，用法律（成文和不成文）来抵抗来自其他社会成员的不确定性，而宗教则被人们用来化解无可抵抗的死亡和来世的不确定性。霍夫斯泰德的调查表明，不同民族文化之间在不确定性状态的回避倾向上有很大的不同。有的民族把生活中的未知、不确定性视为大敌，千方百计加以避免，而有的民族则采取坦然接受的态度，“是福不是祸，是祸躲不过”。典型的不确定性回避的行为差异见表 8-5。

表 8-5　典型的不确定性回避的行为差异

在不确定性回避程度低的国家和地区中	在不确定性回避程度高的国家和地区中
不确定性是人生的特点，人们迎接每一天的到来	人生中的不确定性被认为是不断的威胁，应与之抗争
低压力，有主观的幸福感	高压力，有主观的忧虑感
对不明确的环境和不熟悉的风险感觉到自在	害怕不明确的环境和不熟悉的风险
对于儿童接触不健康或有禁忌的东西持宽容原则	对于儿童接触不健康或有禁忌的东西持不宽容原则
对于差异表示出好奇	认为差异代表着危险
教师可以说“我不知道”	教师应该能够回答所有问题

4. 刚性或柔性倾向

刚性或柔性倾向即社会是否对男性特征（如“攻击性”“武断”）赞赏以及对男性和女性职能的界定。

霍夫斯泰德把这种以社会性别角色的分工为基础的“男性化”倾向称为男性或男子气概所代表的文化维度［即男性度（masculinity）］，它指社会中两性的社会性别角色差别明显，男人应表现得自信、坚强、注重物质成就；女人应表现得谦逊、温柔、关注生活质量；而与此对立的“女性化”倾向则被称为女性或女性气质所代表的文化维度［即女性度（femininity）］，它是指社会中两性的社会性别角色相互重叠，男人与女人都表现得谦逊、恭顺、关注生活质量。刚性或柔性倾向用男性度指数（masculinity dimension index，MDI）来衡量，这一指数的数值越大，说明该社会的男性化倾向越明显，男性气质越突出（最典型的代表是日本）；反之，数值越小，说明该社会的男性化倾向越不明显，男性气质弱化，而女性气质突出。刚性或柔性倾向社会中的典型行为差异如表 8-6 所示。

表 8-6　刚性或柔性倾向社会中的典型行为差异

在刚性倾向社会中	在柔性倾向社会中
金钱和物质很重要	和谐的人际关系很重要
男人应该自信、有抱负，而且坚毅	人人应该谦虚
活着是为了工作	工作是为了活着
同情强者	同情弱者

5. 长期观或短期观

彭迈克通过对中国价值观调查的数据分析，最先发现了一个新的文化维度：长期观或短期观。这个维度是与以往西方学者发现的任何维度无关联的。彭迈克称这个维度为“儒家精神动力”。它代表儒家思想的教育与影响，按其特殊的含义，这是指一个人在生活中长远观念抑或短期观念。这种划分很容易让西方人理解，而在以往西方人研究中却没有被当做一个关键变量去测量。在这个维度中，长远观念是儒家观念的集中表现，并表现为一种积极的创业精神。创业精神中最主要的特征是坚韧、不屈不挠地追求目标，而不管这些目标是什么，实现目标会有多大困难。短期观念与长期观念不同，包含另一些儒家的观念，如“个人恒常性”，它指人们的行为要守常，不能太变幻莫测。现在，西方国家逐渐重视东方国家重节俭、坚韧的精神，也把传统、礼尚往来、面子等作为对大量消费的社会风尚的一种匡正方式。表 8-7 为部分国家或地区的长期观指数。

表 8-7　部分国家或地区的长期观指数

排名	国家或地区	指数	结论
1	中国大陆	118	很强的长期观倾向
2	中国香港	96	很强的长期观倾向
3	中国台湾	87	很强的长期观倾向
4	日本	80	很强的长期观倾向
5	韩国	75	较强的长期观倾向
14	德国	31	较强的长期观倾向
15	澳大利亚	31	较弱的长期观倾向
17	美国	29	较弱的长期观倾向
18	英国	25	很弱的长期观倾向
20	加拿大	23	很弱的长期观倾向

三、跨文化的消费者分析

跨文化消费者分析的一个主要目标就是确定两个或更多个国家中消费者的异同。理解不同国家之间消费者的异同对跨国营销人员来说是很重要的，他们必须制定合适的策略以打动具体的外国消费者。国家之间的相似性越大，越适宜使用相对来说类似的策略。另外，如果发现具体目标国的文化信仰、价值观、风俗习惯等有很大的差异，表明需要针对每一个国家的具体情况制定出高度个性化的市场策略。

1. 跨文化的消费者分析主要应注意的几个方面

1）教育水平

教育水平是指消费者受教育的程度。一个国家、一个地区的教育水平与经济发展水平往往是一致的。不同的文化修养表现出不同的审美观，购买商品的选择原则和方式也不同。一般来讲，教育水平高的地区，消费者对商品的鉴别力强，容易接受广告宣传和接受新产品，购买的理性程度高。因此，教育水平高低影响着消费者心理、消费结构，影响着企业营销组织策略的选取，以及销售推广方式方法的差别。例如，在文盲率高的国家，用文字形式做广告，难以收到好效果，而用电视、广播和当场示范表演形式，才容易为人们所接受。又如，在教育水平低的国家，适合采用操作使用、维护保养都较简单的产品；而教育水平高的国家，则需要先进、精密、功能多、品质好的产品。因此，在产品设计和制定产品策略时，应考虑当地的教育水平，使产品的复杂程度、技术性能与之相适应。

2）语言文字

语言文字是人类交流的工具，它是文化的核心组成部分之一。不同国家、不同民族往往都有自己独特的语言文字。即使同一国家，也可能有多种不同的语言文字；即使语言文字相同，表达和交流的方式也可能不同。

语言文字的不同对企业的营销活动有巨大的影响。一些企业由于其产品命名与产品销售地区的语言相悖，给企业带来巨大损失。例如，美国一家汽车公司生产了一种牌子叫 Cricket（奎克托）的小型汽车，这种小型汽车在美国很畅销，但在英国却不受欢迎，其原因就在于语言文字上的差异。Cricket 一词有蟋蟀、板球的意思，美国人喜欢打板球，所以一提到 Cricket 就想到是蟋蟀，汽车牌子叫 Cricket，意思是个头小、跑得快，所以很受欢迎。但在英国，人们不喜欢玩板球，所以一听说 Cricket 就认为是板球，人们不喜欢牌子叫板球的汽车。后来，美国公司把其在英国的产品改为 Avengez，意思是复仇者。因为这个名称不是说明它小，而是说明它很有力量，结果很受欢迎，销量大增。再如，国产“白象”牌电视在国内比较畅销，出口到西方国家却无人问津，因为“白象”一词在英语中的含义是：花了心力，耗费了金钱，但又没有多少价值。可见，语言文字的差异对企业的营销活动是有很大的影响的。企业在开展市场营销尤其是国际市场营销时，应尽量了解市场国的文化背景，掌握其语言文字的差异，这样才能使营销活动顺利进行。

3）价值观念

价值观念指的是在同一文化下被大多数人所信奉和倡导的信念。这种信念反映了人们对某一类事物的总的看法和评价，并通过某种特定的规范来影响人们的行为。

不同的文化背景下，人们的价值观念差别是很大的，而消费者对商品的需求和购买行为深受其价值观念的影响。例如，我国过去长期存在的对商品消费的价值观就是“商品越经久耐用越好”。产生这种价值观的原因，首先是那时我国消费者的经济收入很少，生活水平很低；同时也是在计划经济体制下的商品短缺，使得在很多情况下即使有钱也买不到商品；当然，我国消费者长期以来形成的根深蒂固的一种消费意识，如勤俭节约等，也是原因之一。而在西方一些发达资本主义国家，大多数人比较追求生活上的享受，超前消费突出也是司空见惯的事情。一些人为了生活上的享受，采用分期付款、赊销等形式，甚至大举借债。可见，不同的价值观念在很大程度上决定着人们的生活方式，从而也决定着人们的消费行为。因此，对于不同的价值观念，企业营销人员应采取不同的策略。对于乐于变化、喜欢猎奇、富有冒险精神的、较激进的消费者，应重点强调产品的新颖和奇特；而对一些注重传统、喜欢沿袭传统消费习惯的消费者，企业在制定促销策略时应把产品和目标市场的文化传统联系起来。例如，东方人将群体、团结放在首位，所以广告宣传往往突出人们对产品的共性认识；而西方人则注重个体和个人的创造精神，所以其产品包装也显示出醒目或标新立异的特点。

【资料 3】

对待劫匪要像对待顾客一样?

在澳洲 7-11 24 小时便利店的店员培训课程中，有这样一个经典案例，一位售货员在店中遇到抢劫，他把收银机里的钱快速拿出，交给歹徒之前还问了一句：“用袋子给您装上好吗？”劫匪点头，他便麻利地把钱装入塑料袋中，交于劫匪。直到确信劫匪走得无影无踪时，他才打电话报警。

培训官总结时说，对待劫匪，要“treat him like a customer”，就是说要像对待顾客一样给他春天般的温暖，要什么给什么，绝对不能与歹徒发生争执，更不能反抗；并且还要牢记两个单词：smoothly 和 quickly。就是说给劫匪拿钱，递钱要爽快麻利，不要有多余的动作。培训官是这样解释的：从犯罪心理学的角度探讨，抢劫的人精神往往高度紧张，为了避免情绪失控而导致可能的过激行为，作为店员以及店内的顾客一定要配合劫匪，帮助他们顺利完成抢劫任务。如果抢劫过程中正好有顾客从外面进来，还应提醒歹徒注意，不要造成歹徒惊慌。因而在澳洲，见义勇为的员工甚至顾客，不但得不到鲜花和掌声鼓励，甚至面临的将可能是被公司辞退甚至司法指控，因为其行为是将店员自身以及在场顾客的生命置于一个危险环境而不顾。可以看到，这与我们国内所崇尚的价值标准与处事准则有着根本性的不同，而国内的许多学者专家将此解释为西方世界的人本化思维。

培训官的意见是“everything here is insured but you！”（这里除了你之外所有的东西都已经购买了保险！），也就是说抢劫不会让商店蒙受任何损失，而你的任何愚蠢行为，都可能会危及你自身以及顾客的安全，而使商店的商誉蒙受损失！商店的目的只在于合法经营，除此之外，发生什么样的事情由相应的机构承担相应的责任与义务。警察负责社会安全，而为了最大限度消减不可预知的风险、规避无限责任，就必须通过国家法律手段对商业单位实施强制性保险，这种保险又已纳入商业单位的成本之中，因此，通过购买行为，消费者同样应该获得这种保障。

资料来源：http: //www. emkt. com. cn/article/210/21008. html（编者对原文有删减）

4）宗教信仰

世界上的宗教种类很多，其中比较著名的三大宗教是指佛教、基督教和伊斯兰教。教徒信奉的宗教不一样，信仰和禁忌也不一样。这些信仰和禁忌限制了教徒的消费行为。各种宗教对教徒都有特别的规定，而教徒一般都必须严格遵守，否则就要受到惩罚。例如，虔诚的佛教徒是禁止食用肉类食品的，伊斯兰教徒禁止食用与猪有关的食品，这两教的教徒都不允许饮酒，而饮茶则是他们的一种日常行为。

很多节日也都与宗教信仰有关，如开斋节、古尔邦节是伊斯兰教的盛大节日，基督教的盛大节日就是圣诞节。近些年随着西方文化对我国的渗透，也由于我国信仰基督教人数的增多，我国很多人也过起了圣诞节、平安夜。特别是在以基督教为主的国家，圣诞节前后是一次大的购物高潮，许多消费愿望会在圣诞节期间实现。

某些国家和地区的宗教组织在教徒的购买决策中有重大影响。对于出现的新产品，宗教组织有时会限制和禁止使用该商品，认为该商品和该宗教信仰相冲突；想反，有的新产品，能得到宗教组织的赞同和支持，这样宗教组织会号召教徒购买、使用它，从而起一种特殊的推广作用。因此，企业应充分了解不同地区、不同民族、不同消费者的宗教信仰，提供适合其要求的产品，制定适合其特点的营销资料；否则，会触犯宗教禁忌，失去市场机会。这说明，了解和尊重消费者的宗教信仰，对企业营销活动具有重要意义。

5）审美观

审美观通常指人们对事物的好坏、美丑、善恶的评价。不同的国家、民族、宗教、阶层和个人，往往因社会文化背景不同，其审美标准也不尽一致。有的以“胖”为美，有的以“瘦”为美，有的以“高”为美，有的则以“矮”为美，不一而足。例如，缅甸的巴洞人以妇女长脖为美，而非洲的一些民族则以文身为美，等等。因审美观的不同而形成的消费差异更是多种多样。例如，在欧美，妇女结婚时喜欢穿白色的婚礼服，因为她们认为白色象征着纯洁、美丽；在我国，妇女结婚时喜欢穿红色的婚礼服，因为红色象征吉祥如意、幸福美满。又如，中国妇女喜欢把装饰物品佩戴在耳朵、脖子、手指上，而印度女子却喜欢在鼻子、脚踝上配以各种饰物。因此，不同的审美观对消费的影响是不同的，企业应针对不同的审美观所引起的不同消费需求，开展自己的营销活动，特别要把握不同文化背景下消费者审美观念及其变化趋势，制定良好的市场营销策略以适应市场需求的变化。

6）民族性格

最能反映文化对性格形成作用的、在大多数民族成员身上都体现出来的典型特征，构成了民族性格。不同的文化形成不同的民族性格，不同的民族性格造成了消费行为倾向的差别。西方民族的典型性格是外向和奔放，中华民族的典型性格则是内向和含蓄，这两种民族性格的不同使中国人和西方人的消费行为截然不同。例如，对大多数中国人来说，勤劳、节俭是一种美德，这种民族传统反映在消费行为上就是重储蓄和计划，因而在购买商品时追求商品的耐用性与实用性；而美国人则追求物质丰富，倡导自由与个人主义，因而他们希望生产更奢侈的、数量足够多的、能够表现自我的产品。

2. 营销组合要素与跨文化营销

在一个国家内有效的营销组合策略是否在另一个国家也有效？在多数情况下，跨国营销人员对这个问题可能不太清楚。

1）产品

产品被认为是在各个营销组合要素中最直接地体现其跨文化价值的，因此，跨国营销人员应该随时注意改变产品以满足地方性的习俗和口味。全世界最大的快餐连锁店之一麦当劳曾在2002年出现创业以来的首度亏损，这对于以品牌形象为荣的麦当劳打击很大，于是麦当劳内部开始反省，如面包配料和重量等菜单标准为全球通用，但欠缺满足地区性口味。故现在他们对各地市场不再是完全标准化，而是针对各地市场的特性制定符合本地需求的快餐，如在中国市场推出米饭等。

2）广告

广告是仅次于产品的第二重要的跨文化营销要素。广告在跨文化营销中的地位和作用比在单一市场的营销活动中更为重要，但它是跨文化营销的一把双刃剑。广告一方面通过突出文化共性、强调产品共性，并且充分考虑当地文化的特点，避免与当地文化、宗教禁忌等相冲突，成为文化适应的工具；另一方面它又是文化改造的武器，即积极主动地使用文化策略，通过消费者教育充分发挥广告策略的作用，改变消费者群体中的革新者与观点领袖的态度及价值观，使其成为主流文化的引导者，从而为企业营销开辟新的空间。

3）价格和渠道

价格在国际市场营销中有两点现象是值得注意的：一是没有民族主义影响和不触犯东道国反倾销法规的情况下，以低廉价格销售产品会给消费者带来经济利益，也可以冲破由于文化差异而形成的市场进入壁垒；二是在全球营销中要做到统一产品价格是十分困难的，各国使用货币不同，国民收入不同，关税、运费不同，使企业无法在国际市场上以同一价格出售产品。因此，定价总是根据消费者心理、竞争对手的反应来加以考虑，这个过程包含着复杂的文化因素。

分销渠道是进入一个市场必须打通的营销环节。一方面，跨国公司想在进入一个国外市场的拓展阶段就建立自己的销售渠道是不现实的，或者说，只能借助当地市场的营销网络来销售；另一方面，统一的渠道策略虽然有助于使企业的市场形象更具一致性，但不同国家和地区由于传统观念的影响，购买行为和选择购买场所及途径都形成固有的习惯，这同样需要纳入跨文化营销的策略之中。

【思考题】

1. 什么是文化？亚文化？
2. 中国传统文化对消费者行为的影响主要表现在哪些方面？
3. 什么是文化价值观？它怎么影响消费者行为？
4. 简述霍夫斯泰德的文化维度理论。
5. 跨文化营销应该注意什么？

【实践练习】

假设你是某一旅游胜地的一家五星级旅馆的经理，为了企业发展想吸引来自外国（任选一个国家）的旅游者，上网搜集这个国家消费者文化相关的资料，如宗教、生活方式、风俗习惯等方面的资料，提出一项完善酒店服务的方案。

第九章　社会阶层与消费者行为

【学习目标】

- 了解社会阶层的特点和构成。
- 了解社会阶层的划分方法。
- 了解社会阶层对消费者行为的影响。
- 掌握社会阶层的营销对策。

在一个社会中，社会阶层（social class）就是具有相对同质性和持久性的群体，它们是按等级排列的，每一社会阶层的成员具有相似的价值观、兴趣爱好和行为方式。社会阶层是一种普遍存在的社会现象，不论是发达国家还是发展中国家，均存在不同的社会阶层。产生社会阶层的最直接的原因是个体获取社会资源的能力和机会存在差别。

第一节　社会阶层的特点与构成

一、社会阶层的含义

社会阶层是由具有相同或类似社会地位的社会成员组成的相对持久的群体。每一个体都会在社会中占据一定的位置，有的人占据非常显赫的位置，有的人则占据一般的或较低的位置。这种社会地位的差别，使社会成员分成高低有序的层次或阶层。社会阶层是一种普遍存在的社会现象，不论是发达国家还是发展中国家，不论是社会主义国家还是资本主义国家，均存在不同的社会阶层。产生社会阶层的最直接的原因是个体获取社会资源的能力和机会存在差别。所谓社会资源，是指人们所能占有的经济利益、政治权力、职业声望、生活质量、知识技能以及各种能够发挥能力的机会和可能性，也就是能够帮助人们满足社会需求、获取社会利益的各种社会条件。导致社会阶层产生的终极原因是社会分工和财产的个人所有。社会分工，形成了不同的行业和职业，并且在同一行业和职业内形成领导和被领导、管理和被管理等错综复杂的关系。当这类关系与个人的所得、声望和权力联系起来时，就会在社会水平分化的基础上形成垂直分化，从而造成社会分层。

社会分层表现为人们在社会地位上存在差异。社会地位是人们在社会关系中的位置以及围绕这一位置所形成的权力义务关系。社会成员通过各种途径，如出生、继承、社会化、就业、创造性活动等占据不同的社会地位。在奴隶社会和封建社会，社会地位主要靠世袭、继承和等级制的安排所决定。在现代社会，个体的社会地位更多地取决于社会化、职业、个人对社会的贡献大小等方面，但家庭和社会制度方面的因素对个体的社会地位仍具有重要影响。

消费者行为学中讨论社会阶层，一方面是为了了解不同阶层的消费者在购买、消费、沟通、个人偏好等方面具有哪些独特性，另一方面是了解哪些行为基本上被排除在某一特定阶层的行为领域，哪些行为是各社会阶层成员所共有的。

二、社会阶层的特点

1. 社会阶层展示一定的社会地位

如前所述，一个人的社会阶层是和他的特定的社会地位相联系的。处于较高社会阶层的人，必定是拥有较多的社会资源，在社会生活中具有较高社会地位的人。他们通常会通过各种方式，展现其与社会其他成员相异的方面。社会学家凡勃仑所阐释的炫耀性消费，实际上反映的就是人们显示其较高社会地位的需要与动机。

由于决定社会地位的很多因素，如收入、财富不一定是可见的，因此人们需要通过一定的符号将这些不可见的成分有形化。按照凡勃仑的说法，每一社会阶层都会有一些人试图通过炫耀性消费告诉别人他们是谁，处于哪一社会层次。研究发现，即使在今天，物质产品所蕴含、传递的地位意识在很多文化下仍非常普遍。传统上，人们通过购买珠宝、名牌服装、高档电器等奢侈品或从事打高尔夫球、滑雪等活动显示自己的财富和地位。今天，这一类显示地位的手段或符号仍然被很多人运用。然而应当注意的是，随着社会的变迁和主流价值观的变化，它们的表现方式、作用都在发生变化。例如，随着收入水平的提高，很多过去只有上层社会才消费得起的产品、服务已经或正在开始进入大众消费领域，这些产品作为“地位符号”的基础开始动摇。另一方面，越来越多上层社会的消费者对通过消费显示其财富和地位感到厌倦。一项研究发现，虽然奢侈品的营销者试图造成一种印象，似乎只有百万富翁才买这些产品，但实际购买它们的往往是那些“假百万富翁”，即年收入在 40 000~80 000 美元的家庭。真正的富翁具有“普通人”的消费习惯，他们将大多数奢侈品视为专为那些财务上并不特别成功的人开发的玩具。

2. 社会阶层的多维性

社会阶层并不是单纯由某一个变量，如收入或职业所决定，而是由包括这些变量在内的多个因素共同决定。正如后面所要介绍的，决定社会阶层的因素既有经济层面的因素，亦有政治和社会层面的因素。在众多的决定因素中，其中某些因素较另外一些因素起更大的作用。收入常被认为是决定个体处于何种社会阶层的重要变量，但很多情况下它可能具有误导性，如在我国现阶段，出租车司机、城郊菜农的收入比一般的大学教师和工程师高，但从社会地位和所处的社会层级来看，后者显然高于前者。除了收入，职业和住所亦是决定社会阶层的重要变量。一些人甚至认为，职业是表明一个人所处社会阶层的最重要的指标，原因是从事某些职业的人更受社会的尊重。

3. 社会阶层的层级性

社会阶层是由社会层级或分层所定义的。所谓社会分层就是“一个人在社会中或高或低的等级，这一等级是由社会中的其他成员排列的，以便产生一个尊重和威望的等级”。将消费者分为上、中、下层的社会分层方法暗含着一个社会中的某些成员在威望和权力方面比其他成员的等级更高。不管愿意与否，社会中的每一成员，实际上都处于某一特定的等级位置上，从而形成一个社会的等级结构。社会阶层的这种层级性在封闭的社会里表现得最为明显。“在古罗马，有贵族、骑士、平民、奴隶。在中世纪，有封建领主、陪臣、行会师傅、帮工、农奴，而且几乎在每一个阶级内部又有各种独特的等第”。在现代较为开放的社会里，人们的身份和地位虽然不像封建社会那样具有清晰的界限，但仍可以从其所上的学校、所从事的职业、所结识的朋友、所购买的产品中窥见端倪。

从最低的地位到最高的地位，社会形成一个地位连续体。不管愿意与否，社会中的每一成员，实际上都处于这一连续体的某一位置上。那些处于较高位置上的人被归入较高层级，反之则被归入较低层级，由此形成高低有序的社会层级结构。层级性使得消费者在社会交往中，要么将他人视为是与自己同一层次的人，要么将他人视为是比自己更高或更低层次的人。这一点对营销者十分重要。如果消费者认为某种产品主要被同层次或更高层次的人消费，他购买该产品的可能性就会增加；反之如果消费者认为该产品主要被较低层次的人消费，那么他选择该产品的可能性就会减少。

4. 社会阶层的稳定性和动态性

稳定性体现在，一个人的社会阶层不会在几天之内改变，甚至几年内也不会改变。个体的社会阶层是会发生变化的。随着时间的推移，同一个体可能从原来所处的阶层跃升到更高的阶层，也可能跌入较低的阶层。社会越开放，社会阶层的动态性表现得越明显；反之，则个体从一个阶层进入另一个阶层的机会就越小。个人的努力程度和社会条件的变化是促使社会成员在不同阶层之间流动的主要原因。例如，由于个人的努力或自甘堕落，或社会制度的变革改变了人们的生活方式或价值观念，或由于违法犯罪等原因剥夺了某些人的权利等，都会改变一个人的社会阶层。

思考：

一个人的一生只能属于一个社会阶层吗？举例说明。

5. 社会阶层的同质性

社会阶层的同质性是指同一阶层的社会成员在价值观和行为方式上具有一定的共同点和相似之处。这种同质性很大程度上是由他们共同的社会经济地位所决定的，同时也和他们彼此之间更频繁的交流、互动有关。对营销者来说，同质性意味着处于同一社会阶层的消费者会订阅相同或类似的报纸、观看类似的电视节目、购买类似的产品、到类似的商店购物、光顾类似的酒店，这为企业根据社会阶层进行市场细分提供了依据和基础。

6. 社会阶层对行为的限定性

大多数人在和自己处于类似水平和层次的人交往时会感到很自在，而在与自己处于不同层次的人交往时会感到拘谨甚至不安。这样，社会交往较多地发生在同一社会阶层之内，而不是不同阶层之间。一方面，同一阶层内社会成员的更多的互动，会强化共有的规范与价值观，从而使阶层内成员间的相互影响增强。另一方面，不同阶层之间较少互动，会限制产品、广告和其他营销信息在不同阶层人员间的流动，使得彼此的行为呈现更多的差异性。

第二节　社会阶层的决定因素和划分

一、社会阶层的决定因素

吉尔伯特（Jilbert）和卡尔（Kahl）将决定社会阶层的因素分为三类：经济变量、社会互动变量和政治变量。经济变量包括职业、收入和财富；社会互动变量包括个人声望、社会联系和社会化；政治变量则包括权力、阶层意识和流动性。下面主要介绍其中与消费者行为研究特别相关的几个因素。

1. 职业

在大多数消费者研究中，职业被视为表明一个人所处社会阶层的最重要的一项指标。当首次与某人谋面时，我们大多会询问他在哪里高就和从事何种工作。一个人的工作会极大地影响他的生活方式，并赋予他相应的声望和荣誉，因此职业提供了个体所处社会阶层的很多线索。不同的职业，消费差异是很大的。例如，蓝领工人的食物支出占收入的比重较大，而经理、医生、律师等专业人员则将收入的较大部分用于在外用餐、购置衣服和接受各种服务。在大多数国家，医生、企业家、银行家和科学家是备受尊重的职业，近些年，随着信息产业的迅速发展，与信息技术相关的职业如电脑工程师、电脑程序员、后勤管理经理等职业日益受到社会的青睐。

2. 个人业绩

一个人的社会地位与他的个人成就密切相关。同是大学教授，如果比别人干得更出色，就会获得更多的荣誉和尊重。平时我们说“某某教授正在作一项非常重要的研究”“某某是这个医院里最好的神经科医生”，均是对个人业绩所作的评价。虽然收入不是表明社会阶层的一项好的指标，但它在衡量个人业绩方面却是很有用的。一般来说，在同一职业内，收入居前25%的人，很可能是该领域内最受尊重和最有能力的人。个人业绩或表现也涉及非工作方面的活动。也许某人的职业地位并不高，但他或其家庭仍可通过热心社区事务、关心他人、诚实善良等行为品性赢得社会的尊重，从而取得较高的社会地位。

3. 社会互动

诚如前面所指出的，大多数人习惯于与具有类似价值观和行为的人交往。在社会学里，强调社会互动的分析思路被称为“谁邀请谁进餐”学派。这一派的学者认为，群体资格和群体成员的相互作用是决定一个人所处社会阶层的基本力量。

社会互动变量包括声望（prestige）、联系（association）和社会化（socialization）。声望表明群体其他成员对某人是否尊重，尊重程度如何。联系涉及个体与其他成员的日常交往，他与哪些人在一起，与哪些人相处得好。社会化则是个体习得技能、态度和习惯的过程。家庭、学校、朋友对个体的社会化具有决定性影响。到青春期，一个人与社会阶层相联系的价值观与行为已清晰可见。虽然社会互动是决定一个人所处社会阶层的非常有效的变量，但在消费者研究中它们用得比较少，因为这类变量测量起来比较困难而且费用昂贵。

4. 拥有的财物

财物是一种社会标记，它向人们传递有关其所有者处于何种社会阶层的信息。拥有财物的多寡、财物的性质同时也反映了一个人的社会地位。对财物应作广义的理解，它不仅指汽车、土地、股票、银行存款等我们通常所理解的财物，它也包括受过何种教育、在何处受教育、在哪里居住等“软性”的财物。名牌大学文凭、名车、豪宅、时尚服饰，无疑是显示身份和地位的标记。然而，正如前面所指出的，对它们特别有兴趣的恰恰是缺乏这些财物或对其缺乏了解的人。商学专业的学生或其他希望成为“管理高手”的人，而不是业已成功的人才是诸如“成功的秘诀”“哈佛学不到”之类书籍的潜在买主。

5. 价值取向

个体的价值观或个体关于应如何处事待人的信念是表明他属于哪一社会阶层的又一重要指标。由于同一阶层内的成员互动更频繁，他们会发展起类似和共同的价值观。这些共同的或阶层所属的价值观一经形成，反过来成为衡量某一个体是否属于此阶层的一项标准。不同社会阶层的人对艺术、对抽象事物的理解、对金钱和生活所存在的不同看法，实际折射的就是价值取向上的差异。

6. 阶层意识

阶层意识是指某一社会阶层的人，意识到自己属于一个具有共同的政治和经济利益的独特群体的程度。人们越具有阶层或群体意识，就越可能组织政治团体、工会来推进和维护其利益。从某种意义上说，一个人所处的社会阶层是与他在多大程度上认为他属于此一阶层所决定。

一般而言，处于较低阶层的个体会意识到社会阶层的现实，但对于具体的阶层差别并不十分敏感。例如，低收入旅游者可能意识到星级宾馆是上层社会成员出入的地方，但如果因五折酬宾而偶然住进这样的宾馆，他对出入身边的人在穿着打扮、行为举止等方面与自己存在的差别可能并不特别在意。在他们眼里，星级宾馆不过是设施和服务更好、收费更高的“旅店”而已，地位和阶层的联系在他们的心目中如果有的话也是比较脆弱的。相反，经常出入高级宾馆的游客，由于其较强的地位与阶层意识，对于星级宾馆这种“来者不拒”的政策可能会颇有微词。

二、社会阶层的划分

1. 单一指标法

单一指标法是从某个特定方面去评价人们的社会地位。由于社会地位受多方面因素的影响，只用其中的一项因素去衡量一个人的社会地位可能会失之偏颇。但是，这一方法对分析社会地位的特定方面对消费过程的影响仍然是很有帮助的。实践中，常用的单项指标是教育、职业和收入。

（1）教育。教育是提高社会地位的主要途径，自然也是评价社会地位的一项重要指标。在大多数国家，一个人所受的教育程度越高，他的社会地位就越高。传统上，在制造、服务等领域，很多高收入的职业不一定需要高的教育，但这种情况正在改变。看看各种招聘广告，就会发现，凡是稍好一点的职位，对能力和素质都有很高的要求。要达到这种要求，通常需要接受良好的教育。不仅如此，教育还影响个人品位、价值观、获取信息和做决策的方式。总之，教育影响到个体消费模式和生活方式的各个方面，它与职业一道成为衡量社会阶层最常用的两个指标。

（2）职业。在市场调研中，职业是应用最广的单项指标。事实上，人们初次见面，总是以职业来评价和界定对方。每当遇到新知，人们内心总是在问“他是做什么的？”很显然，职业是我们判断一个初识的人最常用的线索。职业与教育、收入密切相关，它在很大程度上反映一个的社会地位。消费者的工作类型、与其共事的同事的类型直接影响着他的价值观、生活方式和消费过程的各个方面。

（3）收入。传统上，收入是划分社会地位和社会阶层的常用指标。因为，一方面收入高低与个体所处社会地位有着较密切的联系，另一方面收入是维持一定生活方式的前提条件。收入不仅制约着人们的购买能力，而且也影响着人们对工作、休闲和购物等活动的看法。当然收入作为衡量社会阶层的基本指标也存在着问题和局限。首先，被调查者也许不愿意公开自己的收入，或不能确切地按研究人员所界定的收入概念确定自己的收入。其次，收入的增加并不必然带来社会地位的上升和社会阶层的变动。如果家庭中某位成员就业了，但获得的是一个普通的职位，此时家庭收入确实增加了，但家庭在社会的地位并不会由此提高。最后，收入本身并不能完全有效地解释由于社会阶层所形成的行为差异。一位大学教授的收入或许与一位卡车司机的收入不相上下，然而他们的观念、意识和偏好会有相当大的差别。

2. 综合指标法

1）科尔曼地位指数法

这一方法由社会研究公司（Social Research，Inc.）于 20 世纪 60 年代提出，并在消费者研究中得到广泛应用。该方法从教育、产生的职业声望、居住的区域、家庭年收入四个方面综合测量消费者所处的社会阶层。表 9-1 列出了该方法常用的问题和格式。在计算总分时，职业分被双倍计入，这样，一个人的最高得分可达到 53 分。另外，如果被访者尚未成家，则在计算他的总分时，教育和职业得分均双倍计入总分。对于户主在 35~64 岁，以男性为主导的已婚家庭，其综合得分如果在 37~53 分，则为上等阶层；得分在 24~36 为中等阶层；得分在 13~23 为劳动阶层；得分在 4~12 为下等阶层。

表 9-1　科尔曼地位指数法中的变量及评分标准

教育		
受教育程度	被访者	被访者配偶
8 年（含 8 年）以下初等教育	1	1
高中肄业（9~10 年）	2	2
高中毕业（12 年）	3	3
1 年高中后学习	4	4
2 年或 3 年制大专	5	5
4 年制本科毕业	6	6
硕士毕业或 5 年制大学	7	7
博士毕业或 6~7 年制专业学位	8	8
户主的职业声望（如果被访者已退休，询问退休前的职业）		
长期失业者（以失业救济金为生者；不熟练的零工）		0
半熟练工；保管员；领取最低工资的工厂帮工和服务人员		1
掌握一般技术的装配工，卡车与公共汽车司机；警察与火警；配送工		2
熟练工匠如电工、小承包商、工头；低薪销售职员；办公室工人；邮局职员		3
员工在 2~4 人的小业主；技术员；销售人员；办公室职员；一般薪水的公务员		4
中层管理人员；教师；社会工作者；成就一般的专业人员		5
中小公司的高层管理人员；雇员在 10~20 人的业主；中度成功的专业人员如牙医		7
大公司的高层管理人员；获得巨大成功的专业人员如名医、名律师；富有的企业业主		9
居住区域		
平民区（社会救济者和下层体力劳动者杂居）		1
清一色劳动阶层居住，虽非平民区但房子较破败		2
主要是蓝领但也居住着一些办公室职员		3
大部分是白领也居住着一些收入较高的蓝领		4
较好的白领区（没有很多经理人员，但几乎没有蓝领居住）		5
专业人员和经理人员居住区		7
富豪区		9
年家庭收入		
5 000 美元以下		1
5 000~9 999 美元		2
10 000~14 999 美元		3
15 000~19 999 美元		4
20 000~24 999 美元		5
25 000~34 999 美元		6
35 000~49 999 美元		7
50 000 美元以上		8
总分		
估计的社会地位		

根据科尔曼地位指数法，美国消费者分为上层（14%）、中层（70%）和下层（16%）。上层又进一步被分为上上层、中上层和下上层；中层分为中产阶级（收入一般的白领工人和他们的蓝领朋友）和劳动阶级（收入一般的蓝领工人）；下层分为下上层和下下层，总共形成七个生活方式上存在差别的群体。

2）霍林舍社会地位指数法

霍林舍社会地位指数是从职业（1~7 分）和教育（1~7 分）两个层面综合测量社会阶层的一种方法，在算总分时职业的权重为 7，教育的权重为 4。根据霍林舍社会地位指数，分数区间在 11~17 分的为上层；分数区间在 18~31 分的为中上层；分数区间在 32~47 分的为中层；分数区间在 48~63 分的为中下层；分数区间在 64~77 分的为下层。

需要指出的是霍林舍地位指数是用来衡量、反映个人或家庭在某一社区或社会集团内部所处的社会地位。正因为如此，某个变量上的高分有可能补偿另一变量的低分。例如，受过 8 年教育的成功的中型企业业主、4 年本科毕业的推销员和专科毕业的政府行政部门文职人员都被划为中等社会阶层。在同一社会，这三种类型的人社会地位可能相差无几，但是，他们的消费过程，至少对部分商品的消费过程仍可能有较大的差异。由此说明，总体社会地位可能掩盖某些地位因素与特定产品消费之间的联系。

【资料 1】

中产阶级在中国最难定义

亚洲开发银行一份名为《亚洲和太平洋地区 2010 年关键指标》的报告，称中国有 8 亿名“中产阶级”，并将在 2020 年超越 10 亿人，在国内引起极大争议，“别有用心”之类的评论不时见诸报端。

中国人对“中产阶级”的理解，似乎多来自于美国影视作品中传递的发达国家“中产阶级”形象，他们居住于城市郊区的独立式住宅中，平均每个家庭拥有两部车，多从事“白领”工作，家庭成员的人均收入都在数万美元不等。不过，这一概念从来得不到国际发展经济学界的认可——如果以美国标准衡量，全球中产阶级中绝大多数集中于发达国家。

对此，学者提出的在全球范围内衡量“中产阶级”的方法有二，一是全球标准，以全世界各国的人均收入加权排序，然后取出其中的中间收入阶层，是收入中间值的 75%~125%。根据这一方法，世界银行《2007 年世界经济展望》中，将全球人均收入介于巴西和意大利两国人均收入之间的个人认定为中产阶级——每天消费在 10 美元至 20 美元之间的人群。根据这一标准，2007 年全球人口中，大约 4 亿人为“全球中产阶级”。该份报告解释说，以全球视角衡量，很多发达国家的“中产阶级”会被认为是“富裕人群”，而许多发展中国家的富裕人群，会被纳入“全球中产阶级”范畴。“全球中产阶级”通常意味着“他们会购买汽车、大量耐用消费品，并且出国旅行”。

二是区分发达国家和发展中国家的中产阶级标准。世界银行 2009 年的一篇文章中，作者将 70 个最穷的发展中国家的贫困线（每天消费 2 美元）作为下限和美国的贫困线（每天消费 13 美元）为上限，划定了“发展中国家”的中产阶级标准。于是，这一文章中的每天 2 美元的下限，加上世界银行的“全球中产阶级”20 美元日消费上限，即成为亚洲开发银行报告中“亚洲中产阶级”的定义范围。

上述讨论中所谈到的美元都是以 2005 年为基准年，扣除物价因素后的结果。2005 年 93 号汽油多少钱一升？猪肉呢？所以，2010 年的中国人觉得 2 美元一天的消费连温饱都勉强，就不奇怪了。即便做此解释，仍然不易平息国人对“中产阶级”人数超 8 亿的质疑。因为中文的“中产阶级”，并不能对应英文原文的“Middle Class”（或许翻译成“中间阶层”更为合适）。

Middle Class 的概念，普遍认为源自大革命时期的法国。相对于掌握着土地和政权的贵族、依赖替贵族工作为生的农民而言，当时法国已经产生了一个独立于这两个阶级之外，并且足可以挑战贵族政治垄断的“中间阶层”。从传统马克思主义观点看，这个中间阶层，就是“资产阶级”。第二次世界大战以后，西方国家的“中产阶级”概念，越来越成为一个经济学和社会学的概念。身份、地位等特征逐渐模糊，而收入和消费则成为重要标准。

在中国，至少 20 世纪 90 年代前，并不存在对“中产阶级”的研究。直到 2005 年，国家统计局才“根据国际标准进行换算”，完成了对中国中产阶级的定义，家庭年收入在6万~50万元人民币的国人，即中产阶级。根据这一标准，中国2005年已经拥有了6 550万名“中产阶级”。而根据亚洲开发银行的“发展中国家中产阶级+全球中产阶级”标准，2010 年中国有 8 亿名中产阶级。亚洲开发银行数据同时表明，根据全球中产阶级标准，也就是每天消费 10~20 美元的阶层，中国仅有 4 600 万名中产阶级。

不过，这几个标准，实际上都难以衡量中国。上海市 2009 年人均 GDP 高达 1.1 万美元，已迈入中等发达国家水平，而贵州省的人均 GDP 在 2009 年刚刚超过 800 美元，依然属于发展中国家最穷困者。

在我国，你该怎么衡量“中产阶级”？上海用什么标准？贵州呢？

资料来源：胡赉. 中产阶级在中国最难定义. 南方周末，2010-09-16

第三节　社会阶层与消费者行为

一、购物方式

人们的购物行为会因社会阶层而异。一般而言，人们会形成哪些商店适合哪些阶层消费者惠顾的看法，并倾向于到与自己社会地位相一致的商店购物。研究表明，消费者所处社会阶层与他想象的某商店典型惠顾者的社会阶层相去越远，他光顾该商店的可能性就越小。同时，较高阶层的消费者较少光顾主要是较低阶层去的商店，相对而言，较低阶层的消费者则较多地去主要是较高阶层消费者惠顾的商店。另一项研究发现，“客观”对“感知”的社会阶层也会导致消费者在店铺惠顾上的差异。客观上属中层而自认为上层的消费者，较实际为上层但自认为中层的消费者更多地去专卖店和百货店购物。与一直是劳动阶层的消费者相比，从更高层次跌落到劳动阶层的消费者会更多地去百货店购物。同时，中层消费者较上层消费者去折扣店购物的次数频繁得多。

上层消费者购物时比较自信，喜欢单独购物，他们虽然对服务有很高的要求，但对销售人员过于热情的讲解、介绍反而感到不自在。通常，他们特别青睐那些购物环境优雅、品质和服务上乘的商店，而且乐于接受新的购物方式。中层消费者比较谨慎，对购物环境有较高的要求，但他们也经常在折扣店购物。对这一阶层的很多消费者，购物本身就是一种消遣。下层消费者由于受资源限制，对价格特别敏感，多在中、低档商店购物，而且喜欢成群结队逛商店。

二、支出模式

不同社会阶层的消费者所选择和使用的产品是存在差异的。有的产品如股票、到国外度假更多地被上层消费者购买，而另外一些产品如廉价服装与廉价的葡萄酒则更多地被下层消费者购买。在住宅、服装和家具等能显示地位与身份的产品的购买上，不同阶层的消费者差别比较明显。例如，在美国，上层消费者的住宅区环境优雅，室内装修豪华，购买的家具和服装的档次和品味都很高。中层消费者一般有很多存款，住宅也相当好，但他们中的很大一部分人对内部装修不是特别讲究，服装、家具不少但高档的不多。下层消费者住宅周围环境较差，衣服与家具上投资较少。与人们的预料相反，下层消费者中的一些人员对生产食品、日常用品和某些耐用品的企业仍是颇有吸引力的。研究发现，这一阶层的很多家庭是大屏幕彩电、新款汽车、高档炊具的购买者。虽然这一阶层的收入比中等偏下阶层（劳动阶层）平均要低三分之一左右，但他们所拥有的汽车、彩电和基本家庭器具的价值比后者平均高 20%。下层消费者的支出行为从某种意义上带有“补偿”性质。一方面，由于缺乏自信和对未来并不乐观，他们十分看重眼前的消费；另一方面，低的教育水平使他们容易产生冲动性购买。

三、休闲活动

社会阶层从很多方面影响个体的休闲活动。一个人所偏爱的休闲活动通常是同一阶层或临近阶层的其他个体所从事的某类活动，他采用新的休闲活动往往也是受到同一阶层或较高阶层成员的影响。虽然在不同阶层之间，用于休闲的支出占家庭总支出的比重相差无几，但休闲活动的类型却差别颇大。在美国马球、壁球和欣赏歌剧是上层社会的活动；桥牌、网球、羽毛球在中层到上层社会的成员中均颇为流行；玩老虎机、拳击、职业摔跤是下层社会的活动。

上层社会成员所从事的职业，一般很少有身体活动，作为补偿，他们多会从事要求臂、腿快速移动的运动如慢跑、游泳、打网球等。同时，这类活动较下层社会成员所喜欢的活动如钓鱼、打猎、划船等较少耗费时间，因此受到上层社会的欢迎。下层社会成员倾向从事团体或团队性体育活动，而上层社会成员多喜欢个人性或双人性活动。中层消费者是商业性休闲和诸如公共游泳池、公园、博物馆等公共设施的主要使用者，因为上层消费者一般自己拥有这一类设施，而低层消费者又没有兴趣或无经济能力来从事这类消费。

四、信息搜集和处理

信息搜集的类型和数量也随社会阶层的不同而存在差异。处于最底层的消费者通常信息来源有限，对误导和欺骗性信息缺乏辨别能力。出于补偿的目的，他们在购买决策过程中可能更多地依赖亲戚、朋友提供的信息。中层消费者比较多地从媒体上获得各种信息，而且会更主动地从事外部信息搜集。随着社会阶层的上升，消费者获得信息的渠道会日益增多。不仅如此，特定媒体和信息对不同阶层消费者的吸引力和影响力也有很大的不同。例如，越是高层的消费者，看电视的时间越少，因此电视媒体对他们的影响相对要小。相反，高层消费者订阅的报纸、杂志远较低层消费者多，所以，印刷媒体信息更容易到达高层消费者。不同社会阶层的消费者所使用的语言也各具特色。人们实际上可以在很大程度上根据一个人的语言判断他所处的社会阶层。一般而言，越是上层消费者，使用的语言越抽象；越是下层消费者，使用的语言越具体，而且更多地伴有俚语和街头用语。西方的很多高档车广告，因为主要面向上层社会，因此使用的语句稍长，语言较抽象，画面或材料充满想象力。相反，那些面向中、下层社会的汽车广告，则更多的是宣传其功能属性，强调图画而不是文字的运用，语言上更加通俗和大众化。

【资料 2】

雾霾影响下不同社会阶层市民的日常消费活动

消费被认为是城市日常生活的关键性方面，是人们参加城市公共生活的一部分。日常消费活动与社会阶层特性密切相关，被认为是社会阶层划分的重要舞台。不同阶层之间因占有的社会资源不同，其生活方式的行为特征存在差异，形成不同的场所情感偏好和价值取向，阶层成为支配一个人消费行为背后的决定因素。当外在环境发生变化时，不同阶层由于破除制约和调动资源方面的能力差异，会采取差异化的应对策略完成消费活动，折射出不同社会主体结构中的权力机制与变动的外部环境之间的张力。天气是影响消费行为的一个重要环境因素，面对天气条件的变化，不同主体重新调整、转换或颠覆自身的消费观念与活动。雾霾是近些年中国遭遇的重大天气恶化现象，不仅抑制居民情绪，甚至造成复杂的行为后果，对人们的日常活动带来较大影响。当人们的日常消费活动遭遇雾霾天气时，不同阶层重新解读自身所处的消费行为环境，采取差异化的应对方式完成日常消费活动。

本文选择南京市老城南地区居民为主要研究对象。南京老城南地区社会阶层多样，并出现一定的居住空间分异，呈现“大杂居、小聚居”特征。在区位条件相似的前提下，可以获得本文所需要获取的不同社会阶层样本。在对这一地区的社会经济状况和居住环境详细考察的基础上，将研究范围锁定为低阶层集中居住的小王府巷与石榴新村民房片区、中阶层集中居住的张府园片区、高阶层集中居住的金鼎湾小区三个片区。最终根据居住环境、建筑质量、居民收入水平等状况，在三个片区中分别选取石榴新村民房区、曹都巷小区、金鼎湾小区二期作为案例点。经过案例分析得出以下结论。

高阶层自由度更大。高阶层比其他阶层依赖更多样化的社会网络和资源，以及具有更高的经济支付能力，主动应对雾霾危害，通过多种渠道或出行替代方式完成日常消费活动。当遇到雾霾日时，高阶层利用自己拥有的经济、信息资源，通过送货服务等渠道来获取消费资源。他们仅需通过变换消费渠道，便可将暴露在雾霾中的危害转移。面对雾霾对身体的伤害，高阶层通过购买健康消费品的方式积极应对。出于对雾霾危害身体健康的认知，高阶层对自身和家人的健康加倍重视，通过改变饮食习惯，购买有助于清除雾霾危害物质的食品，以降低雾霾对身体的伤害。维生素、抗氧化食品、新鲜蔬菜水果成为访谈中出现频度较高的词汇。消费出行方式的自由变换，是高阶层应对雾霾危害的另一种选择。消费场所距离对高阶层的影响要远小于中、低阶层，原因在于高阶层在雾霾日时通常选择汽车出行。另外，意识到雾霾影响能见度并阻碍行车安全的问题，高阶层对"出行安全"的关注度提升。总体上高阶层日常消费活动受雾霾影响不大，有能力摆脱物质环境的束缚，积极应对雾霾所造成的影响，进而完成基本生活型消费，甚至更高层次的消费。更多的替代选择，使其在雾霾日可进行相对自由的消费活动。

中阶层在弹性选择间权衡。追求自身发展、渴望得到社会认可，是中阶层普遍具有的特征。他们在做选择时通常会考虑与他人的相处，以确立自身形象，维持良好的社会关系。中阶层应对雾霾影响所作的消费活动选择，与其所处的社会交往情景产生关联，具有弹性变动的特征。中阶层非工作时间相对充裕，消费活动时间弹性相对较大，但当牵涉与他人的消费活动约定等类似社会交往情景时，时间弹性降低。雾霾影响下，中阶层对"时间"关注度最高。对于中阶层而言，消费是对自身发展的一种延伸，也是调节心情的有效措施。雾霾影响下，心情因素在中阶层内部的相对影响程度位列第二，表明以心情为代表的对雾霾的主观感知因素对中阶层的影响较大。雾霾发生时，中阶层通过消费来改善自身形象，并缓解与转化雾霾对其主观感知产生的影响。对身体资本的投资就是一种资本转化，中阶层居民通过网购、购买护肤品等方式，在提升形象的同时缓解了雾霾对心情造成的负面影响。

低阶层受到更多限制。低阶层大多需要担负更多的照看子女、养育家庭的责任，导致其承受的身体、心理、时间限制较多。同时，雾霾影响放大了社会不公的负面情绪，影响他们的认知与判断，也在一定程度上限制着他们的消费活动。尽管低阶层在 3 个阶层中最在意雾霾对"个人身体状况"的影响，但照顾家庭的义务使其又不得不在雾霾日仍然外出进行基本生活型消费。低阶层家庭中，通过提供照看孩子、料理家务等的实际支持及传递观念、信息、信仰和行为规范，年长女家长扮演了一个十分重要的角色，但同时也承担了更多的责任与限制。低阶层家庭中的年轻人同样承受着不同程度的制约，主要体现在仅次于个人身体状况的时间制约，其工作多为轮班工作或是长期白/夜班，工作的限制导致其缺乏可自由支配的时间，没有精力也没有时间考虑消费，而工作的习惯与生存需求也迫使他们对雾霾形成无可奈何的漠视。

资料来源：酒江伟，张敏. 雾霾影响下不同阶层市民日常消费活动与制约. 热带地理，2016，（2）：181-188

第四节 社会阶层与市场营销

营销人员已经注意到社会阶层测定的重要性，因为不同阶层的消费者之间确实存在明显的差别，而同一阶层内的消费者之间又在需求、动机、偏好和消费行为上存在某些相似之处。所以，社会阶层的特征与营销策略的制定和实施效果具有密切的联系。

对于某些产品，社会阶层提供了一种合适的细分依据或细分基础。依据社会阶层制定市场营销战略的具体步骤，第一步是决定企业的产品及其消费过程在哪些方面受社会地位的影响，然后将相关的地位变量与产品消费联系起来。为此，除了运用相关变量对社会分层以外，还要搜集消费者在产品使用、购买动机、产品的社会含义等方面的数据。第二步是确定应以哪一社会阶层的消费者为目标市场。这既要考虑不同社会阶层作为市场的吸引力，也要考虑企业自身的优势和特点。第三步是根据目标消费者的需要与特点，为产品定位。第四步是制定市场营销组合策略，以达成定位目的。

不同社会阶层的消费者由于在职业、收入、教育等方面存在明显差异，因此即使购买同一产品，其趣味、偏好和动机也会不同，如同是买牛仔裤，劳动阶层的消费者可能看中的是它的耐用性和经济性，而上层社会的消费者可能注重的是它入时性和自我表现力。

一、市场细分与目标市场选择

不同社会阶层的消费者在服装、家具、电器、娱乐产品、金融服务及食品等产品或服务购买上的实质性差异，为营销人员细分市场提供了基础。例如，上层社会消费者在购买电器时强调款式和颜色，而下层社会消费者却重视电器的工作性能。不同的产品品种可能适合于不同的社会阶层细分市场，因此，有些公司针对社会阶层的影响进行了广泛的策略调整。例如，雀巢公司意识到发展中国家的中产阶层正在兴起，故而计划在诸如埃及、印度及巴基斯坦等发展中国家设立分厂，以便向发展中国家的中产阶层分销产品。

二、产品开发与定位

不同阶层的消费者对产品特性和款式的反应可能不同。美国电话电报公司的一项研究调查了各种社会群体对电话机款式和颜色的偏好。结果发现，中产阶层的消费者对装饰性和现代感强的电话机毫无兴趣，他们想要的仅仅是能正常工作的电话机。劳动阶层则非常看重不同设计、不同颜色的电话机。这些发现表明，中产阶层的消费者不可能成为装饰性电话机的目标市场，如果公司假定社会阶层越高的消费者，越是流行款式电话机的最好市场，那么这些公司就大错特错了。

应当强调的是，处于某一社会阶层的部分消费者会试图模仿或追求更高层次的生活方式（尽管也有一部分消费者对此会不感兴趣）。因此，以中层消费者为目标市场的产品或品牌，根据中上层生活方式定位可能更为合适。美国安休泽-布希啤酒公司根据社会阶层推出三个品牌的啤酒，每个品牌针对特定的消费阶层，采用不同的定位和营销组合策略，结果产品覆盖了 80%的美国市场（图 9-1）。

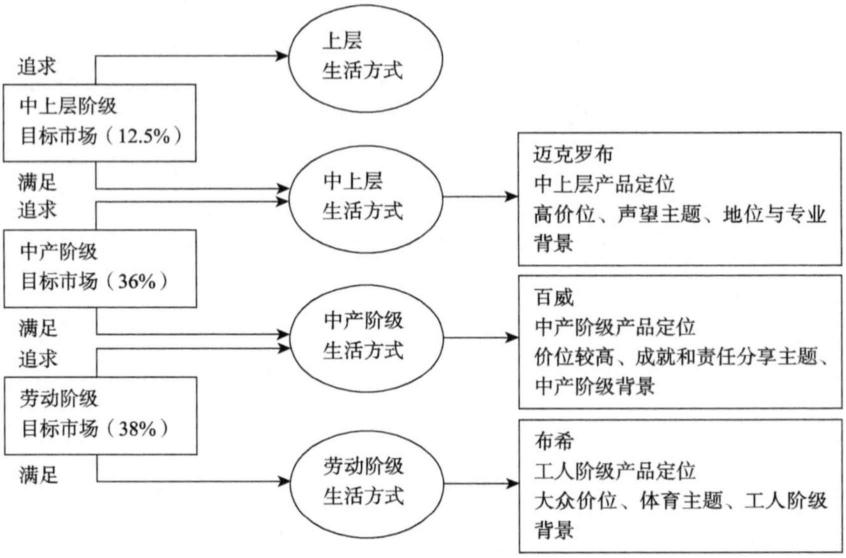

图 9-1　安休泽-布希公司的产品定位

【思考题】

1. 什么是社会阶层？划分社会阶层的标准有哪些？

2. “任何社会都不存在纯而又纯的社会阶层，只存在一系列社会阶层连续体”。你如何理解这句话？

3. 如何测量社会阶层？

4. 社会阶层划分的营销意义是什么？

【实践练习】

从电视剧中选出两个角色，首先按照本章中社会阶层的分类方法确定他们的社会阶层，然后分析和比较两者的消费行为的差异。

第十章　群体与消费者行为

【学习目标】

- 了解社会群体的概念和类型。
- 掌握参照群体的概念及营销意义。
- 了解从众及从众的原因。
- 掌握家庭生命周期及家庭决策过程。

第一节　社会群体概述

一、社会群体的概念

群体或社会群体是指通过一定的社会关系结合起来进行共同活动而产生相互作用的集体。群体人员之间一般有较经常的接触和互动，从而能够相互影响。

社会成员构成一个群体，应具备一些基本特征：①群体成员需以一定纽带联系起来，如以血缘为纽带组成了氏族和家庭，以地缘为纽带组成了邻里集体，以业缘为纽带组成了职业群体。②成员之间有共同目标和持续的交往。公共汽车里的乘客、电影院里的观众不能称为群体，因为他们是偶然与临时性聚集在一起的，缺乏持续的相互交往。③群体成员有共同的群体意识和规范。

大多数人都属于或希望加入趣旨各异的各种群体。群体既为人的社会化提供了场所和手段，又为个体的各种社会需要的满足提供了条件和保障。离开了家庭、邻里、朋友和其他各种类型的群体，人的很多需要无法得到满足，人的社会化也无从谈起。

研究群体影响至关重要。首先，群体成员在接触和互动过程中，通过心理和行为的相互影响与学习，会产生一些共同的信念、态度和规范，它们对消费者的行为将产生潜移默化的影响。其次，群体规范和压力会促使消费者自觉或不自觉地与群体的期待保持一致。即使那些个人主义色彩浓厚、独立性很强的人，也无法摆脱群体的影响。最后，很多产品的购买和消费是与群体的存在和发展密不可分的。例如，加入某一球迷俱乐部，不仅要参加该俱乐部的活动，而且要购买与该俱乐部形象一致的产品，如印有某些标志或某个球星头像的球衣、球帽、旗帜等。

二、社会群体的类型

1. 正式群体与非正式群体

正式群体是指有明确的组织目标、正式的组织结构，成员有着具体的角色规定的群体。大学里的研究室、工厂里的新产品开发小组均属于正式群体。非正式群体是指人们在交往过程中，由于共同的兴趣、爱好和看法而自发形成的群体。非正式群体可以是在正式群体之内，也可以是在正式群体之外，或者跨几个群体，其成员的联系和交往比较松散、自由。几位经常一起上街购物的邻居，或经常在一起的棋友或牌友就构成了非正式的群体。由于非正式群体没有严格的组织与制度约束，容易形成宽松、自由的信息交流环境，因此，它对消费者行为的影响通常比正式群体更大。

2. 主要群体与次要群体

主要群体或初级群体是指成员之间具有经常性面对面接触和交往，形成亲密人际关系的群体。这类群体包括家庭、邻里、儿童游戏群体等。次要群体或次级群体指的是人类有目的、有组织地按照一定社会契约建立起来的群体。次要群体规模一般比较大，人数比较多，群体成员不能完全接触或接触比较少，如各种宗教组织、工会和专业协会均属于次要群体。主要群体与次要群体最重要的区别是成员之间的接触程度和群体对成员的重要性。在主要群体里，成员之间不仅有频繁的接触，而且有强烈的情感联系，正因为如此，像家庭、朋友等关系密切的主要群体，对个体来说是不可或缺的。

3. 隶属群体与参照群体

隶属群体或成员群体是消费者实际参加或隶属的群体，如家庭、学校等。参照群体是指这样一个群体，即该群体的看法和价值观被个体作为他当前行为的基础。换句话说，参照群体是个体在某种特定情境下作为行为指南而使用的群体。美国社会学家海曼于1942年最先使用参照群体这一概念，用以表示在确定自己的地位时与之进行对比的人类群体。当消费者积极参加某一群体的活动时，该群体通常会作为他的参照群体。也有一些消费者，虽然参加了某一群体，但这一群体可能并不符合其理想标准，此时，他可能会以其他群体作为参照群体。虽然消费者可能从属多个不同的群体，但在某种家庭购买情境下，他一般只会使用一个群体作为参照群体。

三、与消费者密切相关的社会群体

1. 家庭

人的一生，大部分时间是在家庭里度过的。家庭成员之间的频繁互动使其对个体行为的影响广泛而深远。个体的价值观、信念、态度和言谈举止无不打上家庭影响的烙印。不仅如此，家庭还是一个购买决策单位，家庭购买决策制约和影响家庭成员的购买行为，反过来家庭成员又对家庭购买决策施加影响。

2. 朋友

朋友构成的群体是一种非正式群体，对消费者的影响仅次于家庭。追求和维持与朋友的友谊，对大多数人来说是非常重要的。个人可以从朋友那里获得友谊、安全，还可以与朋友互诉衷肠，与朋友讨论那些不愿和家人倾诉的问题，总之，其可以满足人的很多需要。不仅如此，结交朋友还是一种独立、成熟的标志，因为与朋友交往意味着个体与外部世界建立联系，同时也标志着个体开始摆脱家庭的单一影响。

朋友的意见和建议，对消费者选择何种产品和品牌、怎样评价所购买的产品均有重要影响。这种影响随个体与朋友的相似程度而增强。某人越是觉得其朋友在某些方面与自己相似，他在做购买决策时受朋友影响越大。

3. 正式的社会群体

像中国高等院校市场学研究会、某某学校校友会、业余摄影爱好者协会等组织均属于正式的社会群体。人们加入这类群体，可能基于各种各样的目的。有的是为了见识新的朋友、新的重要人物；有的是为了获取知识，开阔视野；还有的是为了追求个人的兴趣与爱好。虽然正式的社会群体内各成员不像家庭成员和朋友那么亲密，但彼此之间也有讨论和交流的机会。群体内那些受尊敬和仰慕的成员，其消费行为可能会被其他成员谈论或模仿。

正式的社会群体的成员还消费一些共同的产品，或一起消费某些产品。例如，滑雪俱乐部的成员要购买滑雪服、滑雪鞋和很多其他滑雪用品。在购买这些产品时，成员之间彼此会相互影响。

4. 购物群体

为了消磨时间或为了购买某一具体的产品而一起上街的几位消费者，就构成了一个购物群体。购物群体内的成员，通常是有空余时间的家庭成员或朋友。人们一般喜欢邀请可以参谋且对特定购买问题有知识和经验的人一起上街购物。与他人一起采购，不仅会降低购买决策的风险感，而且会增加购物过程的乐趣。在大家对所购产品均不熟悉的情况下，购物群体很容易形成，因为此时消费者可依赖群体智慧，从而对购买更具有信心。

一种颇为特别的购物群体是在家购物群体，其成员聚集在某位朋友家里，一起观看和评价某一种或某一类产品。在家购物群体为营销者同时为多位潜在顾客展示产品特性提供了机会。一些群体成员最初可能对是否购买展示中的产品拿不定主意，但当有人购买后，会产生一种跟潮效应（bandwagon effects），即犹豫不决者也随着大家一起购买该产品。

5. 消费者行动群体

在西方消费者保护运动中，涌现出一种特别的社会群体，即消费者行动群体（consumer-action groups）。它大致分为两种类型：一种是为了抵制某个具体的有损消费者利益的行为或事件而成立的临时性团体，另一种是针对某些广泛的消费者问题而成立的相对持久的消费者组织。学生家长临时组织起来，对学校的办学方针和政策提出质询，要求学校领导改变某些损害学生利益的做法，就属于前一种类型的消费者行动群体。

大多数消费者行动群体的目标是唤醒对有关消费者问题的关注，对有关企业施加压力和促使它们采取措施矫正那些损害消费者利益的行为。

6. 工作群体

工作群体也可以分为两种类型：一种是正式工作群体，即由一个工作小组或业务单位里的成员组成的群体，如同一个办公室里的同事、同一生产线上的装配工人等；另一种是非正式工作群体，即由在同一单位但不一定在同一个工作小组里工作，且形成了较密切关系的一些人组成的群体。由于在休息时间或下班时间，成员之间有较多的接触，所以非正式工作群体如同正式工作群体，会对所属成员的消费行为产生重要影响。

第二节　参 照 群 体

一、参照群体的概念和类型

所谓参照群体，是指对个人的行为、态度、价值观等有直接影响的群体。虽然个体并不一定是该群体的实际成员，但它对个体行为的影响却是很大的。

从消费者行为学的观点来看，所有影响消费者购买行为的正式和非正式群体都是人们的参照群体。消费者可以使用产品或品牌来认同某一群体或成为其中的一员。他们通过观察参照群体成员的消费方式来学习，并在他们自己的消费决策中使用同样的标准。

参照群体可以分为直接的参照群体和间接的参照群体，如图 10-1 所示。直接的参照群体是直接接触到人们生活的面对面的成员群体关系。他们可以是主要成员群体或次要成员群体。

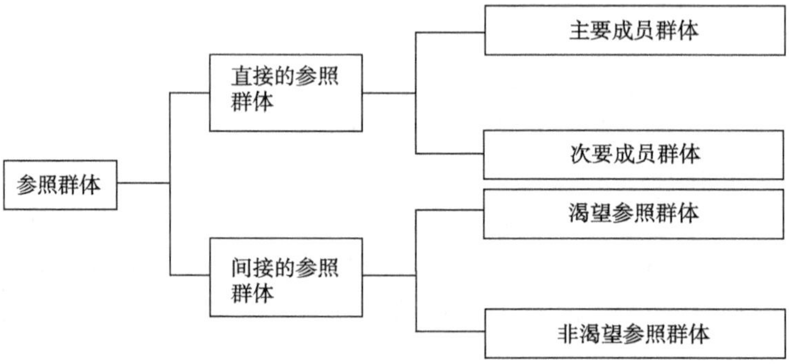

图 10-1　参照的类型

主要成员群体包括人们以非正式的面对面的方式经常互相影响的所有群体，如家庭、朋友或同事。相反，人们与次要成员群体的交往是非持续而且更正式的，这些群体有俱乐部、宗教团体等。

间接的参照群体包括渴望参照群体和非渴望参照群体。渴望参照群体是人们渴望加入的群体，非渴望参照群体是人们试图与其保持距离、避免与其有关的群体。

二、参照群体对成员行为方式的影响

大多数人都会把一些群体作为参照群体，那么参照群体是怎样影响消费者的情感、认知和行为的呢?

1. 群体规范的影响

群体规范是指群体所确立的、每个成员必须遵守的行为准则。每个群体都有特有的行为准则。这种准则，有的是明文规定的，有的是约定俗成的，但都有约束和指导成员行为的效力。群体成员的态度和行为，如果符合群体规范，就会受到群体的肯定；如果成员偏离或破坏其准则，群体就会运用各种方法加以纠正。当然，群体规范不是一成不变的。随着形势的变化，它也会发生变化。而且，参照群体对成员行为的影响既可以是主动的，也可以是被动的。也就是说，成员既可以主动模仿别人的行为，也可以在群体压力下不得不采取某种行为。后一种现象在社会心理学中又被称为从众现象，即一个人因受别人影响而按照别人的行为方式去行动。

【资料 1】

群体规范的形成过程

美国心理学家谢里夫的实验说明了群体规范的形成过程。实验在暗室进行。一个被试者坐在暗室里，面前的一段距离内出现一个光点。光点闪现几分钟后消失，然后让被试者判断光点移动多远。实际上，光点并没有动，但在暗室看到光点，每个人都会觉得光点在移动，这是一种视错觉现象。这样的实验进行几次，每个被试者都建立了个人的反应模式。有的人觉得光点向右上方移动，有的人觉得向左下方移动，有的人觉得向上方移动，等等。每个人的反应模式都各不相同。随后，让被试者一起在暗室内看出现的光点，大家可以互相讨论，说出自己的判断。实验反复进行，经过一段时间之后，大家对光点移动方向的判断逐渐趋于一致。这就是说，群体的规范代替了个人的反应模式。

实验继续进行，出现了一个有趣的现象。当把这些被试者重新分开单独做判断时，每个人并没有恢复他原先建立的个人反应模式，也没有形成新的反应模式，而是一致保持群体形成的规范。这表明群体的规范会形成一种无形的压力，约束着人们的行为，甚至这种约束并没有被人们意识到。

资料来源：http: //baike. baidu. com/view/1232918. htm（编者对原文有删减）

2. 信息性影响

参照群体对信息的影响是将关于消费者本人、他人、物质环境方面等的有用信息传达给消费者。对消费者来说，信息既可以直接获得，也可以通过间接的观察而得到。而且，消费者对信息的接受，既可能是他有意识地主动地寻求来的，也可能是他在偶然的情况下或不经意间听到的，还有可能是参照群体的成员或者是观念领导者热心的推荐或劝说的结果。

3. 功利性影响

消费者为了获得赞赏或避免惩罚而采取的消费行为，就是所谓的功利性影响。当消费者认为参照群体能够控制奖励和惩罚而且他们本人也希望得到相应的奖励或避免某种惩罚的时候，这种功利性影响就会出现。例如，为了得到朋友们的赞同，人们会专门购买某一品牌的化妆品或摩托车。还有，一些口香糖或洗发水广告中显示人们会不喜欢别人身上的异味或肩头上的头皮屑，以此向人们推销某种产品。

4. 价值表达的影响

参照群体对价值表达的影响表现在它能影响人们的自我认同感，这是以个人对群体价值观和群体规范的内化为前提的。在这种情况下，即使没有外在的奖励与惩罚，个人也会按照群体规范行事，因为群体的价值观已经成了个体自身的价值观。

【资料 2】

品牌社群——打造品牌的新思维

在传统的品牌关系理论体系下，学者们主要关注的是消费者和品牌的关系。Muniz 和 O'Guinn[①]却另辟蹊径，对基于品牌而形成的消费者与消费者之间的关系展开了研究，提出了一个全新的概念——品牌社群（brand community）。

品牌社群概念的首倡者 Muniz 和 O'Guinn 将品牌社群定义为“建立在使用某一品牌的消费者之间一整套社会关系基础上的一种非地理意义上的专门化社群”。随着品牌社群的不断壮大，品牌社群中的关系模型发生改变，由原来的品牌、消费者关系转变成品牌、现有消费者、潜在消费者和营销者相互影响的关系网络。品牌社群并非是一个全新的概念。从实务角度讲，与之类似的消费者会员制和俱乐部营销等被更多企业实践过（如羽西贵宾会、哈雷车主俱乐部、万科万客会等），只不过后者更多地关心折扣和优惠，而品牌社群强调的是顾客在品牌创建中所起的重要作用。

品牌社群具有类似“传统社群”的三种基本特征，即共同意识、共同的仪式惯例和基于伦理的责任感。共同意识是社群成员的一种集体意识，是社群成员在考虑事物中所表现出的一致性，由此让社群成员感知到彼此之间存在的固有联系，并与社群外成员相区别。共同的仪式惯例是一个重要的社会化过程，品牌的意义、社群所共有的历史、文化和意义通过这一过程得以复制和传承。基于伦理的责任感是指社群成员感到自己对社群整体和其他社群成员所担负的一定的责任和义务，如社群成员的经验交流、问题探讨、相互帮助以及吸纳新成员和维持老成员等。

为什么要创建品牌社群？

对于消费者而言，消费者加入品牌社群可以获取信息，分享知识、情感和物质资源。从顾客让渡价值的视角分析，消费者参与品牌社群是为了获得更大的财务、社交、服务和形象价值。消费者参与品牌社群活动，获得某种品牌相关的体验，这种体验能够促进品牌社群的发展。在品牌社群的情景下，相对于原来独立的单个消费者而言，

---

① Muniz A M J，O'Guinn T C. Brand community. Journal of Consumer Research，2001，27（3）：412-432.

消费者群体会对个体的心理和行为产生更大的影响。通过对包括苹果电脑、哈雷摩托、萨博汽车、汤姆佩蒂歌手和战士公主西娜系列剧的五个在线品牌社群研究发现，社群成员的自我建构有以下四种情况：①消费者将自我完全融入品牌社群之中。②超级会员。超级会员将自己界定为正宗的品牌崇拜者，在品牌社群中真正理解品牌的内涵，懂得如何使用品牌来表达自我，超级会员对品牌涉入程度较高，在品牌社群中的地位也较高。③社群中成员身份只是自我的一个侧面，即品牌社群中的成员身份只是建构自我的部分要素。④多重会员身份。在某些情况下消费者可能参与多个品牌社群，具有多个品牌社群成员身份。

对于企业而言，品牌社群是一个重要的信息源，企业可以通过品牌社群获得许多积极的信息反馈。企业可以通过品牌社群积累丰富的成员资料；持续和广泛地影响其社群成员的感知和行为，容易获得成员对品牌和社群的信任，因而尽可能地吸引和联合高度忠诚的顾客。品牌社群也有助于企业培育和消费者之间长期共生的关系。

三、影响参照群体影响力的因素与营销策略

1. 影响参照群体影响力的因素

参照群体不会对消费者的每个购买决策都产生实际影响，即使在群体影响确实起作用的情况下，消费者也会受到其他变量的影响。因此，在不同的情况下，参照群体对消费者购买行为的影响程度是不一样的。也就是说，参照群体对消费者行为的作用力的大小是不一样的，其影响因素主要有以下几个方面。

（1）产品的面向程度。参照群体对不同产品和品牌的影响程度是不同的。这种不同的影响至少体现在两个方面：第一个方面是这种产品是必需品还是非必需品，必需品是每个人都必须拥有的东西，非必需品是特定阶层的人或在特定的情况下才拥有的东西。第二个方面是他人对这种产品的认识程度，及商品是公共的还是私人的。公众商品是指那些当自己拥有和使用时能引起其他人重视的东西，私人商品是指那些在家里使用的、别人无法注意到的东西。这两个方面结合起来就构成了如表 10-1 所示的组合。一般来说，一件产品的必需程度越低，参照群体的影响程度越大；产品的公众性越强，即产品或品牌的使用可见性越高，群体影响力越大。

表 10-1　参照群体对不同产品和品牌的影响程度

产品	必需品	非必需品
公众的	公共必需品 参照群体对产品的影响力：弱 参照群体对产品的影响力：强	公共奢侈品 参照群体对产品的影响力：强 参照群体对产品的影响力：强
私人的	私人必需品 参照群体对产品的影响力：弱 参照群体对产品的影响力：弱	私人奢侈品 参照群体对产品的影响力：强 参照群体对产品的影响力：弱

（2）个人与参照群体的关系。一般来说，个人对参照群体越忠诚，他就越会遵守群

体规范，参照群体对他的影响就越大。例如，当一个人要参加一个渴望群体的活动时，他就会非常重视自己的穿着打扮；而对于一个非渴望群体的活动，他就会显得很随便。

（3）个人特征。个人在购买中的自信程度越低，他越容易求助于参照群体成员，参照群体对他的影响就越大，特别是在购买他不熟悉的产品或重要的产品（如汽车、保险等）时更是这样。此外，个性、安全感、地位等也对个体是否遵从起重要作用。个人在群体中的地位能影响他对群体规范遵守的程度。一般地说，一个人在群体中越受欢迎，或在群体中的地位越高，越能够自觉地遵守群体规范，与群体保持一致。

（4）参照群体的特征。群体特征指的是影响个体遵从的参照群体的特征。群体影响个体的能力随着群体规模的大小、凝聚力的高低及领导力的强弱而不同。群体人数越多，越难以达成一致，因而其影响力就会越小。群体凝聚力或领导力越强，其影响力就越大。

2. 参照群体与营销策略

（1）亲和力营销。亲和力营销是市场营销活动中一种常用的基于参照群体影响的营销策略。亲和力是指个体消费者对某一品牌的忠诚度以及该品牌对消费者的反应。亲和力营销是指将群体识别与消费者个人生活相联系，从而加深消费者对会员群体或者象征性群体的识别的影响。例如，信用卡公司为了增加新会员、留住老会员，可能会向大学毕业生发行信用卡，为了提高信用卡的形象，也可能向电视台的主持人发行，这样就可以使信用卡的会员更加感受到群体的归属感。

（2）广告代言策略。利用广告代言人影响目标受众的购买行为是参照群体影响在营销活动中的应用。一般来说，广告代言人有四种类型，即名人、专家、“普通人”及经理。

名人代言。在广告中，名人（尤其是影视明星和体育明星等）是非常有威力的武器，他们对广大目标受众具有广泛的感召力和影响力。例如，迈克尔·乔丹就曾为耐克鞋签名，为 HANES（恒适）内衣代言，将名字借给古龙香水。尽管利用名人做广告可以帮助宣传，但广告成功的关键还是在于名人被消费者认可或接受的程度，名人做广告也存在一定风险。

专家代言。一般来说，专家是指那些在某一方面有着独特见解或深入了解的人，他们可能比其他代言人更好地帮助消费者做出购买决策。例如，医生、律师、电气工程师和营养学家受过专门的训练，具有专门的知识和经验，作为参照群体可以产生公信力和说服力。但是利用专家代言需要额外关注以下两个问题：一是保持专家的公正性和客观性，避免公众对专家的怀疑；二是遵守相关的法律法规，避免广告的内容和形式违反相关的法律规范。

“普通人”代言。它利用感到满意的顾客的体验来推荐企业的产品或服务。经“普通”消费者作为参照群体，向目标受众表明像他们一样的顾客在使用了该产品或服务后会感到非常满意，极易引起公众的共鸣，可以取得更好的效果。现实中，越来越多的广告开始采用这种代言方式，由于产品与大多数个体的生活相联系，因而都取得了不错的促销效果。

经理代言。近年来，以公司经理或总裁作为广告代言人的做法日益盛行。公司的总经理，尤其是大公司的领导者，一直都是社会关注的焦点，富有传奇色彩的经理和令人羡慕的成功经验使他们备受公众的仰慕和崇拜。以他们作为广告代言人和参照群体，无疑能够吸引更多消费者的注意，从而达到预期的促销效果。

四、意见领袖

参照群体中经常包括意见领袖或观念领导者个人，他们是指那些经常能影响他人的态度或意见的人。从营销的角度看，意见领袖就是指那些在非正式的产品沟通中，就某一特定的产品或服务能够提供建议与信息的一群人。显然，说服这些人购买他们的产品或服务对营销人员来说是非常重要的。很多在今天成为人们生活一部分的产品或服务最初就是受到了这些有影响的意见领袖或观念领导者的推动。

1. 意见领袖的特征

（1）人格特征。意见领袖通常是最早出于纯粹的好奇心而试用新产品和服务的人。他们通常是社区的活跃分子，不甘寂寞。而且，意见领袖一般都比较任性，具有公开的、独特的个性，这让他们更可能以与众不同的方式去尝试那些未知的而又让人感兴趣的产品和服务。此外，意见领袖通常具有高度的自信心，可能比一般人更健谈和合群，因而他们更具有影响力。

（2）独特的产品知识。意见领袖最大的也是最明显的特征，就是对某一类产品比群体中的其他人有着更为长期和深入的介入。由于某些原因，有的人对某类产品或活动有更多的知识和经验，因而在其他人看来，他在这方面更有权威。因此，意见领袖通常是和特定的产品或活动区域相联系的。

（3）丰富的市场知识。意见领袖通常是和某种产品或活动相联系的，但也有这样一些人，他们似乎了解许多产品、购物场所和市场的其他方面信息。他们一般也愿意与人讨论产品或购物，主动向他们介绍关于产品的大量信息。

2. 如何发现和寻找意见领袖

对于营销人员而言，由于意见领袖对其目标消费者具有强大的影响力，因此如何发现意见领袖是一个相当重要的工作。但是，意见领袖通常并不显眼，甚至常常是很随便的、面对面的，因此要定位意见领袖并不容易。于是营销人员经常试图创造意见领袖。例如，很多企业用歌星、影星、体育明星或其他社会名流来宣传其产品。用知名人士做宣传的效果在很大程度上取决于代言人的可信性、吸引力以及人们对他的熟悉程度。如果在代言人与产品之间能够建立起联系，用知名人士做宣传就可能获得成功。某些产品领域有职业性的意见领袖。例如，计算机行业的从业人员对计算机的品牌、理发师或美容师对护发品或美容产品的意见对其他消费者的影响确实很重要。

当然，意见领袖也可以通过社会学技术测量出来。例如，可以通过大众媒体的使用来确定意见领袖。例如，耐克公司推测《跑步者世界》的订阅者可能是散步鞋和跑鞋等产品的意见领袖。此外，也可以通过设计调查问卷的形式来确定意见领袖。表 10-2 展示了识别意见领袖的四种方法。自我报告法不仅可以用来识别意见领袖，也可以用来测量个体从意见领袖那里获得意见的倾向，如表 10-2 和表 10-3 所示。

表 10-2 识别意见领袖的主要方法

方法	方法描述	问题列举	优点	缺点
自我报告法	每个消费者被要求回答一系列问题，以此决定他在多大程度上会是一个意见领袖	你影响了其他人在某产品上的选择吗?	能了解个体关于自身是否是意见领袖的感知	客观性不好确定
社会测量法	某个社会系统或群体的成员被要求告知他将给谁关于某一产品类别的信息，他自己又从谁那里获取这方面的信息	你会问谁咨询某产品的信息？谁会从你这里寻找信息?	询问的问题具有很大的信度，而且具有可实施性	成本高，分析复杂；要求大量被试；当一个群体只有部分成员被访问到时，会产生样本合适性问题
关键信息人法	在一个社会系统或群体内，精心挑选关键信息人，由他指明谁是意见领袖	谁是群体内最具影响力的人?	比社会测量法省时省力	如果关键信息人对调查的群体社会系统了解不是很全面，有可能提供有偏见的信息
实验法	将个体置于意见领袖的位置，观察和测量其作为意见领袖所做的努力和产生的结果	你用过这个产品吗?	在受控条件下，测量个体影响他人的能力	要求建立实验设计，同时跟踪参加者的影响力变化

表 10-3 意见领袖调查表

提示：这是关于（××产品类别）的一份简短的调查问卷。请仔细阅读每个句子。对于每个句子的观点，你是否认同，请做出选择。1 表示非常不同意，2 表示不同意，3 表示中立，4 表示同意，5 表示非常同意。

	1	2	3	4	5
我对××的意见好像与别人都不一样					
当我考虑购买××时，我向别人征求意见					
当别人选择××时，他们不向我征求意见					
在我购买××之前不需要和别人商量					
别人向我征求购买××的意见					
我很少问别人应购买哪种××					
我认识的人根据我告诉他们的信息选择××					
我在购买××之前，喜欢征求别人的意见					
我常常劝说他人购买我喜欢的××					
当我征求别人的意见后，我购买××感觉更好					

3. 意见领袖与营销策略

（1）广告模特的使用。广告在使用模特时，应力图使消费者模仿意见领袖。因此，模特的选择是很重要的。观察现今市场上的营销策略，有许多企业采用明星或名人来推广产品，这就是希望借助他们的意见领袖作用来推广产品。一般来说，在营销或广告上利用名人的方式大概有以下四种：一是证言，主要是基于强调名人自身对该产品的实际使用，由名人来证实该产品的品质与功效；二是名誉担保，即名人用他的名誉来保证产品的质量与功效；三是演员，即名人纯粹以广告演员的身份出现在产品的广告中，在这种情况下，名人单纯只是扮演广告中的一个角色而已，并没有任何推荐或担保的意思；四是代言人，即名人长期担任某一产品或某一公司的代表性人物。

（2）样品的赠送。赠送样品不能随机地以任何消费者作为样本，而应该尽量将产品送到可能成为意见领袖的人手里。例如，克莱斯勒公司为了引入它的某款新车，向 6 000 名可能的意见领袖提供新车，让他们免费使用一个周末。这些人包括经理和社区首脑，也包括经常提供意见却不受瞩目的人，如理发师。随后的市场调查发现，有 32 000 人驾驶或乘坐了这款汽车，而其口头赞誉则流传更广。所以，如果营销人员能够辨认出意见领袖，提供给他们产品是完全值得的。

（3）正确处理顾客的抱怨或投诉。因为消费者会同其他消费者谈论他们有关产品、商店和服务的经历，而意见领袖的谈论要比一般人的影响更大。所以，当顾客的期望未被满足时，企业必须及时妥当地处理他们的抱怨或投诉。甚至在有些情况下，企业应当鼓励消费者去抱怨，因为这样能增加抱怨者对产品的忠诚度。

第三节　群体压力与从众

个人接受社会影响的方式多种多样，其中之一是从众。由于从众较多地涉及群体的压力，涉及群体对个人的影响，所以在此对它予以专门讨论。

一、从众及其原因

从众（conformity）是指个人的观念与行为由于受群体的引导或压力，而趋向于与大多数人相一致的现象。骚乱时代不明真相的人跟着起哄，表决时跟着大多数人举手，都属于从众。实际的群体压力可以导致从众，想象中假设的群体优势也会对人的行为造成压力。例如，我们在家可以试穿新买的奇异服装，但在决定是否把它穿出去时，则要考虑大多数人的反应。从众既有助于社会主流文化的延续，也有利于个人更好地适应社会。一方面，社会需要共同的语言、共同的价值观和行为方式，只有这样，人与人之间才能顺利地进行交往，社会才能正常运转。另一方面，一个人只有在更多方面与社会主流取得一致，才能适应其赖以生存的社会，否则会困难重重。任何一个人，不论多聪明，多么富有知识，都不可能熟悉和了解每一种生活情境，因此需要采用从众方式最大限度使自己适应未知世界。

社会心理学家阿希（S. Asch）于 20 世纪 50 年代做了一项关于群体压力的研究。在这一实验里，7 名被试被分在一个实验组，他们中只有一个人是真被试，其余 6 人是实验者的助手。实验者向被试出示如图 10-2 所示的卡片，要求后者指出右边编号为①、②、③的 3 条线段中的哪一条与左边卡片中的标准线一样长。首先几组卡片的对比较为平静，真、假被试都准确无误地做出了判断，此时，真被试开始觉得这种判断太容易。随后的比较中，假被试有意报告错误的结果。由于真被试被安排在第六位报告自己的观察结果，在听了前面几位错误的报告后，他面临一个是相信自己的判断，还是跟随大家做出错误判断的两难问题。结果发现，在 3 所大学的一百多名被试中，32%的人屈服于群体的压力，随大家一起做出了错误的判断。其中有些被试相信自己判断的正确性，但在应答时却顺从了其他人的意见。

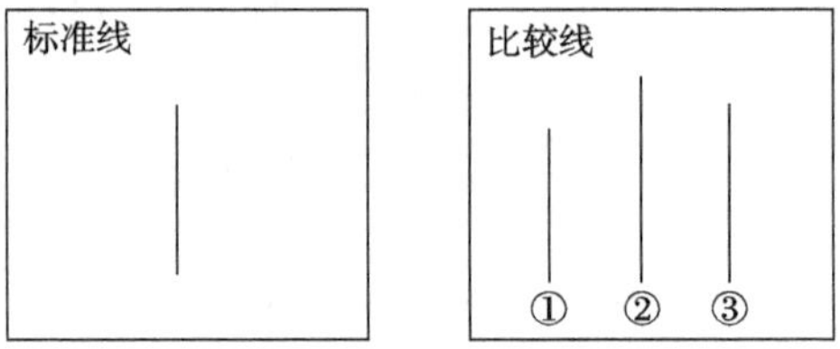

图 10-2　阿希从众实验中的卡片

消费者在很多购买决策上，会表现出从众倾向。例如，购物时喜欢到人多的商店；在品牌选择时，偏向那些市场占有率高的品牌；在选择旅游点时，偏向热点城市和热点路线。

那么，人们为什么会从众呢？一般认为有三个方面的原因。

（1）行为参照。在情境不确定时，其他人的行为最具有参照价值。从众指向的是多数人的行为，自然成了最可靠的参照系统。

（2）对偏离的恐惧。研究发现，任何群体都有维持群体一致性的倾向和机制。对于同群体保持一致的成员，群体会接纳和优待；对于偏离者，则会疏远、排斥和制裁。弗里德曼等于 1968 年做了一项实验，让临时组成且互不相似的 6 人相信，他们中的 5 人具有相似的特征，而其中一人则与众不同。当要选一人去做电击实验，承受痛苦时，具有相似特征的 5 人一致选择与众不同者；而当选择一人参加有报酬的轻松实验时，与众不同者则被排除在外。

（3）群体的凝聚力。群体的凝聚力越强，群体成员就越愿意采取与群体相一致的行为。兰博特（Lambert）的研究表明，当教徒们听到不利于自己所信奉的宗教时，甘愿承受更大的疼痛，显示自己的宗教群体的不容怀疑。

二、影响从众的因素

1. 群体特性

（1）群体的一致性。如果其他群体成员的意见完全一致，此时持不同意见者会感到巨大的压力，从众的可能性大大增加。相反，如果群体中有不同意见，不管这种意见来自何方，也不管其合理和可信的成分有多大，个体从众的可能性都将降低。

（2）群体的规模。在一定范围内，个人的从众性随群体规模的扩大而增加。在有些情况下三四人的群体能产生很大的从众压力，群体规模的继续扩大并不产生从众性的相应增加。在另外一些情况下，三四人的群体只产生相对小的从众率，从众性随群体人数的增加而增加。

（3）群体的专长性。群体及其成员在某一方面越有专长，个体遵从群体意见和受群体影响的可能性越大，反之则越小。

2. 消费者特性

（1）消费者的自信心。自信心既和个性有关，也和消费者对决策问题所拥有的知识和信息有关。研究发现，被试的自我评价越高，做事越果断，其从众性越低。知识和信息的缺乏，会降低消费者对决策问题的自信心，从而提高其从众倾向。20 世纪五六十年代的研究假定女性的从众性较男性高，但后续的类似研究并没有发现两性之间在从众方面的明显差别。例如，西斯川克（F. Sistrunk）和麦克大卫（J. W. McDavid）的研究发现，在男性擅长的项目上，男性比女性较少从众；在女性擅长的项目上，女性比男性较少从众；而在中性项目上，两者在从众性上不存在明显差别。由此说明，个体的自信心对是否从众确有重要影响。

（2）消费者的自我介入水平。当消费者对某一问题尚未表达意见和看法时，他在群体压力下有可能做出和大家一致的意识表示。但如果他已经明确表达了自己的态度，此时如果屈服于群体压力而从众，他在公众面前的独立性和自我形象均会受到损害。在这种意识下，他会产生抗拒反应，从而不轻易从众。

（3）消费者对群体的忠诚程度。个体对群体的忠诚程度是由群体的吸引力与个体的需要两方面因素所决定的。当消费者强烈地认同某一群体，希望成为它的一部分时，那么与群体保持一致的压力会越大。相反，如果他不喜欢这个群体，或认为该群体限制了他的社会生活，从众的压力就会降低。

三、阿希现象与人员推销

阿希实验曾以各种方式被重复，但总是获得基本相同的结果。例如，在一项关于减肥食品营养价值评价的研究中，互不相识的一组同学所做的判断，强烈地受到小组中其他成员的影响。不难想见，在朋友中间，个人要求与群体保持一致的压力会更大，参照的可能性也会越高。

霍金斯等在其所著的《消费者行为学》一书中，对人员推销中运用阿希现象的一种具体方式做了生动描述：“一群潜在顾客—— 一些小企业的老板和销售人员——被一同邀请参加销售展示。出示每种设计之后，做演示的推销员迅速浏览群体中每个人的表情，以找出对设计持赞许态度的人（如不断点头）。然后要求该赞许者发表意见，当然，他的意见一定是正面的。推销员请他详尽地发表看法，同时观察其他人的神情，以发现更多的支持者，并要求已经显示赞同神色的下一位成员表达看法。如此下去，直到那位起先似乎并不赞成该设计的人被问到。这样，以第一个人为榜样，运用群体最后一个产生的压力，推销员使群体中的全部或大部分人公开对该设计做出了正面的评价。”

西方一些以“聚会”方式成功销售产品的企业，依靠的就是类似阿希现象中的群体影响。以销售瓷器或玻璃器皿的企业为例，它们所销售的产品，通常情况下受参照群体影响较小——产品使用隐蔽，与群体关系不大，而且属于生活必需品。然而，当这些产品成为朋友家庭聚会的一部分后，情况就大为不同了。此时，产品购买成为众人注目的焦点，产品与聚会群体具有相关性，而且参加者有与其他成员建立联系的愿望，由此使群体发挥影响作用的条件一应俱全。

第四节　家庭与家庭生命周期

一、家庭概述

1. 家庭的含义和特征

人的一生中绝大部分时间都是在家庭中度过的，家庭是构成人类社会的基本单位，是消费者行为研究中不可缺少的一个环节。一般认为，家庭是指以婚姻、血缘和收养关系为纽带而组成的一种社会生活组织形式或社会单位。因此，婚姻、血缘和收养关系的存在是家庭存在的基础。通常而言，家庭依据其构成可以分为四种形式。

（1）核心家庭：由父母双方或其中一方和他们未婚子女组成的家庭，只有一对夫妇的家庭也属于该类型。

（2）主干家庭：一个家庭中至少有两代人，且每代只有一对夫妇（含一方已经去世或离婚）的家庭，这种家庭的最典型的形式是三代同堂的家庭。

（3）联合家庭：由父母双方或其中一方与多对已婚子女组成的家庭，或兄弟姊妹婚后不分家的家庭。

（4）扩展家庭：一种包括核心家庭和其他亲属在内的家庭，最为常见的一种是包括一方或双方祖父母在内的大家庭。此外，它还可能包括伯母、婶母、舅母、叔伯、表兄弟姐妹、亲家和其他亲属。这种大家族式的家庭，在中国的农村比较多见。国外的印度也有许多这类家庭。

与家庭相比，住户（household）是一个范围更广的社会群体和购买单位。住户通常是指生活在同一个住宅单位内的人所组成的群体。可见，住户比家庭的概念更广，通常包含家庭。此外，住户和家庭强调的重心不同，家庭强调的是姻亲血缘关系，而住户强调的是其成员生活在同一个起居空间。住户可以分为家庭住户和非家庭住户。前者是指住户的成员中有亲属和法定的收养关系，而后者通常是一个人居住或者同其他没有亲属血缘关系的人，如舍友、同居者共同居住。

家庭与其他群体最大的区别就在于前者是建立在婚姻和血缘关系基础上。正是家庭这种特征使它形成了不同于其他群体的特征。

第一，面对面接触。家庭成员基本上每天都会见面。而且在家庭决策过程中，每个家庭成员都可以成为建议者、信息提供者甚至是决策者。

第二，共享家用产品。家庭中的很多产品是家庭成员共享的，如冰箱、洗衣机、家具等。购买这些产品时家庭成员是达成一致意见的，决策行为也通常是集体决定的，或者至少是考虑到每个家庭成员的需求。

第三，个体的次级需求。针对一些共享品的购买，很多购买方案并不能满足所有家庭成员的需求。因此，家庭轿车的生产商会在广告宣传时强调商品的组合功能——既能满足家庭出游的需要，也能满足父亲体验驾驶乐趣的需求。

第四，购买代理。因为共享产品，大多数家庭会让某一个成员担任大部分的购物任务。传统中，母亲常担任这样的角色。但是，在今天的社会，由于大多数女性都是职业女性，他们拥有的购物时间并不比家庭中的男性成员多。很多时候父亲，甚至孩子也加入购物队伍中。营销人员需要把握这种趋势。因为不同的购买者因为年龄和性别的差异，对广告、促销的理解是不同的。

2. 家庭的功能

斯金纳认为家庭的基本功能是为家庭成员生理、心理、社会性等方面的健康发展提供一定的环境条件。为实现这一基本功能，家庭系统必须完成一系列的任务，如满足个体在衣食住行等方面的物质需要，适应并促进家庭及其成员的发展，应付和处理各种家庭突发事件等。我们将家庭的功能主要归纳为：经济功能、情感交流功能、赡养与抚养功能、教育功能或家庭成员的社会化功能。

（1）经济功能。在小农经济社会家庭既是一个生产单位，又是一个消费单位，它发挥着重要的经济功能。在现代社会条件下，家庭的经济功能，尤其是作为其重要内容的生产功能有所削弱。然而，为每一个家庭成员提供生活福利和保障，仍然是家庭的一项主要功能。传统上，丈夫是家庭经济来源的主要提供者，这使他在家庭中占有支配性地位。而现在越来越多的妇女参加工作，她们对家庭所做的经济贡献越来越大。

（2）情感交流功能。家庭是思想、情感交流最充分的场所。一个人在工作、生活等方面遇到困难、挫折和问题能够在家庭中得到安慰、鼓励和帮助。家庭成员之间的亲密交往和情感交流是建立在亲缘关系的基石上的，具有较为牢固的基础。在竞争日益激烈的现代社会里人们对获得家庭的关爱有更强烈的要求。

（3）赡养与抚养功能。抚养小孩、赡养老人和照顾丧失劳动能力的家庭成员是家庭的另一项重要功能。当子女还没有独立生活能力的时候，父母负有抚养他的责任，否则他们就无法生存，人类也就不能延续。同样，父母抚养了子女，当父母老了，丧失了劳动能力，子女也负有赡养老人的义务。家庭的这类功能将随着社会保障制度的完善部分地由社会承担，但它不可能完全外移。

（4）社会化功能。家庭成员的社会化尤其是儿童的社会化，是家庭的主要和核心功能。人从刚出生时的一无所有，到慢慢地获得与社会文化相一致的价值观、行为模式，这一过程大部分是在家庭中完成的。孩子们通过接受父母的教育和通过模仿大人的行为获得待人接物、适应社会的各种观念、规范和技巧。儿童时期所学习的思维模式对人的整个一生都将产生深刻的影响，从这个意义上讲，家庭所履行的社会化功能，对个人的成长是非常关键的。

3. 现代家庭结构变化

家庭结构是指家庭中成员的人数、年龄及性别构成等。家庭结构是随着社会生活水平、社会文化和价值观的变化而改变的，而这种变化，自然会影响到人们的消费行为。

例如，20 世纪 90 年代以来，家庭的数量在不断增长，这使得对以家庭为消费单位的产品，如电视、洗衣机、厨房用品、住房等的需求有了明显增长。除此以外，近年来，家庭结构的变化还表现为：家庭规模趋于小型化，职业女性的数量不断增加，离婚和结婚率也发生了变化。

1）家庭数量变化

美国人口统计局的数据显示，2000 年到 2010 年，美国家庭数量从 10 320 万户上升到 11 480 万户。在中国，由于 20 世纪 80 年代末开始实行计划生育政策，人口增长得到控制，但绝对值仍是增加的，即使在今后的十年内，中国的家庭数量也是增加的。

2）家庭规模趋于小型化

中国计划生育政策的实施不仅减缓了中国人口绝对数量的增长速度，而且使平均每户家庭的成员数量也不断减少，家庭规模不断趋于小型化。出生于中国计划生育政策早期的一代人已经开始组建家庭，他们的家庭规模大多是三口之家，或者加上夫妻双方的四个老人，最多共七个人。而不像 20 世纪六七十年代处于生育高峰期的那些家庭，其成员数量通常为十人以上。这种变化，使得父母有更多精力从事工作来获得收入，而其子女享受的关爱和日常花费也有所增多。家庭消费不再是从前的以节俭为主，而是要追求生活质量，如每年一度的旅游度假等。同时，人们对休闲和奢侈品的需求也开始增加。

3）职业女性数量增多

女权运动的兴起是全球化的。过去几十年间，女性在社会中的地位得到了日益提升。女性不再是相夫教子的配角，她们和男性一样，开始从事各种各样的工作。今天，在美国有超过半数的女性拥有独立的工作，而在中国，女性参加工作的比例也非常高。

当夫妻双方都在外工作时，一个明显的变化就是家庭的可自由支配的收入会得到显著增长。这直接影响了家庭消费支出的预算，提升了家庭的消费水平，使得家庭有更多的可能选择购买轿车、住房等大件商品。同时，由于女性全职或兼职工作，其承担的家庭责任相比以前有所减少，此时，他们需要诸如钟点工、保姆等类型的家政服务。

4）对结婚和离婚态度的变化

现在年轻人对结婚和离婚的态度发生了变化。他们的父辈对待婚姻的态度是保守的，强调白头偕老，恩爱一生。而现代年轻人的态度则变得更加开放，他们不再视婚姻为一种责任，而是将婚姻变成一种可供选择的生活方式。例如，现在年轻人普遍选择晚婚，30 岁以后结婚得到普遍认可；越来越多的人选择单身生活，许多单身女性带着孩子过独身生活，离异和丧偶的人再婚的间隔期变长，且很多人选择不再婚；同时，越来越多的人选择同居而非结婚。在美国，约有 280 万个美国家庭是同居家庭。种种现象表明，现代人的生活中婚姻时间比以前短，而且婚姻不稳定的家庭通常在消费支出上是缺乏计划的。

二、家庭生命周期

家庭生命周期与消费者生命周期密切相关。有关消费者生命周期的观念认为，消费者的行为和时间之间存在着某种系统性的关系。有关家庭生命周期的观念主张，消费者行为和不同的家庭发展阶段之间存在着某种关联。也就是说家庭生命周期对消费者行为具有某种程度的预测性。家庭生命周期是指，从家庭筹建到解体之间所经历的各种不同的家庭发展阶段和形态，就如同一个人的生老病死一样。家庭生命周期中的各个阶段与家庭形态，由于面对情况的不同因而往往会有不同的需求，而家庭成员的消费行为也会受到该家庭所处阶段的独特需求的影响。

早期有关家庭生命周期的研究主要来自于社会学家，后来经济学家也开始探讨在不同家庭生命周期下的支出与收入形态。最早以消费者为导向的家庭生命周期阶段划分是由威尔士（Wells W D）提出的，其家庭生命周期的八个阶段，详见表 10-4。

表 10-4　家庭生命周期

序号	阶段	内容
1	单身阶段	家中只有 35 岁以下的单身汉。由于他们刚开始职业生涯，收入一般比较低，但是他们几乎没有经济负担，有比较高的可任意支配收入
2	新婚阶段	新婚夫妇，没有孩子，因为妻子通常会工作，所以他们有较高可任意支配收入
3	满巢阶段 I	已婚夫妇有不到 6 岁的孩子。由于照料孩子，经济状况比以前差
4	满巢阶段 II	已婚夫妇有 6 至 12 岁的孩子，由于父母的工资上涨经济状况会变好，大多数孩子因为父母都工作，而成了“挂钥匙的孩子”
5	满巢阶段 III	已婚夫妇有超过 12 岁的孩子。家庭的经济状况继续改善，教育费用逐步上升
6	空巢阶段 I	成年的孩子已经离开家庭，并且不再依靠父母的支持。父母仍然工作，开支的减少，导致储蓄和可任意支配收入达到最高水平
7	空巢阶段 II	夫妻中一方或双方已经退休，因此夫妇的收入会大幅下滑，依靠退休金提供固定收入
8	鳏寡阶段	夫妻一方离世，家庭收入变低，医疗费用上升

单身阶段：根据年龄的不同，还可以将单身阶段再细分为 25 岁以下和 25 岁至 35 岁的不同时期。25 岁之前，大多数人与家庭其他成员居住在一起，正在学校学习或者是大学毕业刚参加工作。25 岁至 35 岁的人的收入水平明显要高于 25 岁以下的人，这个群体较为独立，常常与别人合住在一起，与居住在家的单身者相比他们有着更多的经济上的限制，需要更多地投资房子、汽车等不动产。

新婚阶段：刚刚筹建了家庭，还没有孩子。此时夫妇两人都在工作，经济状况比较好。一般来说，他们会在房子、装潢、休闲娱乐上花费较多的钱。在此阶段，很多消费者呈现出“双人消费”的特点，如两人一同外出用餐、一同观看电影、一同旅游等。

满巢阶段 I：已经有了孩子，但是孩子还不到六岁。相对于前面两个阶段，这一阶段的很多花费都用在孩子身上，如婴儿的医疗、食物、玩具和衣物等。由于此时，孩子还小无法离开父母，再加上经济重心转移，“双人消费”受到限制。

满巢阶段 II：有孩子，但是最小的孩子已经超过六岁。此时父母的收入增加，家庭经济状况好转，但是孩子的教育费用是一笔不小的花销，成为家庭的主要支出。

满巢阶段 III：有孩子，但是最小的孩子已经超过 12 岁。此时有的家庭孩子已经开始赚钱，父母的负担减轻。耐久性商品的支出占比较大的比例；有的家庭则孩子继续接受教育，家庭教育支出上升，其他消费受到限制。

空巢阶段 I：孩子已经独立，通常不再与父母同住。一般而言，父母的收入随工作年限的增加与职务的晋升而增加，加之子女已经独立，因而经济负担相对减轻，所以这一阶段可以承受较高的消费支出，购买力非常强，其主要花费用于购买奢侈品、旅游、休闲及个人的嗜好支出。

空巢阶段 II：孩子已经独立，不再与父母同住，但是父母已经退休，此时家庭的收入减少，因此这一阶段的消费会相对集中在必须支出的方面，如医疗服务和健康食品，而奢侈性消费会相对减少。

鳏寡阶段：配偶已过世，家庭收入减少，医疗和看护的支出日渐增多。

家庭生命周期对细分市场和制定营销策略是一种非常有用的工具。一个基本的假定是大多数家庭都会经历若干阶段，这些阶段各有特点，具有不同的经济状况和购买模式。而每一个阶段的家庭都有不同的需求、欲望、经济状况和经历。因此，家庭生命周期为营销者提供了相对同质的家庭细分市场，这些市场面临相似的问题，在产品消费方面也有相似的需求。当然随着时代的发展和进步，各种新型的家庭形式大量涌现，如有孩子的年轻已婚夫妇、年轻的离婚夫妇、单亲父母、年龄较大的未婚者、没有孩子的中年已婚夫妇、再婚家庭等，这对传统家庭生命周期理论提出新的挑战。

第五节　家庭购买决策

家庭购买决策是两个或两个以上的家庭成员直接或间接做出购买决策的过程。作为一个集体决策，家庭购买决策在很多方面不同于个人购买决策。在家庭购买决策中家庭成员可能会扮演不同的角色，他们之间存在着相互影响。

一、家庭购买决策的性质

在家庭及其成员购买活动中，很多产品和服务的购买者与使用者不是同一个人，即存在购买者和使用者的分离现象。例如，大多数男人的内裤是由女性购买的。同样，男用香水的 70%是由妻子和女朋友购买的。美国一家书写用品公司，原来一直在星期六早上的儿童节目中做广告，后来发现，孩子们的学习用品大部分是由母亲购买的，于是他们转而在女性杂志上刊登产品广告。家庭中一般的角色分工是：丈夫主要负责家庭以外的事务，妻子主要负责家庭以内的事务。但随着现代消费活动的日趋复杂，这种分工便显得过于简单和理想化。实际上，家庭成员对购买决策的影响力是很微妙的，有时候购买一件商品的决定者似乎是丈夫，但也许他的妻子和孩子在背后起着实质性的作用。家庭购买活动，比个人购买活动要复杂，因为它要由不同的角色来完成整个活动，家庭成员会以不同的角色身份出现。正如我们在第一章中所介绍的，家庭购买决策往往涉及倡议者、影响者、决策者、购买者、使用者五种角色。这五种角色，相互联系，相互依托。在有的购买活动中大部分角色都由一个人来承担，在另外的购买活动中这种角色分工就泾渭分明。一般来说，倡议者和使用者多为同一人，他们提出建议和要求但不一定总能被采纳，这取决于他们在家庭中的地位和影响力。影响者是商家不能忽视的角色，因为他们能在很大程度上左右决策者的意见。

二、购买方式

家庭购买决策作为一个集体决策在很多方面不同于个人决策，如在早餐麦片的购买活动中，成年人与儿童所考虑的产品特点是不同的，因而他们共同做出的购买决策将不同于他们各自单独做出的决策。

家庭购买决策与组织购买决策存在很大的相似性，但同时差异也是很明显的。组织一般具有较为客观的决策评价标准，如利润最大化。而家庭决策中没有这样明确的、整体的目标。此外，大多数工业品的购买对那些没有购买活动的人影响比较小，而大多数家庭购买会直接影响每个家庭成员。从情感的角度出发，组织购买决策很少带有情感因素，而家庭购买决策带有与生俱来的浓厚的感情色彩。这种感情色彩，会影响家庭成员之间的亲密关系。例如，为老人购买一个血压计，并不应该被看做简单的购买行为，而是对老人的关爱和孝顺。

家庭购买决策的一个重要问题是对不同产品的购买，家庭决策是以什么方式做出的，谁在决策中发挥最大的影响力。戴维斯（Davis）和里高克斯（Rigaux）根据夫妻在购买决策过程中的相互作用关系，区分了四种家庭购买决策方式：①自主决策，即对于不太重要的购买，由丈夫或妻子各自独立做出购买决定，如饮料、化妆用品；②丈夫主导决策，即在决定购买什么问题上，丈夫起主导作用，如保险、理财产品的购买；③妻子主导决策，即在购买什么问题上，妻子起主导作用，如清洁用品、厨房用品和食品；④共同决策，即由丈夫和妻子共同做出购买决策，如度假、教育、购买房子等。

研究还发现，在进入购买决策的后期，家庭成员越倾向于联合协商做出购买决定。

三、影响家庭购买决策方式的因素

奎尔斯（W. Qualls）识别了三种影响家庭决策方式的因素，他们是家庭成员对家庭的财务贡献、决策对特定家庭成员的重要性和夫妻性别角色取向。一般来说，对家庭财务贡献越大，家庭成员在家庭购买决策中的发言权越大。同样，某一个决策对特定家庭成员越重要，他或她对该决策的影响就越大。性别角色取向是指家庭成员多大程度上会按照传统的关于男性和女性角色行动。通常缺乏传统而更具现代思维的家庭，在购买决策中更会采取集中决策的方式。除此之外，影响家庭决策方式的因素还包括以下几个方面。

1. 文化和亚文化

文化或亚文化中关于性别角色的态度会极大影响着家庭决策是由男性主导还是女性主导。例如，在比较落后的农村地区，由于受到封建思想的影响，人们重男轻女的观念比较严重，家庭大都以男性为核心。而在发达的城市中，现代家庭的观念影响下家庭成员的地位比较平等，因此家庭决策中更多地出现共同决策，甚至是妻子主导决策的形式。

2. 角色专门化

由于男性和女性在生理和传统观念上的差异，夫妻双方在决策中会逐渐形成专门化的角色分工。传统上，丈夫负责购买机械和技术方面的产品，如农具、汽车、维修工具等，妻子通常负责购买与厨房、家庭清洁和孩子有关的产品，如餐具、清洁剂、孩子的衣服等。随着女权运动的发展，性别的角色分工越来越模糊，丈夫和妻子更多地会从事传统上被认为由对方承担的活动。例如，更多的男性参与到超市购买日常生活用品的行列。

3. 家庭决策的阶段

和个人决策一样，家庭决策同样存在着不同的阶段。家庭成员在购买决策中的影响力随着购买决策阶段的不同而存在差异。戴维斯和萨缪尔森识别出家庭购买的三个阶段，即问题认知阶段、信息搜集阶段和最后决策阶段。家庭购买越是进入后面的阶段，角色专门化通常变得越模糊。例如，在汽车购买过程中，丈夫在大多数购买阶段都占据主导作用，而妻子一般只参与或主导颜色的选择；而对于家居用品，妻子在所有阶段都占据主导地位，只有在花多少钱上更多由丈夫决定。

4. 个人特征

家庭成员的个人特征对家庭购买决策方式也有重要影响。正如奎尔斯的研究发现一样，夫妻双方的影响力在很大程度上来自于双方的经济实力。因此，个人拥有的相对收入越多，越容易在家庭决策中占据主导地位。个人特征的另一方面是受教育程度，一般受教育程度较高的个体参与的重要家庭决策就越多。家庭成员的其他个人特征，如年龄、能力、知识、个性等也都会影响其在家庭消费决策中的作用。

5. 介入程度及产品特征

家庭成员对产品或服务的关心程度或介入程度是不同的。例如，对玩具、电子游戏机等产品的购买，孩子们可能特别关心，因此在这些产品的购买上他们会发挥较大的作用，而对于父亲购买什么类型的剃须刀，母亲购买什么牌子的包孩子们并不关心，介入程度非常低。

如果某个产品对所有家庭成员都非常重要，且购买风险较高，家庭成员倾向于联合决策；当产品为个人使用，购买风险不高时，自主型决策居多。

【思考题】

1. 什么是参照群体？
2. 参照群体对消费者的影响方式有哪几种？
3. 什么是意见领袖？如何识别意见领袖？
4. 什么是从众？从众的影响因素有哪些？

5. 家庭生命周期分为哪几个阶段？每个阶段有什么消费特点？
6. 影响家庭决策方式的因素有哪些？

【实践练习】

1. 调查你们班是否存在某个产品的意见领袖，如果有，请描述该意见领袖的特征。
2. 访问五个处于不同家庭生命周期的家庭，总结他们各自的人口特点和消费模式。

第十一章　网络消费行为

【学习目标】

- 了解网络消费行为的概念和特点。
- 了解网络消费决策模型。
- 了解网络消费行为的影响因素。

第一节　网络消费行为的概述

一、网络消费行为的概念

由于互联网的发展、消费者人口特征的变化以及网络营销本身的优势等因素，网络消费已逐渐成为主流的消费方式之一。目前，有关网络消费行为的研究主要关注网络经济环境下消费行为理论在网上交易活动中的运用。其理论仍以传统的消费行为理论为基础，并出现了一些新的特征。关于网络消费的定义，目前还没有形成统一的观点。

吴满意和谢海蓉认为，网络消费是指消费者为满足自身的需求而对互联网上的各种信息产品的消费①。这一观点包括以下几层含义：网络消费类似传统消费，属于经济行为，其主体是那些通过在线交易获得信息产品或服务的组织或个人；网络消费的参与动机非常明确，消费者无论是在线浏览还是登录电子商务平台消费，其目的都是通过网络所提供的产品和服务满足自身需求；网络消费的最显著特征是信息在电子商务的背景下成为直接消费品，这是一种特殊的不同于传统意义的产品。张毅斌认为，广义的网络消费包括登录网络的所有费用，如电脑硬件设备费用、网费、电话费以及网上购物的花销；狭义的网络消费仅指通过互联网购买商品②。何明升和李一军认为网络消费是人们以互联网为生活工具而实现其自身需要的满足过程③。这一定义包含三个方面的含义：第一，网络消费必须借助网络这个媒介来完成。第二，网络消费的目的是满足消费者的自身需要。第三，网络消费的过程是一个动态的过程。网络消费的内容虽然看起来是即时的，但归

---

① 吴满意，谢海蓉. 论网络消费. 电子科技大学学报（社科版），2000，（3）：21-23.

② 张毅斌. 网络消费心理及启示. 江苏商论，2001，（4）：39-41.

③ 何明升，李一军. 网络生活中的虚拟认同问题. 自然辩证法研究，2001，17（4）：58-61.

根结底还是要提供一系列的“功能”，因此，网络消费本质上经历的时间过程较长，具有历时性的特点。另外何明升还进一步指出，网络消费同时具有生产性和消费性的特点：消费者必须先投入自己的时间资源和网络资源，才能“生产”出满足其需求的消费品，获得满意的效用。从这个意义上讲，网络消费在具有消费性特点的同时，还兼备着生产性的特点。康贻建认为广义的网络消费是指直接或间接利用网络进行的买卖具体商品和劳务的行为，是包括网络教育、网络视频、网络游戏在内的所有消费形式的汇总[①]。狭义的网络消费就是网上购物，即通过相关的网站，在网上采购有形商品的形势，包括B2C（business to customer）和C2C（customer to customer）等形式。

综上所述，与传统的消费行为研究相比，网络消费的消费主体仍是消费者，消费动机仍是为了满足自身的需求，消费对象仍是产品和服务。但是，网络消费又不同于传统消费。例如，网络消费具有互动性，以信息消费为主，且消费过程出现了新的特征，这些特征正是网络作为交易媒介所赋予的。

二、网络消费行为的特点

1. 网络消费的无边际性

网络消费区别于传统消费的特点之一是它在交易空间和购买环境方面有所不同。具体而言，网络消费通常是在基于互联网技术所构成的虚拟购物空间或消费网页中进行的，消费者的购买行为不再受到距离的限制。通过在线方式，消费者可以在其他国家或地区，甚至传统意义上不存在的商店进行购物。网络消费是一种没有边界限制的购买行为。另外，消费者的购买行为不再受到时间的限制，网络商店24小时营业的全时域特征为人们提供了更加自由的消费空间。

2. 网络消费的个人性

网络交往的高度随意性和隐匿性决定了网络主体可以“随心所欲”地进行消费活动。从一定意义上，网络消费使人们变得更加自由，更富有个性和智慧。有关专家认为，网络经济将表现出“有区别的生产”和“有个性的消费”等新经济特征，个人化、个体化和个人市场等观念逐渐深入人心。

3. 网络消费的直接性

从现代经济学的角度来看，网络消费相对于传统消费而言对消费者更为有利。数字化网络所产生的知识经济合力，缩短了生产与消费之间的距离，省去了各种中间环节，使得网上消费变得更加直接，更容易使买卖双方达成交易。

4. 网络消费的便捷性

网络消费的便利和快捷是每一个网络消费者共同的体会，也是网上交易的最主要特点。网购者只需要到相应的网站进行产品的搜索、对比、询问、议价，然后点击鼠标即

① 康贻建. 对推进网络消费健康发展的思考. 网络财富，2010，（17）：185-187.

可买到所需商品，而且随着物流行业的快速发展，送货上门服务使得网络消费变得更加便捷和节省时间。

三、网络消费行为的类型

随着市场由卖方垄断向买方垄断转化，消费者主导的时代即将到来。面对更加丰富的商品选择，消费者心理与以往相比呈现出新的特点和发展趋势。

1. 消费心理个性化

这又被称为个性消费的回归。在近代工业化和标准化生产方式发展到一定程度之前，消费品无法大批量上市，工商业大多将消费者个体作为对象进行单独服务，因此，个性化消费是主流。然而，随着工业生产发展成熟，供方实行批量生产来控制成本以争取竞争优势，消费者的个性因此受到了压抑。现今互联网技术的发展，供需在前所未有的广阔范围内相互匹配，使得个性化消费的回归成为可能。例如，自行车生产厂家开设网络商店，开展为顾客量身定制自行车的业务，买主只要把身高、体重、年龄、职业、用车频率等资料输入电脑程序，便可获知适合的自行车类型，还可以自定用料、变速器、挡泥板等一系列装置。

2. 消费的主动性增强

在社会分工专业化的背景下，消费者通常缺乏足够的专业知识对产品进行鉴别和评估，然而在消费品极其丰富的当下，消费者对获取与商品相关的信息和知识的心理需求日益增强。此外，逐渐成熟的消费者对传统的单向推销方式已感到厌倦，因此，网络成为消费者主动获取与商品有关的信息并进行分析比较的重要且便捷的途径。对于网络信息的分析也许不够充分和准确，但是消费者至少可以从中获得心理上的平衡，降低知觉风险和购后冲突的可能性。

3. 追求网络购买的便捷和乐趣

现代人的生活节奏不断加快，生活和工作压力也明显增大。消费者既希望提高工作效率，也渴望改善生活质量。网络在这方面发挥了极大的作用，不但能够提供更丰富的选择，帮助消费者尽量节省时间和搜集成本，还能够帮助筛选优质的供应商和合理的价格。此外，随着购物逐渐成为众多消费者用来放松身心的重要方式，网络购物以其独有的特色给消费者带来快乐，使其与社会保持联系，降低内心的孤独感。

4. 追求高性价比

虽然消费者对价格的重视程度不同，但是价格对消费者的心理始终有重要的影响。由于网络销售没有库存压力，经营成本低，经营规模不受场地限制，经营者可根据互联网对市场信息的及时反馈适时调整经营战略以提高自身的经济效益，因而网络商家更可能降低商品的价格，开展各种促销活动。此外，针对消费者的求廉心理，目前还出现了一些比价网站，汇总各大电子商务平台的商品信息，消费者只需输入所需商品，就可以轻松比较各平台提供的产品信息以及价格，进而通过链接进入相应网店，完成购物。

第二节　网络消费决策模型

一、从漏斗模型到椭圆模型

1. 漏斗模型

在传统的“漏斗式”选购法中，一开始，消费者的脑子里有许多可能的品牌（漏斗口较宽的一端），当消费者系统地筛选候选商品数目时，备选项开始慢慢减少，最后，消费者确定了一个选择购买的品牌（图 11-1）。售后阶段成为决定消费者对品牌的忠诚度以及再次购买相应产品可能性的考验期。企业遵循漏斗模型，对能够接触到消费者的点进行系统的管理，在漏斗过程的每个阶段都向消费者进行“推”销，影响他们的行为，以增加进入最后选择清单的可能性。但是，由于产品选择面和数字渠道扩大，消费者面对的信息激增，获取信息的能力也有了质的提高，漏斗概念已无法准确概括消费者决策的历程，简单的线性关系也无法概括所有关键购买因素的接触点。

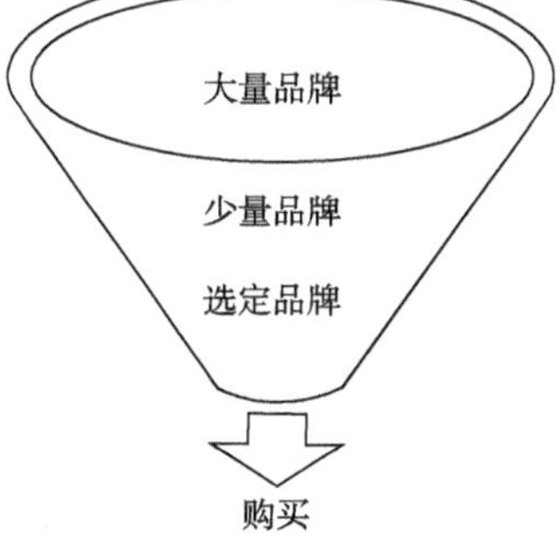

图 11-1　漏斗模型

2. 椭圆模型

2009 年 6 月，戴维·考特（David Court）与另外三位作者在有影响力的《麦肯锡季刊》上提出“消费者决策历程模型”（consumer decision journey），对数字化时代的消费者与品牌的联系做了新的描述（图 11-2）。他们的研究表明，如今的消费者不再系统地缩小品牌选择范围，其决策历程包含四个阶段：考虑、评估、购买，以及享受、推介和建立纽带。这一决策历程是循环往复的，而不是逐渐缩减范围。

（1）考虑阶段。在消费者做出购买决策之初，脑海里会涌现出一些最常提及的产品或品牌：有些是他们在广告或店内展示中看到的，有些是朋友家偶然碰到的，还有一些则是受到其他外界刺激留下印象的。根据漏斗模型，消费者在这一阶段想到的品牌最多，但是，如今的消费者受到媒体信息的狂轰滥炸，淹没在品牌的海洋里，常常从一开始就会减少要考虑的产品。此时，品牌知名度至关重要，进入初选品牌名单的商品最终被购买的可能性可以是未进入初选品牌名单的商品的三倍。

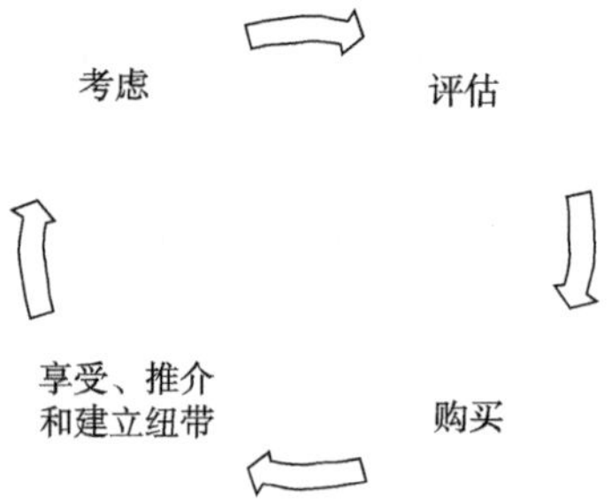

图 11-2　椭圆模型

（2）评估阶段。那些在第一阶段未被纳入初步考虑范围的品牌并非全无机会。消费者会从同事、评论人、零售商，以及相关品牌和竞争品牌那里了解信息，他们最初考虑的品牌范围常常因此不断扩大。随着信息的增加以及选择标准的变化，他们一般会考虑一些新的品牌，同时剔除原先考虑的一些品牌。在后续阶段计入的品牌数量因行业而异，如个人电脑平均会有 1.7 个品牌初选入围，在积极评估阶段新添入 1 个品牌；汽车平均会有 3.8 个品牌初选入围，在积极评估阶段新添入 2.2 个品牌。这一行业变化给营销人员带来了机会，对于积极搜集产品信息进行评估的消费者应通过增加其对自身品牌的认识，获得销售机会。

（3）购买阶段。越来越多的消费者都是等到了店内才做出购买决策，而且，他们在店内很容易打消购买的念头。因此，购买点（point of purchase）是一个更为重要的接触点，因为它集中了商品陈列、包装、货源、定价、销售互动等诸多可以影响消费者的因素。例如，在护肤领域，有些几乎不可能进入消费者初选范围的品牌，却以富有吸引力的包装以及货架上的信息而在最后的购买阶段胜出。这部分内容在本书的第二章做了介绍。

（4）享受、推介和建立纽带。当消费者做出购买决定时，营销人员的工作才刚刚开始：购买后的体验决定了消费者对该类产品的每项后续决策的意见，因此，这一历程是个持续不断的循环。在购买产品后，消费者会与产品以及新的在线接触点形成互动，于是他们与品牌之间的联系会继续加深，如面部护肤品的消费者中，超过 60%的人在购买产品后会在网上对产品展开调查，而这个接触点在漏斗模型中是完全没有的。当消费者对购买的产品感到满意时，他们会通过口口相传推介这款产品，从而为评估其他产品提供参考，并激发该品牌的潜在影响力。当然，如果消费者对购买的品牌感到失望，他可能会弃用这个品牌，或者做出负面的宣传。但是，如果消费者与品牌之间建立起足够强大的纽带，他就会完全跳过考虑和评估这两个阶段，而进入享受—推介—购买的循环。

二、从 AIDMA 到 AISAS 模型

1. AIDMA 模型

美国广告学家 E. 刘易斯早在 1898 年就提出 AIDMA 法则的雏形，后来该法则经学者的不断发展，构建了传统市场消费者购物的成熟流程，并成为消费者行为学领域很成熟的理论模型之一。AIDMA 模型展示的递进过程是：attention（引起注意）、interest（产

生兴趣）、desire（激发欲望）、memory（强化记忆）和 action（购买行动）。AIDMA 营销法则很好地反映了传统营销环境下的营销关系。营销者通过大众媒体控制主导权，不断影响消费者直至其产生购买行为。

2. AISAS 模型

在移动互联网时代，消费者的主动性越来越强，他们从被动接受产品信息、营销宣传，逐步转变为主动获取信息和认知，AIDMA 理论对营销者渐渐失去了指导意义。2004 年，日本电通集团提出 AISAS（attention-interest-search-action-share）的全新模型。对比 AIDMA，AISAS 模型中添加了两个来自互联网的典型行为模式：search（搜索）和 share（分享）。在前两个环节与 AIDMA 模型相同的情况下，如果消费者对某个产品感兴趣的话，一般会去互联网搜索相关的信息，然后决定是否购买，接着还会基于自己购物的全程体验，将信息分享给更多的朋友。

第三节　网络消费行为的影响因素

在网络环境下，消费行为的内涵得以进一步扩充。网络消费行为不仅包括传统消费行为中的购买行为，还包括信息消费与生产行为。我们可以将网络消费行为的影响因素分为三类：产品（服务）或信息本身的因素；网络相关因素，包括网站设计和网站技术；个体因素，包括个人因素和心理因素。

一、产品（服务）或信息本身的因素

在网络环境下，虽然产品实体和消费者是相互脱离的，产品只能通过信息形式呈现在消费者面前，但是，消费者对产品本身的选择要求与线下环境并无差异。因此，产品必须具备合适的功能特性、合理的价格、独特的外观设计等要素。当然，相关的描述信息必须与产品实体相匹配。通常，网上购买者以年轻人居多，他们追求时尚，因此网上销售的产品必须考虑新颖性。另外，考虑到产品购买的参与程度，对于消费者参与度较高且要求现场体验的产品，一般不宜在网上销售。

服务是无形的商品，只能借助对其加以描述的信息才能得以销售。而同样的信息放在线上或线下差异并不大，如机票预订。但是，一些服务购买前往往涉及体验过程。例如，新东方的外语课程可通过其官网或门店销售，但初次购买的消费者希望对该课程有更多的了解，要求通过试听搜集更多信息，进而做出最终的购买决策。在这种情况下，网络平台往往只能对服务类商品起到说明或宣传的作用。此外，网络平台上提供的客户服务的质量以及相应的物流配送速度对网络消费行为也有显著影响。当消费者需要获得相应的帮助或想了解更多的信息时，客户服务的质量及响应速度将非常重要。这与传统的客户服务的作用是相同的。货物的配送质量取决于配送的及时性、可靠性和隐私性，这将影响网络消费者的满意度。

虚拟社区的核心业务是提供信息，充当媒介，收取广告费用，并通过这些业务盈利。因此，信息这一因素对虚拟社区至关重要。有价值且醒目的信息才更容易引起消费者的注意。信息能够激起消费者心中的共鸣、符合其兴趣爱好，才可能引发消费者的收藏、转发、参与活动、发帖或评论等互动行为。

二、网络相关因素

网络相关因素包括网站设计（涉及页面环境、内容、导航等）和网站技术。

有关现实世界的很多研究运用环境心理学的研究框架，证明零售环境中的一些暗示可以影响消费者情绪，进而影响其行为。这个在前面的章节都已介绍过，如某些刺激性暗示（颜色、音乐、气味）可为营销者所操控以增加购物者的兴趣和共鸣，进而使消费者产生购物意向和行为。Dailey[①]、Eroglu 等[②]证明类似的气氛模型适用于网络消费者行为。图形、视觉、声音、颜色、不同等级分辨率的产品演示、视频和 3D 展示是其中最常见的刺激，即用户能在网站中找到路径，并了解自己在哪儿。网站的导航必须尽可能简洁清晰。用户对网络社区的设计所感知到的美观程度是他们上网或参与网络社区的重要驱动因素。因此，网络社区要想在第一时间迅速抓住用户的眼球，给用户留下良好的印象，应该从社区的界面设计、浏览的便捷性、提供的链接导航服务以及社区内容的结构等方面入手精心设计。

网站技术关乎网站的访问质量、相关平台的互动可能性和互动质量。只有网站具备稳定性，页面链接准确，页面跳转迅速，才能满足消费者的使用需求；只有相关互动平台能够保证沟通和互动的流畅性、广泛性、隐私性等要求，才能够吸引消费者经常来光顾。在网购情境下，体验和娱乐性源于消费者与零售商网站的互动。网络互动不仅包括销售员-顾客互动关系的体验，而且包括促销以及所有的感官刺激对消费者行为的影响。从经验来看，互动是影响消费者态度的一个重要因素，并且整体互动是决定消费者对某个特定网络零售商态度的最重要因素，互动可以影响消费者对网络零售商的信任和态度。

三、个体因素

消费者的个体因素包括个人因素和心理因素两类。其中，个人因素包括人口统计因素和个人所处的环境；心理因素包括态度、以往经验和信任度等。

不同的消费者有不同的喜好，人们选择商品时常常受自身人口特征的影响。心理学研究已发现与网络消费者行为潜在相关的众多性别差异，如空间导航、感知和沟通方式。

---

① Dailey L. Navigational web atmospherics：explaining the influence of restrictive navigation cues[J]. Journal of Business Research，2004，57（7）：795-803.

② Eroglu S A，Machleit K A，Davis L M. Empirical testing of a model of online store atmospherics and shopper responses. Psychology & Marketing，2003，20（2）：139-150.

男性通常更倾向于任务导向、系统导向，并且比女性更乐于承担风险。相关学者发现，和任务导向差异一致，男性的计算机系统使用决策受感知有用性的影响比女性大。另外，和系统导向差异一致，女性的使用决策更容易受到感知易用性的影响。其他研究表明，受教育程度高者通常采集、处理并使用更多信息来决策；受教育程度较低者则不需要依赖较多信息。因此可推测，与受教育程度低者相比，受教育程度较高者更加依赖新信息。年长的消费者可依靠较少的决策标准进行决策，不太可能寻找新的信息，年轻的消费者则搜集更多的信息。

个人所处的环境涉及文化、亚文化、周边群体等因素。目前，有关文化对网络消费行为影响的研究大体可以分为两类：一是不同文化背景下网络购买行为的比较，二是某一文化背景下网络购买行为的特征。例如，戴国良分析了中国文化背景下的网络消费行为，认为中国基于熟人的网络社交关系营销有助于降低网购风险认知、取得用户信任和增加顾客价值与忠诚度①。张亚明等对比了中国和美国的网络消费者消费行为，结果发现在文化、法律、收入和教育方面中美两国差异较大，在心理等其他方面差异不是很显著，甚至趋同②。但是由于目前研究数量和质量的有限性，文化对网络购物行为影响的研究尚属探索阶段。

消费者心理对消费者行为的影响在线上和线下的表现机理是相同的，只是外界的刺激物有所差异。研究表明，消费者的网购满意度越高，越有可能产生信任感并再次光顾。网络消费者的经验越丰富，信任度越高，就越倾向于在网上购买更多的商品，对于安全的担忧也将减少。由于网络商品实体与消费者是脱离的，且网络购物是相对新兴的活动，网上购买通常被认为比实体购买风险大，因此信任对网络购物者而言至关重要。网络商品描述与实体的一致性、安全（计算机和金融信息安全）以及隐私（互联网上的个人识别信息）等与信任密切相关。

第四节 网 络 口 碑

一、网络口碑含义

互联网提供了不受时空限制的人际沟通媒介，消费者之间可通过多种途径（如论坛、产品页面评价、社交媒体等）沟通或讨论有关产品或服务，获得所需信息并分享自己使用后的体验及评价，于是网络口碑这一新的口碑（online word-of-mouth）形式便产生了，也可称为鼠碑（word-of-mouse）。目前，通常将互联网上消费者之间的产品信息交流视为网络口碑。网络口碑包括传播者、信息和接收者三个要素。传播者即口碑的发送者，指那些主动在线发表关于产品或服务的意见和评价的消费者，其中也包括那些在线转发他人意见或评论的人。信息指口碑发送者在线发布的文字、视频、音频等数字化的信息

① 戴国良. 中国文化背景下的网络社交电子商务消费行为分析. 商业经济研究，2016，（5）：68-70.

② 张亚明，刘海鸥，赵培卿. 中美网络消费者消费行为分析. 企业经济，2012，31（6）：123-127.

资料，存储于网络空间，具有时间和空间上的延续性，并可为他人所检索、获得及理解。接收者指那些通过主动搜索或被动接受的方式获得口碑信息内容的人。

二、网络口碑的传播特点

（1）网络口碑的传播速度快，传播范围大，传播效率高。

网络口碑的传播以文字交流为主，同时包括图片、多媒体信息、搜索引擎信息等。借助互联网，人与人之间的交流已经突破了空间的限制，身在异地同样可以进行沟通，这使得网络口碑的传播效率大幅提高。

（2）网络口碑的传播方式多样化。

传统的口碑传播只能是几个相互认识的人之间以口耳相传，接收者基本是被动的。在网络环境下，信息可以以各种形式存在，而且传递形式也各不相同。人们既可以通过电子邮件传递信息，也可以将口碑信息发布在网络社区或论坛，甚至是网店的商品评论区。用户之间可以以不同的对应关系进行信息的传递活动，既可以进行一对一的口碑信息传播（如即时的网络聊天），也可以进行一对多的口碑信息传递（如群发邮件），还可以进行多对多的口碑信息传递（如聊天室和讨论区等）。

（3）网络口碑的内容留存时间长，持续影响力强。

网络口碑信息可转化为网络用户所发布的图片、视频、音频、博文等可查证的数据形式。此外，创造性的言论和新信息刺激的加入，常常使得讨论经久不衰，进而使得口碑内容不断累积，吸引更多的注意，并使得其传播发挥更强的持续影响力，实现边际效应的递增。

（4）网络口碑的传播具有互动性的特点。

由于网络技术的应用，网络口碑的传播使得网络中的人际传播方式更加丰富和高效，网友之间的传播和相互影响比以往表现得更加积极主动，接收者可以通过互联网主动搜集、查证自己所需要的口碑信息。

【资料 1】

网络口碑如何影响电影票房——中国电影“高票房低口碑”现象反思

一般认为，网络口碑对消费者的观影选择具有显著影响，北美电影票房排行榜上票房极高的《阿凡达》和《泰坦尼克号》不论在国内还是国外都收获了很高的口碑评价，国外很多研究也证实了口碑评价越高的电影票房收入越高。然而，国内电影产业的发展实践却与国外电影产业的研究和实践存在很大的相悖之处，2013 年上映的《天机·富春山居图》在格瓦拉网上的评分是 3.7 分，被封为史上第一烂片，甚至有网友写出万字长文，描述看完《天机·富春山居图》之后的感受，加上意见领袖的转发传播，很多人抱着究竟有多烂的想法去看电影。虽然《天机·富春山居图》被骂得体无完肤，但是票房扶摇直上，两天过亿元，上映一周票房高达 2.5 亿元。2014 年国产电影又出烂片，1 月 31 日上映的《西游记之大闹天宫》被观众称为中国电影里程碑式的烂片”，电影特效华而不实，故事俗套，电影叙事结构松散拖沓，豆瓣电影评分仅为 4.3 分，然而《西游记之大闹天宫》上映 19 天，票房破 10 亿元，打破中国电影史上 19 项票房纪录，充分验证了国产电影“口碑越差，票房越高”的逆增长现象。

研究者发现网络口碑数量对电影总票房存在正向影响；网络口碑效价（指消费者对产品或服务的评价，一般网络口碑的效价有正、负面之分，也即正面口碑和负面口碑）对电影总票房的影响是负向显著的。网络口碑的扩散可以让更多的消费者知晓该影片，从而增加了影片被观看的机会。二者之间的关系证实了电影放映前宣传的必要性，通过宣传可以提高电影的知晓度，促使消费者产生更多的网络口碑，扩大影片的影响范围，从而提高影片的销售机会。同时根据传播学理论，在大众传播中传、受双方对媒介的把握能力并不均匀，即传、受双方在传播渠道获得的空间和地位是不均等的，传播者总是处于优先、主控的地位，而受众则处于落后、被控的地位。电影宣传是近现代一种上映前必不可少的环节。我们可以把电影商视为传播过程的传播者，而广大影迷可以视为受众，在传播者花重金进行的铺天盖地宣传中，受众大多“屈服”于传播者的宣传中，即使小部分受众提出否定性的反馈，传播者也可以利用其优先、主控的地位对其进行“过滤”，而将一些肯定性的反馈和少许无关痛痒的否定性反馈通过媒介加以扩散，并将其作为诱导因素，吸引更多的受众接受这种所“期待的”但未必真实的反馈信息。这样既可利用它们美化自身的形象，又达到宣传的最初目的。我们认为存在很大一部分影迷在“美轮美奂”的宣传中被“忽悠”进影院影城，并为不菲的票房做出了“不菲”的贡献，而观看后又无法达到事先的心理预期，从而造成了“高票房低口碑”的现象。

尽管宣传造势可以增加销售机会，吸引更多的影迷观看影片，但是宣传造势无法为国产影片带来较高的口碑评价。国产电影产业的“高票房低口碑”不是偶然现象，国产电影产业的研究与实践与国外存在差异的原因可能是由于国内的电影产业发展尚不成熟，对影片风格和类型的包容度不够。纵观国产电影市场，票房成绩不理想的“好口碑”国产影片大多是文艺片，此类影片的市场化和大众化程度较低，并且此类影片一般不会像大型商业片一样投资重金宣传，虽然影片质量很高，观众和专业的影评人都给予了此类影片很高的评价，但却没有足够的吸引力和竞争力。对国内消费者来说，在选择同期上映的影片时，多半会受到各种媒介的“雪球效应”的影响，因此有话题、重金打造和宣传的商业片更具有吸引力，这也是为什么很多国产影片通过明星、宣传制造各种噱头、卖点，迎合观众的需要，吸引消费者进入影院。然而，过度的宣传和网络口碑的传播也使消费者产生了较高的期望。但是不同于国外进口大片，国产电影过分追求视觉上的冲击力，忽视了对影片内容的锻造，导致大部分国产影片故事俗套、情节拖沓，很难满足消费者的精神需求和文化追求，“悔恨消费”的消费者便通过各种形式的社交媒体和影评网站将负面情绪表达出来，形成了影片的负面网络口碑。而根据诺埃勒-纽曼（Elisabeth Noelle-Neumann）提出的“沉默的螺旋”理论，人们为了防止因为意见与主流意见不同而被孤立或受到社会惩罚，在表达个人意见之前会对周围的意见进行观察。当发现自己的意见属于“多数”或者“优势”意见时，便倾向于更积极大胆地发表自己的观点；当发现自己的意见属于“少数”或者“劣势”意见时，就会迫于环境的压力而转向“沉默”

或者附和多数人的意见。这样一来，一些相对“中立”的影迷也会加入主流的吐槽大军中，至于国内大部分本来就“不叫好”的影片则在此理论的发酵下会“更不叫好”，从而加剧了负面口碑的程度，更与后来的“高票房”显出强烈反差。因此高度的曝光和关注为电影带来较高的票房的同时，也加快了负面网络口碑的传播，最终导致了市场上“高票房低口碑”的逆增长现象。

资料来源：汪旭晖，王军. 网络口碑如何影响电影票房——中国电影“高票房低口碑”现象反思. 湖南师范大学社会科学学报，2015，（2）：152-160

第五节 移动购物行为

2010年前后，由于智能移动终端的普及，出现了“移动购物”、“移动购物行为”和“移动购物者”的新概念。随着越来越多的人开始使用智能手机和平板电脑等移动设备，移动购物变得越来越普遍、越来越容易实现。消费者的手机是随身携带的，时间和地点对购物效果的影响越来越不显著。随着移动支付的发展，消费者或许不再需要使用现金、信用卡等传统支付方式进行支付。

总体来看，移动购买的特点是：精准到人、精准到位、任何时间、任何地点、强互动、高注意、离线商务模式（online to offline，O2O）。我们可以将移动购物的新特征归纳为以下五个方面。

一、轻松获取场景性信息并在消费者虚拟社群中获得偏好

在移动世界里，个体消费者有更多的信息主动权。他们可以通过APP、移动搜索、社交网络，随时随地查询价格，货比三家，同时查看他人的评论和推荐。他们通过智能移动终端找到所需的商品，并通过各种方式征询其他人的意见。

与传统搜索不同，一个拥有智能移动终端的消费者会根据时间、地点等因素来寻找一些信息。也就是说，移动消费者会基于场景来搜索信息。例如，路过一家餐馆时，想要了解其他人对这家餐馆的评价；路上遇到外国人问路，需要查询一些单词来更好地表达。有很多类似的服务或应用被数以万计的系统终端消费者下载并带来价值。即使移动消费者没有进行搜索，这类应用也可以根据他们所处的环境和所做的事情来提供信息。因此，传统的购买搜索引擎关键词的做法在移动时代未必还会有很高的价值。最好的做法可能是根据消费者所处的时间地点、所做的事，提供他们可能需要的产品或服务，即提供场景性信息。

除了移动搜索和应用，移动消费者也可以通过扫描条形码、增强现实技术和社交网络来寻找信息，但都呈现出显著的使用场景化特征。

移动用户很依赖同龄人的推荐，选择商品时，他们更信任他人的推荐。他们会通过诸如微博、论坛等虚拟社区主动接触陌生的产品用户，了解他们对购买过的商品、听过

的音乐、看过的电影等的评价，从而影响自己的偏好和选择。

二、购物流程快速化，从心动到行动，只需一瞬间

有数据显示，移动端的消费者普遍比较没有耐心，总是希望立刻就可以找到他们想要的东西。他们从搜索到购买所花的时间更短。2013 年，谷歌与尼尔森通过对移动搜索的调研发现，45%的移动搜索是为了辅助决策过程而进行的，在需要做出关键决策时，消费者往往会使用移动终端获取信息。例如，酒店行业发现，82%利用移动终端预订房间的消费者是在 24 小时以内决定并完成预定的，几乎是到了目的地才用手机来订酒店，比在电脑上订酒店花费的时间要短得多。也许正如 PhoneTell 的联合创始人史蒂夫·拉森所说，网络搜索是为了获取信息，移动搜索是为了马上行动。

在传统购物流程中，每个环节需要的时间都很长。而时间越长，消费者本来的购物冲动就越有可能消失，流失潜在消费者的可能性就越大。在移动购买中，从心动到行动，消费者所经历的环节有明显的减少，花费的时间也缩短到几秒钟，冲动性购买行为有显著的增加。

Rackspace 的调研发现，手机能够激发用户的冲动性购买，尤其是对衣服和音乐，因此零售商都将结账流程尽可能简化。除了线上购买，移动网络技术也使得线下购买的流程得到了简化。以往，消费者在线下看到产品的广告，即使想要购买，也需要花费较长的时间，包括交通时间、搜集店铺和商品的时间等。而新的离线商务模式 O2O 的尝试，则尽可能将消费者的每个冲动都迅速转化为行动。韩国 Home Plus 在地图上设置的虚拟超市被奉为 O2O 的经典案例。Home Plus 选择在地铁站里贴上商品的照片及二维码，等地铁的上班族可以用手机扫描商品二维码并支付购买，下班时商品就已经送达小区，使忙碌的上班族省去了逛超市的时间成本。淘宝和各种报纸媒体合作的“码上淘”也是类似的情况，读者看到报纸上心仪的产品，打开手机淘宝，扫描二维码就可以跳转到电商页面进行购买。

三、精准定位技术提供更好的机会

在移动购物时代，移动终端的位置信息成为移动购物过程中的重要变量。这是因为，随着移动终端的影响力越来越大，其“定位”技术和基于精准定位的各种 APP 为消费者提供了许多有吸引力的服务，如显示某一地点周边的餐馆、商店、停车场等，或是呼叫出租车前往某处等；可以根据消费者的位置发送短信，告知附近正在进行的某些优惠活动和促销等。值得注意的是这些都是智能化的定点定向的信息发送，在正确的地点、正确的时间，直接影响消费者的移动购买决策，其效果非传统的传播手段所能比拟。

基于位置的实时互动使购物过程更具互动性。通过移动终端，消费者经过商场或专卖店时，可以收到精确到以分钟计算的价格信息，立刻就能知道在线零售商和实体零售商进行的促销，这使得商业机会得到充分有效的利用。

四、一键下单移动支付

消费者通过移动终端一键下单，手机支付、钱包技术、条形码扫描、二维码扫描、产品信息和消费者奖励回馈计划融合，促使移动购买的支付过程十分简单流畅，而且具有很大的吸引力。

五、售后的体验分享和传播——消费者发布信息

购买完成之后，移动购买者会通过手机和社交网络分享他们的经历和体验，包括购物体验、产品信息和产品评价。这种网上和虚拟社群的口碑传播效应，对品牌和其他消费者都产生了非常重要而广泛的影响。在这一阶段，营销人员面临的挑战是如何才能成为消费者之间互动对话的参与者。

移动购买虽然刚刚兴起，但随着移动技术的继续完善，移动消费者的行为将继续演变，企业和品牌与消费者交互的方式也将从根本上发生变化。移动营销的新规则正在逐渐形成中，但毫无疑问，旧规则已经被颠覆。

【资料 2】

网络购物市场进入移动消费时代

艾瑞咨询数据显示，2016 年中国移动网购在整体网络购物交易规模中占比达到 68.2%，比上年增长 22.8 个百分点，移动端已超过 PC 端成为网购市场更主要的消费场景；与此同时，2016 年，中国网络购物市场 TOP10 企业移动端用户增速远超 PC 端，APP 端用户增速达 27.1%，PC 端仅增长 9.6%。艾瑞分析认为，用户消费习惯的转移、各企业持续发力移动端是移动端不断渗透的主要原因。

（1）2016 年中国网民数量超 7 亿人，其中手机网民规模达 6.6 亿人。

移动购物最主要的优势是便利、随时随地，而智能手机的发展为这种便利提供了最直接的条件。但是随着互联网的发展和智能手机普及率的提高，网民规模及移动端网民规模增速均放缓。艾瑞咨询分析，2016 年手机网民规模已达 6.6 亿人，市场增量空间减少，移动端流量红利消失。

（2）移动电商开启下半场：流量、速度比拼转为用户精细化运作。

2013~2014 年，随着移动互联网的发展和智能手机的普及，移动电商进入风口期，新一轮移动端网民红利带动许多新兴移动电商发展。2015 年移动交易规模占比超过 PC 端标志移动电商时代正式到来。图 11-3 展示了中国商务发展的历程。

（3）各大电商企业持续发力移动端，近 90%的电商企业在移动数字营销上的投入逐步增加。

数字营销预算小于 20%的电商企业用户占比最多，为 31.0%，而预算在 80%以上的电商企业用户，占比 27.6%，整体呈“两极分化”。此外，86.2%的电商企业用户 2015 年数字营销预算较 2014 年有所提高。电商企业持续发力移动端。

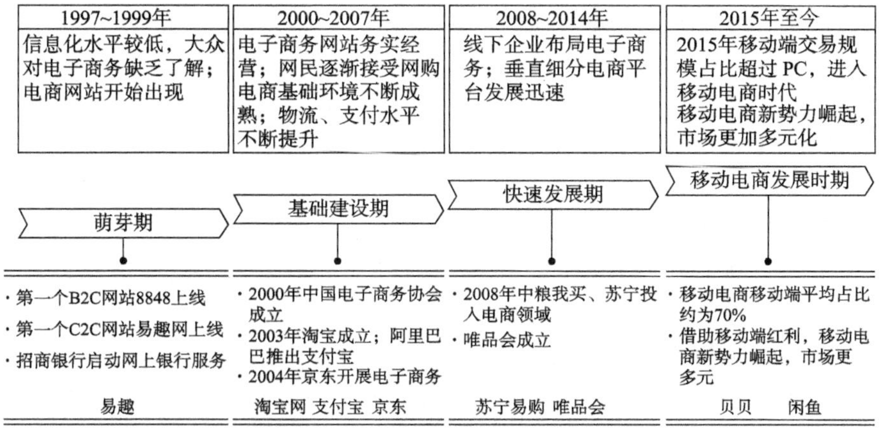

图 11-3　中国电子商务发展历程

资料来源：艾瑞咨询研究院自主研究及绘制

（4）全渠道、线上线下融合发展是趋势。

移动电商时代，消费者的需求和网购发展环境均有较大改变，用户希望随时随地精准购买到所需的商品和服务；另外由于商品供大于求，单一渠道发展的增量空间有限，线上和线下均在布局全渠道发展。线下消费体验和线上购物便利的双向需求将带来线上和线下购物期望值的融合，未来线上线下融合是新零售时代的重要发展趋势。图 11-4 分析了零售业线上线下融合的原因。

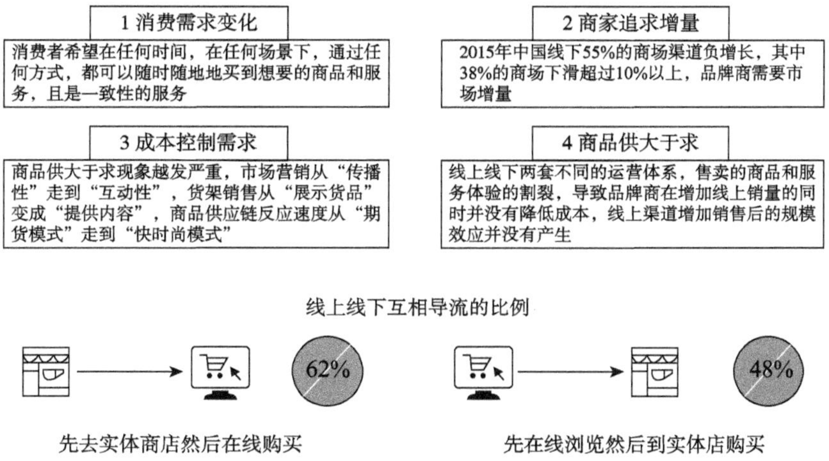

图 11-4　线上线下融合的原因

资料来源：2015 年中国网购新生代调查分析

（5）移动社交和自媒体爆发，电商走向去中心化新模式。

与传统电子商务企业通过一个平台聚集所有商家和流量的中心化模式不同，去中心化的电子商务模式是以微博、微信等移动社交平台为依托，通过自媒体的粉丝经济模式的分享传播来获取用户，消费者的购买需求会在人们碎片化的社交场景中被随时激发。例如，贝贝网开设红人街频道，融合了社交、内容及直播等新型营销方式，达人分享服饰搭配并通过与粉丝的互动引导用户消费。

移动电商时代，用户的消费路径和习惯发生了很大的变革，消费需求场景化，移动购物模式多样。内容化、粉丝化和场景化成为吸引流量的新方式。各大移动电商网站纷纷布局内容营销。

（6）移动电商将提供愈加精准的服务。

随着国民经济快速发展，人民生活水平提高，各方面消费力量兴起。一方面，90后、女性等细分用户成为消费新动力；另一方面，用户更加注重商品品质，更多选择符合自身特征的商品。在此基础上，基于特定品类和特定人群的垂直经济成为新的发展趋势：①贝贝网围绕母婴人群发展的“妈妈经济”，基于特定人群，打造一站式购物入口；②以易果生鲜为代表的生鲜电商和以土巴兔为代表的家装电商崛起，基于垂直行业深入发展。其中，2016 年中国生鲜电商市场交易规模超 900 亿元，艾瑞预计 2017 年交易规模将超过 1 000 亿元。

【思考题】

1. 网络消费决策模型是如何发展变化的？
2. 网络消费行为的影响因素有哪些？
3. 网络口碑的传播特点有哪些？

【实践练习】

调查大学生网络购物的主要渠道、消费模式、品牌偏好等信息。